西安外国语大学学术著作出版专项资助

新世界主义

梁启超儒学的现代指向

严丹 著

中国社会科学出版社

图书在版编目（CIP）数据

新世界主义：梁启超儒学的现代指向 / 严丹著.
北京：中国社会科学出版社，2024.9. -- ISBN 978-7-5227-3990-8

Ⅰ．B259.1

中国国家版本馆 CIP 数据核字第 2024M5W692 号

出 版 人	赵剑英
责任编辑	刘亚楠
责任校对	张爱华
责任印制	张雪娇

出　　版	中国社会科学出版社
社　　址	北京鼓楼西大街甲 158 号
邮　　编	100720
网　　址	http://www.csspw.cn
发 行 部	010-84083685
门 市 部	010-84029450
经　　销	新华书店及其他书店

印　　刷	北京君升印刷有限公司
装　　订	廊坊市广阳区广增装订厂
版　　次	2024 年 9 月第 1 版
印　　次	2024 年 9 月第 1 次印刷

开　　本	710×1000　1/16
印　　张	17
插　　页	2
字　　数	212 千字
定　　价	108.00 元

凡购买中国社会科学出版社图书，如有质量问题请与本社营销中心联系调换
电话：010-84083683
版权所有　侵权必究

目 录

导　论 / 1
    一　缘起 / 1
    二　梁启超儒学思想的研究述评 / 7
    三　梁启超儒学思想的逻辑走向 / 32

第一章　历史与嬗变：梁启超儒学的思想起源 / 35
    第一节　历史与危机：儒学的外在境遇 / 35
    第二节　局限与基调：儒学的内在变奏 / 54
    第三节　设想与选择：梁启超对儒学的建构 / 67

第二章　破茧与启蒙：内圣之道的

超越图景 / 91

　　第一节　破茧与导向：内圣之道的

　　　　　心灵图景 / 93

　　第二节　开新与奠基：内圣之道的

　　　　　道德图景 / 111

　　第三节　实质与升华：内圣之道的

　　　　　精神图景 / 126

第三章　应世与化新：外王之道的

现代图景 / 138

　　第一节　批判与醒世：为学之道 / 139

　　第二节　治道与治世：为政之道 / 153

　　第三节　教化与风化：为教之道 / 164

第四章　演进与化生："家国天下"与

"新世界主义" / 174

　　第一节　矛盾与统一："新世界主义"的

　　　　　社会图景 / 176

　　第二节　开拓与演进："新世界主义"的

　　　　　国家图景 / 184

　　第三节　旨向与境界："新世界主义"的

　　　　　世界图景 / 193

第五章　对话与超越:"新世界主义"的现代指向 / 212
　　第一节　比较与冲突:对比西方的"世界主义" / 213
　　第二节　回应与对话:"新世界主义"的中国格局 / 220
　　第三节　指向与展望:"新世界主义"的现代超越 / 234

第六章　结论 / 244
　　一　逻辑结论 / 245
　　二　演进结论 / 250

参考文献 / 254

后　记 / 266

导　论

一　缘起

近代历史上，梁启超是一位伟大的思想承继者与开创者。他的思想与中国近代社会史学、哲学、政治学、外交学、经济学、教育学、新闻学、文学、地理等方面有着诸多的关联，而其对儒学的研究，又有着深刻的"独创性"。例如他从人生哲学和政治哲学两方面，阐发了中国圣哲的"人生观"以及立于其上的"政治哲学"，并重视其活用之方。他在创新理论的指导下，凭借己身的人格魅力，怀揣特殊的家国情怀，不顾他人的讥讽与挖苦，奔赴在文化救国的第一战线，穷其一生尽其立国之志，追求"强国之梦"。晚年他回顾对儒学的钟爱之情，如此总结道："儒家哲学，范围广博。概括说起来，其用功所在，可以《论语》'修己安人'一语括之。其学问最高目的，可以

《庄子》'内圣外王'一语括之。"①

梁启超活跃于中国政坛、学界三十余年，引领风骚，名冠一时。关于梁启超思想的研究，过去主要集中于他人生某一阶段或者某一类别的理论思想研究，比如新民说、公德私德论、趣味论等，抑或侧重于比较他与同时期历史人物的思想。近年来，除了继续深化近现代思想领域的研究外，学界对梁启超的研究也有一些新的突破，尤其是"国学热"的持续及党中央对传统文化的重视，围绕梁启超的思想研究始终保持着新鲜的热度，具体的研究领域涉及政治学、哲学、美学、史学、文学、新闻学、教育学等多门学科。但是，关于梁启超思想中最连贯、最核心、最精华的系统整合研究甚少，而且大多学者喜以"善变"概括梁启超的思想全貌，这反而为笔者提供了一种认识和解读梁启超思想的全新视角。毕竟，单凭"善变"不足以刻画梁启超思想的灵魂个性；反之，思索他一生缘何钟爱儒学，字里行间漫溢出何等"不变"的精神情怀，探究何为他最真实本心的学术思考，何以传递出其儒学时代性的价值延续，才是最为打动人心的本色研究。

从思想的角度说，梁启超是一位过渡性的创新型人物，他的任务在于"建设新思潮"。这种人物属于"启蒙时代之大学者，其造诣不必极精深，但常规定研究之范围，创革研究之方法，而以新锐之精神贯注之"②。可以说，"以新锐之精神贯注之"意在破旧立新，是中国近代文化道路转型与重建中最核心的词汇，也是对梁启超思想最好的灵魂刻画。鸦片战争伊始，传统道义世界变得支离破碎，现实世界的堕落，迫使梁启超在跌宕起伏的时代律动中高举文化革新的大旗，为意义世界开辟疆域战场。在理论层面，他批判旧学说的同时，变革了

---

① 梁启超：《儒家哲学》，中华书局2015年版，第3页。
② 梁启超著，朱维铮校订：《清代学术概论》，中华书局2016年版，第6页。

研究范围、研究内容及研究方法，创立了近代学术理论体系，开辟了一个近代新的思想天地。在精神层面，他传承"道"之文化脉络，接续"人之所以为人"之道的宗旨，开启了近代儒学自我进化、创化更新、蜕变己身的历史进程。近代儒者龚自珍、康有为、严复、谭嗣同以及后世的儒者，多多少少都有革新思想，但是"新锐之精神"并不是他们最为典型的思想特质。唯独梁启超能以"新锐之精神"一词冠之，这取决于以下三点。

首先，"新锐"的文化精神为时代亟需，恰恰反映在梁启超的思想特性中。其次，乾嘉学风发展到末流时，士人多埋头于饾饤琐碎考据之学，唯梁启超站在时代的前沿，痛视这种学术标准的恶劣，重建近代学术体系。可以说，把握了"新锐"的特性就把握住了梁启超儒学的发展风向，把握了"新锐之精神"就把握住了梁启超儒学的思想核心。最后，梁启超所创立的儒学，是一种极富"新锐之精神"的儒学。找到梁启超"新锐"精神的源头及其针对的时代问题，分析其历史进程、策略主张及主要的社会影响，就能顺藤摸瓜地掌握"新锐"之要义。黄遵宪对梁启超的"新锐"做过点评："以公今日之学说之政论，布之于世，有所向无前之能，有惟我独尊之概。"[①]因此，可以明确地说，梁启超本人就是"新锐"精神的代表，他凭借超前的时代嗅觉及对文化变革的敏锐感，重塑儒学的"元气淋漓之象"。

正是凭借鲜活的"新锐之精神"，梁启超鼓励了众多儒者，以身践履儒学的时代转型，意使中国文化保持鲜活特色，屹立于世界民族之林。多年来，学界长期忽略了梁启超作为儒者的领衔作用，一味地批判他的政客表现，着重于他的过失，甚至很多人评判他的学术成果

---

① 张永芳：《黄遵宪新论：文学革命的先驱》，中国文联出版社2004年版，第142页。

浮浅、芜杂，却忽略了他本人著书的博大精深、个人的独到见解及高超感悟。时至今日，人们在读《饮冰室合集》时，依旧能从梁启超的著书立说中，体会到他文笔的流畅、情感的真挚、气势的磅礴、执教育人的感染力及感召力。如果能从晚清民初时期社会的历史演变中，分析其思想中蕴藏的智慧及"新锐之精神"的特色，必然能使人们对梁启超的认识更加丰满、完整，也更能让人了解历史真相中的梁启超。

过去我们习惯于将"五四"视为"启蒙"，近十多年来学界已逐渐认识到，我们不能只考虑到"陈独秀及其创办的《新青年》为代表的主流启蒙传统"，或说"转化性的启蒙传统"，还需要考虑到杜亚泉、张君劢、张东荪等以《东方杂志》《解放与改造》《晨报》副刊等刊物为阵地的调试性的"启蒙传统"。①《解放与改造》第三卷起改名为《改造》（月刊），由梁启超主编，正式由中华书局出版发行。"启蒙传统"是"传统"获得"现代性"的转型过程，更是梁启超身体力行的原则，其目的是完善延续历史的新传统。如若割裂传统的现代性，就会失去文化根基，这类现代性断然不能长久，这里有一个如何兼顾"新"与"旧"的关系问题。古老的儒学完全可以具有现代性和世界性，正所谓"旧风格含新意境"②。本书的论题和方法正是基于"启蒙传统"的视角，并以"新世界主义"为现代指向，打通"新"与"旧"、"传统"与"现代化"的壁垒，顺藤摸瓜，把握梁启超儒学的现代化整体趋势。

笔者特以梁启超对现代儒学重建的思考为主要线索，探讨近代儒学走向现代的复杂性和价值指向。之所以选择《新世界主义：梁启

---

① 郑大华、邹小站主编：《思想家与近代中国思想》，社会科学文献出版社2005年版，第114页。
② 李喜所主编：《梁启超与近代中国社会文化》，天津古籍出版社2005年版，第425页。

超儒学的现代走向》为本书的标题，是出于以下几方面考虑：

1. 梁启超的思想内容和政治活动所经历的时代，被张灏称为"思想转型"时代①。在"思想转型"的过程中，他所追求儒学"新锐之精神"未曾改变，追溯其思想的新锐本色，分析其中蕴含的丰富内容及哲学原理，挖掘梁启超与传统儒学、近代儒学、现代儒学之间的渊源关系，是客观、整体描绘梁启超儒学现代走向的必由之路。

2. 梁启超思想的"新锐之精神"特性，在于他为实现儒家的近代转型而努力。他立足于文化民族主义，通过重塑"内圣外王"之道，实现组织形态上的"家国同构"及文化心理层面上的"家国无二"，重新安排儒家与道、学、政、教之间的关系，提出个体、群体、国家、世界的"新世界主义"交际模式。在这一思路的助推下，传统儒学的内在框架发生了深刻的近代变革，逐步显现出儒学的现代性变化，并随着社会时代变迁引发后续的连锁反应。梁启超儒学的现代走向，也是中国传统儒学现代转型的一个缩影，他的儒学思想对后世儒学的发展影响深远。

3. 分析梁启超儒学的现代性，要善于把握其思想跳动的脉搏，观察其思维逻辑的内在规律，既延续传统儒学的基础，又观照清末民初时代背景的变迁，统揽其儒学发展的整体走势。当然，梁启超的儒学思想中，难免有固定的历史局限性和个人的狭隘性，但这并不影响探寻他的儒学思想中最为本质的内核及最真实的价值。通过逻辑梳理，笔者指出，内圣外王之道的重构是他推动儒学现代转型的核心；家国天下的重新演绎是他反思传统与现代的关键链条；新世界主义的推崇是他建构现代儒学的价值指向。梁启超虽然常持"不惜今日之我与昨日之我战"的态度，不断阐发他对孔子的不同认识和理解，

---

① 段江波：《危机·革命·重建：梁启超"过渡时代"的中国道德》，广西师范大学出版社2008年版，第2页。

但他强烈的爱国主义情怀、开放包容的性格特质和民族文化立场却是始终未变的①。

　　本书遵循三条方法原则。"反向格义"代表自近代以来形成的,用西方哲学的概念、立场、视角、框架来解析中国哲学的方法。笔者认为,这种方法确实代表了自近来以来研究中国哲学的方法,但这种用西方哲学的概念、学科体系及话语逻辑,来品味解读中国哲学,难以避免可能造成的对中国哲学的误解。要知道,中西方的价值观念、文化底蕴、历史背景及文化精髓并不相同,文化意识形态更是相隔甚远,很难一味地硬性比较。彭国翔曾提出过"援西入中"的研究方法论。笔者认为,近代儒学承担着立足中学、回应西学的历史任务。从外在看来,近代儒学是一种伴随政治侵略,从而被迫转型的哲学,但中国哲学根深蒂固的文化精神,却给予它一种内在的积极主动的内驱力。为此,笔者大胆地提出了不同于"反向格义"及"援西入中"的研究方法,这就是"立中评西",肯定中国哲学曲折发展的同时,客观公正地看待西学的引入,不质疑西方哲学的积极作用,亦不盲目崇拜之。如此"以中学为主体"为研究方法的基本立足点,具体的研究方法有"延承之路""博弈之路"和"创新之路"等。所谓"延承之路"是指近代哲学中各家、各流派或哲学家个人遥承传统哲学内容的思考方法;所谓"博弈之路"是指近代学者面对中西方哲学的不同,所产生的博弈与取舍;所谓"创新之路"是中国近代哲学家在中西方哲学博弈之后,对中国传统哲学的反思与转型。对于研究梁启超的儒学思想,笔者兼顾了这三条方法原则,选择梁启超这个历史人物,借用他的视野展开论述相关议题。

　　本书的论述有明显的三条线索,即纵向主线、横向主线及整体主

---

① 翟继军:《梁启超思想嬗变探源——以对孔子思想的评价之转变为例》,《学术交流》2023年第8期。

线，以共同描绘梁启超儒学的现代走向。其一，纵向主线就是指结合儒学的古代、近代及现代的发展比较，"从远及近"地了解梁启超儒学思想发展的规律，看出主人翁思想发展的阶段和趋向，更好地认识他所在的过去、现在与未来，防止片面地、割裂地看待历史人物。其二，横向主线就是对梁启超同时期或前后相关的历史人物进行考察，通过明察不同历史人物在历史现象之间的联系，从而更加细分他们之间的差异和影响，摸索出梁启超思想的一般性规律。如此，用"从大到小"的思维方式，使人更加清楚地认识梁启超的长处与不足，避免认识上的局限与狭隘。其三，整体主线则是指用"从微观到宏观"的整合方式，细节性地收集整合梁启超重要的思想特质，如其思想的逻辑起点、过程、发展状态、终点等多方面的特质，统揽概括他的儒学思想架构。

二　梁启超儒学思想的研究述评

（一）梁启超其人其著

梁启超，字卓如，号任公，又号饮冰室主人等。生于1873年2月，卒于1929年1月。梁启超生于书香之家，四五岁随祖父母习读《四子书》《诗经》，自小习得宋、明儒义理明节之教。其父莲涧先生，对家风要求严谨，喜爱教导淑身之道和济物之道。十二岁，梁启超中秀才，十三岁，治段、王训诂之学，十四岁学于佛山陈梅坪先生，十五岁学于石星巢先生，十六岁入学海堂为正班生，十七岁中举人，十八岁始识康南海先生，十九岁拜师康有为学于万木草堂，二十五岁与康有为一起发动戊戌变法，二十九岁主编《新民丛报》，打造了近代思想战线的精神粮仓，辛亥革命前后叱咤政坛，组党结社，担任要职，五四运动之后潜心钻研学术，开辟一系列新领域的著作，展现了大师风范。近百年以来，世界范围内不同领域的专家学者对梁启超的研究可谓此起彼伏，未曾间断。这些研究涉猎于政治、哲学、美学、艺术、教育、历史等诸多学科，展现出梁启超多种角色形象，具体研究包括国家民族思想、文学思想、史学思想、法学思想、经济学思想、教育思想、美学思想等。不置可否的是，这些研究业已初具规模，且多元立体化地呈现出梁启超独特的近代形象。笔者透过对梁启超相关的论著和文章的整理爬梳，以时间的有序发展为线索并加以评述，方便在庞杂的知识体系中归纳出一般性的研究特色及规律。

孟子言："颂其诗，读其书，不知其人可乎？是以论其世也。"（《孟子·万章下》）论及个人之时，需结合时代解读人物心境，赏识他全部的风度与智识，认识他全部的学问，然后才能客观评价人物的生平。梁启超是一位从传统向现代转型的"过渡时代"儒学大师，他的儒学思想富有过渡色彩的学术特色。他说："故过渡时代者，实千古豪杰之大舞台也，多少民族由死而生，由剥而复，由奴而主，由瘠而肥，所必有之路也。美哉过渡时代乎！"[①] 近代是中西文化交汇的特殊时期，这一特殊时期的文化探讨对现代哲学学科的发展，及中国哲学在世界的价值地位，都能提供有益的支撑。令人遗憾的是，学术界几十年来对梁启超的研究，尚未针对其儒学思想作连贯性、整体性的深入分析。梁启超作为拉开现代新儒家帷幕的典型人物，治儒学不仅要看他的著述、学说，更重要的还要看他"所求为何"，看他与当时政治、风土、人情之间的相互推移，看其人格与"大众人格"之间的相互影响，做到感其所感、悟其所悟。显然，深化对这样一位历史人物的研究，对借鉴和总结其思想的经验教训，把握儒学的历史

[①] 梁启超著，吴松等点校：《饮冰室文集点校》，云南教育出版社2001年版，第710页。

发展规律，推动儒学现代发展有着实际重要的意义。其现实意义体现在以下几个方面。

这一研究既可以拓展梁启超文化思想的研究领域，又将深化新儒家的研究领域。目前，学界不乏对梁启超的研究专著，但大多集中于对梁启超的学术思想、文化思想、东学背景、哲学思想、人物传记或某一时期的思想研究，梁启超的儒家思想也有少数学者有了初步探讨，但都是泛泛而谈，并没有集合整个时代背景给予深入浅出的分析，亦未能契合历史真相，做出有益的归纳。笔者希望通过结合空间、时间及人物思想的特写，展现出一个鲜活的、有生命力的梁启超。另外，从研究的理论意义上讲，梁启超以其独具特色的儒家哲学，对20世纪初期中国该向何处去、如何发展的时代问题，予以了哲学式思维的解答。他的儒学思想不仅关注形而上学的道德层面，而且关注形下之器的现实层面。他力图实现儒学的近代转化，为中国的近代化探寻救国存亡的理想出路。因此，如果能深入细腻地把握梁启超儒学思想的特点、规律及逻辑走向，对人物思想的研究来说非常重要。

过去梁启超的著作常被人讥讽为博杂、浮浅，但笔者认为，他对传统儒学思想的宏观把握之精准、细节之处感悟之深刻却常使人叹服。这表明他将个人的实践经验和对人生的阅历感悟都融入学术创作中，其著作语言质朴却感人，哲理通俗却能感召人心，在近代鼓舞了大批新青年勇敢向前。清末民初的中国是一个外敌入侵、内部动荡的国度，精神饥荒、道德贫困是对这个时代特征的准确反映。面对世界巨变引发的种种困惑，以及精神世界陷入迷茫境地，智识者不得不思考人生、社会和国家的变革问题，试图拯救跨时代的无助者并化解人心的迷茫。这就涉及中西文化碰撞之下，保留中华文化的主体，还要对弱势民族及其大众展开民族认同及自我认同的重建，是两手都要抓的任务。因此，选择传统文化中"内圣外王"及"家国天下"这般核心的关注点，是近代士人共同讨论的话题，也是梁启超重构儒学的选择的视角及关注点，他从道、政、学、教等方面重塑"内圣外王之道"，用世界主义理想重新构建家国天下，为传统文化的更新作出了不可磨灭的贡献。更重要的意义在于，梁启超儒学思想的现代走向，无异于是儒学将步入现代化的过程，这一过程也是他重塑国魂、激发民族文化自觉、重拾民族文化自信的过程。这对于当代国人体会中国精神、中国之治的要义，提升中华民族文化自信有着独特的时代价值和意义。正如梁启超在《治国学的两条大路》中讲道："我们中国文化，比世界各国并无逊色。那一般沉醉西风，说中国一无所有的人，自属浅薄可笑。"①

（二）国内梁启超研究的阶段划分

1902年广智书局出版的《饮冰室文集》共计60万字；1910年广智书局重印此集，由何擎一增订补编四卷；1905年又第二次编辑出版了《分类精校饮冰室文集》。中西编译局在1906年出版了《立宪论与革命论之激战》，辑录立宪派与同盟会在《民报》《新民丛报》展开的对战文稿，其中包括梁启超发表的《论中国今日不能行共和制之理由》《申论种族革命与政治革命之得失》和《答某报第四号对于本报之驳论》三篇文章。1916年商务印书馆刊印《饮冰室丛著》；1926年，中华书局出版梁廷灿重编《饮冰室文集》。1936年由林志钧主持编辑遗稿成书、由中华书局出版的《饮冰室合集》，分《饮冰室文集》16册（45卷）和《饮冰室专集》24册（104卷），被誉为梁启超思想文化探索与贡献的集大成之本。中华书局1989年版的

---

① 梁启超：《饮冰室合集：典藏版：全40册》，中华书局2015年版，第3853页。

《饮冰室合集》是1936年的影印版,共12册11094页,后为纪念梁启超诞辰140周年,2015年推出了《饮冰室合集:典藏版:全40册》。1983年丁文江、赵丰田主编的《梁启超年谱长编》是任公的年谱长编,资料翔实,堪称近代人物年谱中的鸿篇巨制,由上海人民出版社出版。1986年复旦大学出版社出版李国俊的《梁启超著述系年》,该书按时间顺序搜集了梁启超著述篇目并加以整理。2001年云南教育出版社出版《饮冰室文集点校》,收录了梁启超精选的优秀作品。2005年北京大学出版社出版的《饮冰室合集集外文》,收录《饮冰室合集》中并未收录的梁启超佚文。2018年8月,汤仁泽、汤志钧经过36年的苦心搜集、整理和编纂,1400余万字的《梁启超全集》面世,其内容由论著集、演讲集、诗文集、函札集、附录组成,另收录了不少梁氏佚文、信件。

从历史时间发展的线索来看,学术界对梁启超思想的研究,可分为四个不同时期。第一个时期是从1929年梁启超逝世至中华人民共和国成立,此阶段主要介绍梁启超生平学界对他的追思及缅怀,著书立说较少。其间,1930年许啸天编纂《梁启超语粹》一书,从哲理、政治、国家、学术、社会、教育、宗教和艺术之中,摘录梁启超经典语录,阐述其个人思想的特色内容。梁启超的得意门生吴其昌所著《梁启超》(1944)一书,评价其师最伟大的功绩在于对文体的改革,赞叹他高文博学乃近世罕见。

第二个时期是从1949年至1978年改革开放前,受国内政治运动的影响,学界出现大批从政治立场的角度批判梁启超"保守""保皇""反革命"主张的著作。这些批评以1948年吴泽所著《康有为与梁启超》最为典型。此书是1949年前学界研究梁启超的唯一专著,文中叙述了维新运动中,康有为、梁启超二人主要的政治活动、政治态度与政论轨迹,并贬斥了梁启超的改良主义观点和社会发展渐进论。1957年、1962年毛以享、牛仰山分别发表同名专著《梁启超》，毛以享从梁启超的少年读书时期、维新运动时期、流亡办报时期、民初从政时期等不同的视角，分述梁启超的生平经历和思想变化；牛仰山则中立地评价梁启超本人，除肯定他在戊戌变法时期的进步作用外，还肯定他用进化论批判了封建史学的历史贡献，但其后批判梁启超是一个与革命为敌的反动人物。在文献研究方面，朱永嘉在《批判梁启超的唯心主义哲学》（1957）一文中，批判梁启超的唯心论，认为他把人类的活动均建立在心力及自由意志之上。侯外庐《戊戌变法前夕梁启超的折衷主义政论》一文载于1958年出版的《戊戌变法六十周年纪念集》，文中从折衷主义立场评价梁启超在戊戌变法时期的政论。胡滨在《戊戌政变至辛亥革命的梁启超》（1957）一文中，表示梁启超要求清朝封建统治阶级"开明"些，允许资产阶级上层分子和开明士绅参与政权[1]。蔡尚思于1961年发表《梁启超在政治上、学术上、思想上的不同地位》一文，否定学界认定梁启超对人民的影响限于前期，他将梁启超的一生分为前、后两期，认为其在前期政治上进步，而学术地位重在后期。

20世纪六七十年代，中国台湾学者陆续刊出多本关于梁启超的研究，重新审视及估价了他的思想价值，掀起一股研究梁启超思想的学术热潮。影响久远的著书是张朋园于1964年、1969年陆续出版的《梁启超与清季革命》《立宪派与辛亥革命》。第一本论著将梁启超1894年到1911年间的政治言论的背景、动机及影响作了有系统的叙述和分析；第二本论著对梁启超卷入革命之后的活动做了个案研究。另如亓冰峰的《清末革命与君宪的论争》，通过介绍1894年至1911年革命派与君宪派之间的激战，分析两派寻求救国的不同之方，展现

---

[1] 胡滨：《戊戌政变至辛亥革命期间的梁启超》，《新建设》1957年第4期。

出晚清民初的政治演变。此外，1966年台湾大学文史丛刊出版孙会文的《梁启超的民权与君宪思想》，1968年台湾商务印书馆出版赖光临的《梁启超与近代报业》，1975年台湾商务印书馆出版张玉法的《清季的立宪团体》，1976年台湾大学文学院出版胡平生的《梁、蔡师生与护国之役》等，都侧重于从某阶段的历史时期，分析梁启超的部分人物关系、政治立场及思想变化，未能结合历史背景的变化展现梁启超人物思想演变的全貌。

至于期刊文论，郭湛波的《梁启超的时代及其思想》指出，梁启超的思想常随时代的转移而不易捉摸，非把中国近百年历史、思想的演变彻底了解，再把他的著作一一玩味融会贯通，不然不能了解他的思想。① 张朋园的《梁启超对社会主义的认识及中国现代化的见解》指出，梁启超在布什维克革命成功后，变成了一个狂热者，认为马克思主义含有世界大同的理想。② 江勇振的《期待另一个梁启超——综评四本有关梁启超的著作》一文，对勒文森的《梁启超与中国近代思想》、张朋园的《梁启超与清季革命》、张灏的《梁启超与中国思想过渡》、黄宗智的《梁启超与中国近代自由主义》这四本书比较整理，分析了各位作者研究梁启超的特色，展现了四本著作之间的批判与修正，呈现了作者不同视野下的梁启超。③

第三个时期，从改革开放到1990年代，国内对梁启超的研究在1980年代呈现平和的态势，在1990年代出现上升的趋势。如孟祥才的《梁启超传》（1980），作者在第四章对"舆论界骄子"持中肯态度，文中多处对梁启超"改良派主帅""立宪派领袖"的头衔发表嘲

---

① 郭湛波：《梁启超的时代及其思想》，《哲学论集》1973年第2期。
② 张朋园：《梁启超对社会主义的认识及中国现代化的见解》，《食货月刊》1974年第3期。
③ 江勇振：《期待另一个梁启超——综评四本有关梁启超的著作》，《台湾师范大学历史学报》1974年第3期。

讽之言论。影响较大的是1981年张朋园所著的《梁启超与民国政治》，该书有二十余万言，被誉为《梁启超与清季革命》的姊妹篇。该书讲述了梁启超在清末政客身份及立场的嬗变，探讨了民国时期梁启超的政治生涯、对理想的实践程度等问题。1981年邓明炎的《梁启超的生平及其政治思想》一书出版，作者分述梁启超少年读书时期、维新运动时期、流亡办报时期、民初从政时期、文化运动的晚年、政治思想的概述，论述梁启超一生的生活与政治思想，并评价他："有如在黑暗大海中的一座灯塔，指引着无数青年，跟着他想，跟着他走。"① 这本专著区别于国人当时对梁启超零星片段的研究，是当时最为完整的著书。董方奎的《梁启超与护国战争》（1986）一书，结合历史材料，通过梁启超与护国战争的关系来阐述护国战争的始末。钟珍维、万发云的《梁启超思想研究》（1986）评价梁启超功大于过，作者比较全面地从社会基础、理论渊源、科技思想、历史地位以及政治、经济、哲学、史学、新闻等思想领域来解读梁启超。陈占标、陈锡忠所著《一代奇才梁启超》（1989），虽对梁启超的态度和评价趋于中立，但基本限定于之前的研究范围、视角，整体在研究方法及思维方式上创新不多。

在文献研究方面，李凡的《梁启超对中国通史的编纂和设想》（1981）一文，从历史编纂的角度记述梁启超对中国通史的写作、对中国文化史的研究及对各种专史的研究。黄叶的《梁启超的学术比较研究》一文，提出梁启超的《中国学术思想变迁史》首次专门地研究了中国学术思想的萌芽、兴盛、衰落、再兴的过程。② 万发云在《略论梁启超的哲学思想》（1983）中评价梁启超的哲学思想并未超

---

① 邓明炎：《梁启超的生平及其政治思想》，台湾天山出版社1981年版，第119—120页。
② 黄叶：《梁启超的学术比较研究》，《读书》1982年第7期。

出唯心主义和形而上学的范围。王左峰在《梁启超后期哲学中的人格主义》（1983）中，总结梁启超视"心物调和"与"东西调和"是解决国内阶级斗争的关键，并分析他晚年的"人格主义"人生观。何哲的《略评梁启超的史学思想》一文，评价梁启超的功绩在于把历史学从善恶褒贬的伦理说教下解放出来，认为历史学应追求客观的规律。[①] 崔荣华在《论第一部中国学术思想通史——梁启超〈论中国学术思想变迁之大势〉》（1989）中，肯定此书为中国学术思想史的开端，不拘传统大胆创新、中西并重，倡导民权，符合近代中国的时代要求。

1990年代学界对梁启超的研究明显有了态度上的转折。学界不仅扩大了研究范围，而且有了新发现、新视角、新见解。在这一阶段有不少研究梁启超政治生涯的著书，董四礼的《清代巨人传——梁启超》（1996）指出，梁启超作为资产阶级上层利益的代表，其思想与行动充分表现出软弱性和妥协性，晚年思想更趋落后于时代。方志钦的《康梁与保皇会：谭良在美国所藏资料汇编》（1997），首次公开出版了部分美国加利福尼亚大学洛杉矶分校东亚图书馆和伯克利分校美籍亚洲人图书馆所藏康有为、梁启超保皇活动有关的函牍和文件，本书选取126件资料，含梁启超函牍11件。董方奎编写的《梁启超与立宪政治》（1991）及《旷世奇才梁启超》（1997）两部著作，前书以清末民主进程及政体变革为背景，对梁启超追求君主立宪、开明专制提出了更为实事求是的新见解；后书从客观正面的立场记叙梁启超彷徨求索的心路历程，及其思想的曲折变化，称赞他是善变的豪杰。

另有一些关于梁启超人生传记，比如吴家鸣、王行鉴的《梁启

---

① 何哲：《略评梁启超的史学思想》，《齐鲁学刊》1985年第2期。

超青少年时代》（1991），李喜所、元青的《梁启超传》（1993），耿云志、崔志海的《梁启超》（1994），寒波的《梁启超：公车上书》（1996），陈其泰的《梁启超评传》（1996），杨光钧的《梁启超在日本》（1997），夏晓虹的《追忆梁启超》（1997），陈引弛的《梁启超（轶闻）》（1997），吴荔明的《梁启超和他的儿女们》（1999），易新鼎的《博学多变的人生：梁启超的读书生活》（1999），都展现出梁启超不一样的多面人生，书中大多对梁启超表达出喜爱，亦不吝惜赞美之词。同时期学界也出现了对梁启超的法律思想、教育思想、文学思想、启蒙思想、学术思想、哲学思想、经济思想、调适思想等多领域、多角度的研究，如：宋仁主编的《梁启超政治法律思想研究》（1990）和《梁启超教育思想研究》（1993），连燕堂的《梁启超与晚清文学革命》（1991），顾昕的《中国启蒙的历史图景》（1992），刘邦富的《梁启超哲学思想新论》（1994），丁守和的《中国近代启蒙思想》（1999），关爱和的《梁启超与近代文学启蒙》（1999），夏晓虹的《觉世与传世——梁启超的文学道路》（1991），易新鼎的《梁启超和中国学术思想史》（1992），陈鹏鸣的《梁启超学术思想评传》（1999），蒋广学的《梁启超和中国古代学术的终结》（1998），罗检秋的《新会梁氏：梁启超家族的文化史》（1999），黄克武的《一个被放弃的选择：梁启超调适思想之研究》（1994），等等。

  这一时期出现了比较多关注梁启超学术思想的论文，多数文章均赞同梁启超是中国近代学术开拓者的主张。吴前进的《论梁启超的政治品格与学术品格》一文，截取梁启超从政和为学的两个侧面，考察其政治品格与学术品格的基本特征及其交互面的矛盾，研究他身兼政治家与学问家的人格分裂与统一的过程。[①] 耿云志在《梁启超先

[①] 吴前进：《论梁启超的政治品格与学术品格》，《史林》1992 年第 3 期。

生学术思想评述》(1992)一文中,认为梁启超一生都追求中西文化的融会贯通,不同时期面对不同现实,强调的重点不同,主张回评他的文化构想,应力求历史地全面地看待问题。陈其泰在《梁启超先秦思想史研究的近代学术特色》(1994)认为,梁启超在《先秦政治思想史》里能抓住各个学派政治思想的重点,辨析其不同主张,体现了他理性审视的眼光。李喜所在《梁启超晚年的佛学研究》(1995)中指出,梁启超的佛学理论简明易懂且现代气息浓郁,他的佛学专著有《印度佛教概观》《说无我》《佛教教理在中国之发展》《说四阿含》《说"六足"、"发智"》《读修行道地经》等,但其所构架的佛学理论要点,集中于从认识论出发的因缘观、业与轮回、无常与无我、解脱与涅槃四个方面。蒋广学、曾沂在《论梁启超的政治与法哲学思想》(1996)中指出,梁启超认为西方的政治法律制度并不足以作为中国进行法制建设的参照物,需将理想与现实结合起来,推进社会的逐步进化,并实现以伸民权为中心的各种调种主义。葛诗国、王衍国在《梁启超的人地关系研究及其学术思想》(1996)一文提出,梁启超将文学、艺术、学风、风俗、人才以及宗教等与地理环境联系起来考察,起到开一代新风的作用;而且梁启超非常重视史地关系、时空关系的研究,力倡"新史学",号召进行史界革命,力反传统封建史学的神意志观。蒋英豪的《梁启超的"史诗"——〈二十世纪太平洋歌〉析论》(1997)一文,对梁启超所创诗歌《二十世纪太平洋歌》高度赞扬,认为其用戏剧性的手法糅合了世界历史、地理、当时的新学理、新事物、世界局势、中国处境,诗文表达了他的救国志业、大同理想,元气淋漓,展现出晚清文学的恢弘气度。周好在《梁启超论人的社会化》中提出:梁启超从文化发展视角、社会结构视角、个性的发展视角阐释近代人的社会化问题。[1] 黎明茵在

---

[1] 周好:《梁启超论人的社会化》,《江海学刊》1997年第2期。

《全球空间与现代性的民族主义话语：梁启超的历史思考》（1997）中指出，该书将梁启超的历史思想置于现代性话语的理论框架中，尤其是民族主义作为非西方社会历史空间对西方现代性时空形态的一种智力回应。作者以梁启超为个案，对现代性民族主义话语的时空逻辑，特别是其内在矛盾和现实困境进行了理论上的精辟探讨，它的解决导致了对文化差异的后民族主义关注，并产生了补充历史时间的"人类学空间"。万平的《康有为与梁启超的学术研究》（1999）一文比较了康、梁二人，指出梁启超是中国近代资产阶级史学理论的开拓者，研究领域开阔且擅长新体散文。葛志毅的《梁启超的民族主义研究与近代化的学术文化思潮》（1999），分析梁启超所谓"凡国未经民族主义之阶段者，不得谓之为国"[1]的成因，称赞梁启超关于一个民族主义的精神本源，存在于这个民族的文化遗传之中的观点。任晖的《激情·理性·新见——〈梁启超和中国古代学术的终结〉编后》（1999）一文，是对蒋广学教授著书《梁启超和中国古代学术的终结》的些许思考，称不论是"破"还是"立"，梁启超无愧于"新思想之陈涉"称号，其筚路蓝缕之功不可否认。

  第四个时期，自2000年至2010年，学界对梁启超研究的涉猎范围逐渐扩大，一时之间有了百花争艳的态势。2003年10月首次梁启超国际学术会议在天津召开，"梁启超"这一誉名在三十多个国家的国际学者中引起了广泛关注，使得对他的研究步入新的历史阶段。日本、美国、法国、德国及韩国均出现一些专门的研究团体，一时之间，海内外掀起一股研究梁启超的热潮。与此同时，"回望梁启超""心灵的导师"等褒义词频频现出。这一时期出现了更加细致、细化的研究著作，吕滨在《新民伦理与新国家：梁启超伦理思想研究》

---

[1] 梁启超著，吴松等点校：《饮冰室文集点校》，云南教育出版社2001年版，第767—768页。

(2000)中指出,梁启超以功利主义为基础,对道义论的传统伦理进行了批判。作者指出梁启超的伦理思想是一个矛盾的集合体。吴铭能著有《梁启超研究丛稿》(2001)、《梁启超的古书辨伪学》(2005)、《历史的另一角落:档案文献与历史研究》(2010)三部书籍,第一部书侧重于对历史文稿的收集整理;第二部书中作者赞许梁启超对于古书的真伪抱持怀疑的态度,认为他保持孟子、司马迁、王充、柳宗元、韩愈等一派相承的传统;第三部以第一手未公开的档案书信文稿为主,勾勒出一批历史人物形象,还原梁启超的真实面貌和"趣味主义"人格味道。宋德华在《岭南维新思想述论:以康有为、梁启超为中心》(2002)一书第九章中,重点介绍了梁启超的兴学开智论,讲述梁启超会通中西的"兴政学"育人变革思想。杨晓明的《梁启超文论的现代性阐释》(2002)一书,从现代性的角度阐释梁启超的文学理论,详细介绍了理性精神与梁启超"除心奴"的学术态度,梁启超文论中的科学精神与科学方法、文学史论、比较文化观等内容,论述了梁启超文论的启蒙现代性的相关话题。郑匡民所著《梁启超启蒙思想的东学背景》(2003)是一本专门探讨梁启超启蒙思想与明治日本之间关系的著作,作者在第一章、第二章以"梁启超戊戌变法时期的日本观与流亡日本后的处境""福泽谕吉启蒙思想与梁启超"为标题,对梁启超启蒙思想和他流亡日本初期的境遇做了考察。郭长久主编《梁启超与饮冰室》(2002)收录了"今晚报社"组织的以"梁启超与饮冰室"为主题的征文共计63篇,包括汤志钧的《梁启超在津追忆蔡松坡》、李喜所的《毛泽东眼里的梁启超》等文。陈福树在《梁启超的书法艺术》(2003)一书里称,相比梁启超一生写下近2000万字的著述,书法对于梁启超来说只是"余事",他收藏题跋及其书法的印章数十万,本人历经楷书、行草和隶书三阶段,形成了方劲飘逸的"题跋体"。董德福的《梁启超与胡适

——两代知识分子历程的比较研究》(2004),全书分为七章,全面比较梁启超、胡适两人的学术思想,具体包括思想背景、两代知识分子之间的迎拒、频繁的学术交往、中西文化观的对立互补、整理国故的理论与实践等。谢放在《跨世纪的文化人——梁启超》(2005)一书,认为梁启超作为近代新学的启蒙大师和学术巨子,锐意求新,与时俱进,开辟了中国思想文化和学术研究领域,影响了辛亥革命、五四运动两代的中国知识分子。金雅的《梁启超美学思想研究》(2005)首次对梁启超美学思想进行了逻辑梳理,提炼出趣味美学精神对中国现代美学精神作了关联性的总结和阐述。李喜所主编《纪念梁启超诞辰130周年论文集:梁启超与近代中国社会文化》(2005)发表会议论文五十多篇,涉及梁启超的生平、交友、政治活动、价值取向、社会关系、对外交往、家庭生活、晚年走向、政治思想、经济思想、女性解放、学术文化等论题,文章比较之前更具深度。李茂民的《梁启超五四时期的新文化思想——在激进与保守之间》(2006)一文,集中分析了梁启超新文化建设思想的缘由、形成的过程、现代价值与意义。陈鹏鸣在《梁启超学术思想评传》(2006)介绍了梁启超经世致用的治学宗旨和重视学术源流的治学方法,为后世学者提供了典范。焦润明的《梁启超法律思想综论》(2006),区别了梁启超法学思想与沈家本、严复的不同,着重介绍梁启超的法理学思想、宪法学思想。陈鹏鸣的《梁启超学术思想评传》(2006),专注于对梁启超学术生涯、学术著作、学术思想、学术渊源、学位地位的探讨,着重介绍了《清代学术概论》和《中国近三百年学术史》两部学术研究著作。夏晓虹的《阅读梁启超》(2006)收录梁启超随笔、书评、序跋、论文等23篇,书中有对梁启超生平、事功的总体评述,也有对梁启超剧曲创作、文类概念与文学史研究的探讨,较全面地展示梁启超在政治、学术方面的造诣。董方奎的《新论梁启超》（2007）主要研究梁启超在选择政体模式过程中的求索、认识和践行的过程。袁咏红在《梁启超图传》（2007）图文并茂地展现梁启超的生平及学术贡献，侧重于主人翁的人生经历介绍。杜垒编的《际遇：梁启超家书》（2008）是对梁启超十万字家书精心遴选、编辑而成的书刊，意在宣扬梁启超对子女的家教之道，创造了一家走出三位国家院士的神话。黄团元的《梁启超之路》（2008）是梁启超人生道路的小记，全书共十一章，讲述他从科举到变法维新，再从"断发胡服走扶桑"、办报刊、宪政转型、反帝制当军师、入内阁作园丁回归治学、育良才振家庭的一生经历。黄跃红、王琦的《春风桃李百世师：梁启超和他的弟子》（2009），认为梁启超是"适于融合东西方学术的人物"，他的学术活动的特点就是思想解放、学以致用。方红梅的《梁启超趣味论研究》（2009）提出"趣味"是梁启超的思想特色，他的艺术趣味观是艺术本质论和价值论的合一。林文光选编《梁启超文选》（2009），按政论、杂文、学术、传记、文学不同分类，收录梁启超经典的文章。邵盈午的《清华四大导师》（2009）介绍了梁启超的政治体验和学术抱负，通过他的"清华缘"表达他的家学渊源、教育思想、人文追寻。蒋林在《梁启超"豪杰译"研究》（2009）一文中，从翻译学、文学的角度，阐释了"豪杰译"的现代内涵及其对中国文学转型所起的作用。

涉及梁启超研究的学术文章，沈文慧的《从功利到审美——梁启超文学思想之流变》（2007）一文，提出学界常关注梁启超前期叱咤风云的"三界革命"，而忽视了他后期在五四、文学革命的浪潮中，高谈学术独立、文学感情、人生趣味，从功利主义到审美的流变，批评学界往往采取一种"断裂"的研究姿态。黄敏兰的《梁启超新史学从政治向学术的过渡》（2000），认为梁启超在1902年用

《新史学》一文发起了"史界革命不起，则国不可救"的近代宣言，提倡用新史学、新学术启蒙教育民众，另在史学理论、史学方法论、中外历史编纂、史学史、人物传记等各方面均有贡献。周国栋在《两种不同的学术史范式——梁启超、钱穆〈中国近三百年学术史〉之比较》（2000）中，分析了梁启超、钱穆二人不同的学术研究方法，梁启超以学为中心，他笔下的学术史传统根源于传统又以现代学术意识改造了传统；钱穆以人为中心，认为"中国人讲历史，则人比事还看重"[1]。蒋广学的《梁启超的现代学术思想与20世纪中国思想史之关系》（2001）一文提及梁启超学术思想多变且驳杂，但大体表现为政治上信仰民主主义，经济上信仰社会主义，思想文化领域上信仰新自由主义（由儒家尽性主义、墨家非命说、道家利他主义、佛家万法无我思想与现代西方自由主义融合起来的），其个人思想呈现多元对立的思想结构。夏晓虹的《中国学术史上的垂范之作：读梁启超〈论中国学术思想变迁之大势〉》（2001），称梁启超第一次用历史眼光整理中国旧学术思想，超越于传统《四书》《五经》之外开辟了一个新世界。陈国恩、朱华阳在《阳明心学与梁启超的文学改良观》（2002）一文，认为梁启超用王阳明"六经注我"的思维方法，把西学融进传统经学体系之中。杨晓明的《梁启超的理性精神与学术态度》（2002）一文从"不为古人所欺，不为世法所挠"，"我物我格，我理我穷"，以及"除心奴"反"依傍"三个不同层次，分述了梁启超早期、中期和晚期的理性精神和学术态度，昭示他对思想自由之道的向往。曲洪波的《近代"地理环境论"对梁启超学术著述的影响》（2008），强调梁启超重视和宣传"地理环境论"，目的在于言学术以经世。肖向明的《"启蒙"语境里的"审美"艰

---

[1] 钱穆：《史学导言》，台北中央日报社1981年版，第36页。

难——论梁启超与中国近代文学变革的价值取向》一文，评价梁启超在《夏威夷游记》里提出"文界革命"，以他的政论文创作改变文坛复古和守旧观念，并用一种平易古文，在行文和结构上打破了桐城派的义法规条，摒弃过往古文引经据典、温柔敦厚的风格，力求文字流畅、思路清晰、感情真挚，并赋予时代气息。[1] 钱中文的《我国文学理论与美学审美现代性的发动——评梁启超的"新民"、"美术人"思想》（2008）一文，提出"新民"说与"美术人"是梁启超文论与美学思想的整体表现，显示了近代文学的现代审美特性。陈泽环在《立足文化根基的引进和革新——梁启超学术话语的启示》（2010）一文中，提出梁启超以爱国主义和世界主义相结合的道德情操和文化胸怀，基于国情综合"国学"和"西学"精华的知识结构，"淬砺其所本有而新之"和"采补其所本无新之"的治学思想，为"中国学术话语体系的当代建构"留下启示。[2]

更为可贵的是，这一阶段陆续出现了大批研究梁启超哲学思想的学术论文，以凸显梁启超哲学思想不同于西方哲学的独特内涵。如李昱在《论梁启超〈老子哲学〉的思想特色》（2004）中指出，梁启超《老子哲学》把佛、道两种旨趣不同的学术思想纠合在一起，如道家的人生哲学及佛家的一心、二门结合的特色。张牛在《试论梁启超的历史哲学及其特点》（2004）一文中指出，梁启超的历史哲学是"变论"的历史观，其内容包括"群论""新民"为基础的"民论"及历史进化的"动因说"等。李昱的《梁启超晚年〈庄子〉研究的思想特色》则认为梁启超晚年的《庄子》研究大体上走的是章

---

[1] 肖向明：《"启蒙"语境里的"审美"艰难——论梁启超与中国近代文学变革的价值取向》，《南京社会科学》2008年第8期。
[2] 陈泽环：《立足文化根基的引进和革新——梁启超学术话语的启示》，《文化学刊》2010年第1期。

太炎《齐物论释》以佛解庄的路子,通过破我执、解释"真我"实相,阐明了他"契合真我而不离现境"的内圣外王之道。① 有些学者注重梁启超思想与伦理学、史学等学科及知识体系的关系,如吴炳守的《民初梁启超中坚政治论与研究系知识分子的形成》(2008),张雷的《梁启超与中国法律史学的开新》(2009),朱双一的《梁启超台湾之行对殖民现代性的观察和认知——兼及对台湾文学的影响》(2009)等文。郑志文的《再论梁启超的社会主义观》(2010),寇鹏程的《梁启超美学之"变"的现代性根源》(2010),周昌龙的《梁启超思想中知识结构的转移与深层变化》(2010)等文,则侧重从高而全面的视角,考察梁启超与国家社会及他者之间的各种联系。这些著述,在研究视角及方法上,较之于前期的研究,引发人们对梁启超新一轮思想特质的探求,亦激发了对梁启超本人情感态度的转变,这是对其研究"转向"的一个根本特征。蒋海怒在《梁启超的自由主义及其佛学语境》中,指出梁启超塑造了中国早期自由主义的佛学语境,以佛教"真如"概念为基础展开自由形上问题域,而借助佛学与群治的理论关涉而下贯其道德新民论。②

第五个时期,从 2011 年至今,关于梁启超的研究走向多元化、学科之间的交叉研究也比较多,研究的选题也更细化。研究论文有蔡亚旭的《梁启超思想复杂原因探析——以其论文为例》(2011),该文分析了戊戌变法时期梁启超提出的"三界革命",即"诗界革命""文界革命""小说界革命",与他后期的学术观点不一致,作者将这种思想的前后矛盾归结于晚清历史的复杂性对主人翁的影响。袁咏红

---

① 李昱:《梁启超晚年〈庄子〉研究的思想特色》,《北京师范大学》(社会科学版) 2008 年第 5 期。
② 蒋海怒:《梁启超的自由主义及其佛学语境》,《华东师范大学》(哲学社会科学版) 2010 年第 42 卷第 1 期。

在《梁启超思想的自由主义色彩》(2012)一文中指出,梁启超追求的自由主义起点是中国传统文化中的民本说、人格论等,他强调的是群体自由与个体自由间的统一。邱丹丹在《梁启超思想的内在理路及成因(1898—1906年)——变与常的交织》(2013)一文中,尝试以1898年至1906年为时间界定,分四期论述梁启超的思想变化,政体上梁启超从改良立宪到革命共和再到开明专制,文化上从"尊孔保教"到"尊孔不必保教"转变,政策上提出新民思想,1902年提出"史学救国"的主张。许苏民在《论梁启超的"地球盛运说"及比较哲学研究》(2012)中认为,梁启超提出"地球之盛运",这一概念与雅斯贝尔斯"轴心时代"理论相似,即指中、西、印各民族的哲学思想,在差不多时期几乎同时发生有普遍性的进化过程。孙凯在《中国近现代的"创造哲学"思想研究——以梁启超、梁漱溟、张岱年为例》(2014)一文中指出,梁启超号召鼓民力、开民智、新民德而创造新的自我。魏义霞在《论梁启超对康有为哲学的介绍和偏离》(2014)一文中强调,梁启超将康有为哲学归纳为"博爱派哲学""主乐派哲学""进化派哲学""社会主义派哲学",梁启超以自己的视角理解诠释康有为的哲学思想,也反映出他本人的哲学思想特点。胡全章的《梁启超与20世纪初年政论文学的繁荣》(2014)一文,称梁启超的政论文开启一代文风,推动了中国政治思想和社会文化的近代变革。张杰克《"动力"的寻求:"宇宙观"与"历史观"的双重进路——以梁启超思想为视域的考察》(2016)一文指出,梁启超对"动力"的寻求之追问,展开"宇宙观"与"历史观"的双重进路。温泉所写《从"天下"到"国家"——论梁启超思想中的世界观念》一文(2016),认为梁启超最有自我特色的理论阐释是在世界观念上对"天朝型"世界观祛魅,将传统的"天下"观念重构为"国家"概念,中国需积极面对新的世界观秩序。赵春雨的《教化与政治：意识形态观照下的梁启超文学诠释》（2016）一文，提出梁启超译介文学的目的在于开启民智、启蒙教化。姜荣刚的《严复与梁启超：不同的文学革新范式——兼论"五四"文、白之争的历史渊源》（2016），比较严复与梁启超二人在文学观念与文学革新取向上的分歧，指出梁启超小说观念虽新，内里却陈旧，而严复的文学观以情动人，陶冶人心，利于培育高尚的情操。张乃禹的《近代韩国小说革命理论与梁启超文学思想之关联》（2016），大胆提出梁启超的"启蒙意识"感染了韩国，韩国开化期小说革命理论与梁启超文学思想存在关联，韩国启蒙分子希望通过"新小说"完成"恢复国权"的使命。魏义霞、李洪杨的《论张锡勤先生的梁启超思想研究》（2017），分析张锡勤先生从陆王心学、道德范畴、近代文化史的视角，对梁启超的伦理思想深入研究。李勇在《胡适与梁启超学术关系之考察》（2018）中提出，胡适的学术思想受益于梁启超的《新民说》及《中国学术思想变迁之大势》，却与梁启超关于《管子》之述有异。李敏的《戊戌东渡后的梁启超与"文学"概念的转变》（2018）一文认为，梁启超发出"小说乃文学之最上乘"，文学与道德、法律、风俗等都是国民、国家精神的构成要素。张娜的《从社会哲学的角度看梁启超后期思想之变化》（2019），讨论了梁启超后期回归传统的一个非自觉意识因素，源于文化心理层面对传统文化精神的无意识认同。茅海建的《中学或西学？——戊戌时期康有为、梁启超学术思想与政治思想的底色》一文指出，康有为、梁启超学术思想与政治思想的"底色"是中学，严格来说是一种特殊的中学，即"康学"——"新学伪经说""孔子改制说"和"大同三世说"。[①]

[①] 茅海建：《中学或西学？——戊戌时期康有为、梁启超学术思想与政治思想的底色》，《广东社会科学》2019 年第 4 期。

最新的前言研究动态中，黄启祥在《群体道德与个人道德相辅相成——对梁启超公德论的一个考察》（2022）中表明，梁启超关于群体道德与个人道德的论述代表了近代中国学者在国家观和道德观方面的重要进展，对当今的道德建设仍有不可忽视的现实意义。夏晓红在《梁启超：女学为第一义——兼及其女权阶段论》（2023）中指出，谈论近代中国的女子教育思想，梁启超是不可绕过的一人。《论女学》直接促成晚清国人自办的第一所新式女学校诞生。章永乐在《作为"门罗主义"研究先驱的梁启超》中认为，梁启超对于"门罗主义"话语的译介与研究，对当时的中国知识界与舆论界产生了巨大的影响。梁启超著述中体现的"非正式帝国"的视野，对于认识当今的全球局势，仍然具有深刻的洞察力。①

在书籍方面，2019年恰逢梁启超先生逝世九十周年，夏晓虹教授的"梁启超研究三书"修订再版，原《觉世与传世——梁启超的文学道路》《阅读梁启超》《梁启超：在政治与学术之间》，依次修订为《阅读梁启超：觉世与传世》《阅读梁启超：文章与性情》《阅读梁启超：政治与学术》。2019年4月，吴宁宁《梁启超伦理思想研究》一书，谈到梁启超将中国传统文化与西方现代思想结合，试图以独立与合群、利己与利群、公德和私德以及自由与服从五对概念为核心，通过对国民道德和人心的再造塑造起新的理想国民。②

（三）国内梁启超儒学思想研究

从空间类比的线索来看，梁启超思想研究包含的内容广泛，涉及

---

① 章永乐：《作为"门罗主义"研究先驱的梁启超》，《北京大学学报》（哲学社会科学版）2023年第60卷第5期。
② 吴宁宁：《梁启超伦理思想研究》，首都师范大学出版社2019年版，第12页。

的领域众多，笔者选取较重要的、与本文关系密切的成果进行综述。

沈世锋在《梁启超与孔教》（1990）一文中，将梁启超对孔教的态度分为四个时期来考察，即从他1890年至1901年主张保教到1901年至1911年反对保教，1911年至1918年的折中立场，再到他欧游归国后的调和论立场，总结出梁启超一生风流善变。袁忠在《梁启超文化哲学摭论》（1995）一文中提到，梁启超儒学研究中文化哲学意蕴较浓的时期在五四新文化运动之后，坚定了用中国文化拯救"西人物质生活之疲蔽"的信心。张昭君在《儒学与梁启超文化思想的演进》一文（2001）指出，梁启超在戊戌变法时期借儒学言变法主要有四个方面的内容：尊今文以谋变法，借孔学以表心声，绌荀申孟以倡民权，借公羊三世说以言进化。刘少虎在《近代中国儒学的嬗变及其历史启示》（2002）中指出，梁启超在戊戌时期，鼓吹今文经学；甲午战争后梁启超提出："必深通六经制作之精义，证以周秦诸子及西人公理公法之书以为之经，以求天下之理。"王明雨的《梁启超〈新民说〉对儒学传统的突破》（2004）突出梁启超《新民说》对儒学传统的两个突破，一是国家思想，二是群治思想，这两个突破融合了中西之长，重铸了国民意识。陆信礼、周德丰的《从〈儒家哲学〉看梁启超的哲学史观》（2004）一文提出，梁启超的哲学史观是：冲突与调和是哲学发展的内在根据；社会状况及地理环境的影响是哲学发展的外在根据；哲学发展的形式在于诠释、分化、补充和修正三种形式。张昭军的《儒学资源与中国近代民族主义观念的生成》（2006）一文阐述了儒学与梁启超的民族主义思想，认为梁启超的贡献在于将"天下主义"发展到"国家主义"。江湄的《"新史学"之"新"义——梁启超"人群进化之因果"论中的儒、佛思想因素》认为，学界不应仅用"科学""进化论""实证主义""因果律"等词汇概念去定义梁启超的"新史学"，否则会无视其蕴含的"传统"精神,甚至错估其"新史学"之"新"义。① 陈泽环的《梁启超论儒家哲学——基于伦理学视角的文本考察》(2009)一文指出,梁启超认为儒家哲学是中国文化的主体,不可以抛弃之;在现代社会,儒家哲学的最大价值在于"养成人格"。李汉超、陈玉清的《论梁启超的教育哲学思想》(2009)指出,梁启超重视德育,认为纯重智育不能唤醒国人的愚昧无智,提高国民人文素质才为培养有资产阶级政治信仰、思想观念和道德修养的一代新人指明了方向。

至于近十年的相关研究,陈来的《梁启超的"私德"论及其儒学特质》(2013),关注梁启超民德思想的演变,用"公德—私德互补论"展现梁启超从1902年到1905年年底的儒家道德论。彭树欣的《梁启超对孔子人生哲学的阐释》(2013)以梁启超在"一战"后欧游考察为背景,批判西方科学主义的物欲化,抽空了人的精神、理想追求,反而导致了世界大战及西方哲学对人生哲学的新转向关注。江湄在《另一种整理国故——论"五四"后梁启超对儒学与儒学史的重构》(2014)中,提出梁启超将儒学加以转化、重释,用以阐发知、情、意并重的,养成"全人格"的中国现代学术与教育之理想。陈泽环的《"中国文明实可谓以孔子为之代表"——梁启超国性论中的儒学观》(2015)一文,从国性、国学、国风三方面,对梁启超的国性论及意义作了深入浅出的探析,丰富了对梁启超孔学观的理解。王晗的《"儒家道术"——梁启超视域中的儒家哲学》(2016)一文指出,梁启超将儒家哲学称为"儒家道术",这一思考超过了西方哲学领域。胡洋、程舒伟在《试论梁启超的孔子和儒学观》(2017)认为,梁启超通过"复原孔教"在孔子的"微言大义"中找到他当时

---

① 江湄:《"新史学"之"新"义——梁启超"人群进化之因果"论中的儒、佛思想因素》,《史学月刊》2008年第4期。

大力宣传、提倡的进化、变革、平等、自由、自立等新观念的源头和依据，提出了保国、保种、保教的主张。唐文明的《现代儒学与人伦的规范性重构——以梁启超的〈新民说〉为中心》（2019）提出，在《新民说》中，梁启超并未完全否定旧伦理与旧道德，而是基于新的权利义务观念对旧伦理进行规范性重构，将旧道德淬砺为新道德，其核心主张是现代人的人格应奠基于自由，确立为孝亲，完成于爱国。苗建荣在《论梁启超对儒学与西方科学的态度》（2019）一文中提出，梁启超早期持"儒学本位"主义立场，中期"科学万能"主义态度，后期将二者对立，界定儒学以人生问题为目标，科学以客观知识为归宿的区别。

桑东辉的《梁启超世界中的孟子及其对新民思想的影响》（2022）一文，提出梁启超的新民思想深受孟子思想的影响，特别是孟子的性善论以及立志、存养、扩充的道德修养论为梁启超的新民思想提供了传统文化资源和理论基础。

（四）国外梁启超儒学思想的研究

国外对梁启超思想的研究，有海内外广泛影响的不多，基本都是从历史研究的视角对梁启超思想加以评述，这里选取比较著名、具有影响力的几本著作。李文森（Joseph R. Levenson）的 *Liang Ch'i-ch'ao and the Mind of Modern China*（1953），选取了 1873—1898 年、1898—1912 年、1912—1929 年三阶段，剖析了梁启超在中西文化之间抉择的心路历程，即输入西方价值历程；比较"新"和"旧"之间的文化变革；提出将"西方"纳入"物质"、将"中国"纳入"精神"的二分法。崔志海指出："为了把梁启超的思想纳入自己预设的框架里，李氏的论证充满牵强附会。""反而置梁一贯坚持的文化综合主义的事实于不顾，虚构梁经历了一个由离异传统到回归传统的过程。"①

张灏（Hao Chang）的 *Liang Ch'i-ch'ao and Intellectual Transition in China, 1890–1907* 一书，追溯晚清民初梁启超思想发展变化。此书介绍梁启超早年生活、思想背景及1896年至1898年改良主义思想的形成，其后介绍流亡中的梁启超、改良与革命中梁启超的政治观和传统观、梁启超的新民与国家主义及新民与私德。崔志海曾经评述该书的不足："截取1896—1907年的梁启超作为研究对象，这是该书的一个最大缺陷。以梁启超这样一个代表人物来说明那十年文化转型期在中国近代思想史上的地位，总给人一种不踏实感。"②

黄宗智（Philip C. Huang）的 *Liang Ch'i-ch'ao and Modern Chinese Liberalism* 一书作为海外最早研究梁启超思想的专著，作者分析了梁启超面对古今中外的思想和文化时，他的选择、困惑、解决问题的思路。他指出，梁启超的自由主义，是根据他个人偏好，重新解释儒家、日本明治维新、西方思想的一种混合产物；绝非全然推崇"儒家传统"，或单纯崇尚"西方"价值与思想的纯西式移植。狭间直树的《梁启超·明治日本·西方》（2001）一书，提出在近代观念与知识体系的大转型过程中，梁启超能开风气为先，所作所为难能可贵且绝无仅有，需重新估价梁启超的思想及其重要地位。

整体而言，目前梁启超儒学思想研究有以下局限性：一是以往对于梁启超儒学思想的研究都是碎片化的、零散的、某段时期或者某些观点的研究。本书从宏观整体化的视角，结合梁启超儒学思想发生的历史背景，梳理了其儒学思想的逻辑走向及内在架构，既挖掘出人物本身的思想特点，同时客观真实地俯瞰清末民初儒学的内在发展。在此基础上，本书从传统中国哲学"内圣外王"及"家

---

① 崔志海：《评海外三部梁启超思想研究专著》，《近代史研究》1999年第3期。
② 崔志海：《评海外三部梁启超思想研究专著》，《近代史研究》1999年第3期。

国天下"的基点和理论出发，以期实现对梁启超儒学思想脉络发展的准确把握，探讨他对"内圣外王之道"的重构及"新世界主义"现代转型的贡献。二是以往国内外的研究难以逃脱"西道中心论"的宿命，常出现"以西释中"、淡化否定中国文化精神的弊端。本书采取了哲学逻辑与历史相统一的方法，遵循中国哲学的学术话语体系，结合儒学在晚清民初的独特境遇，重新审视梁启超儒学思想的现代走向。本书认为，宏观梁启超儒学思想的现代走向，关键在于重塑"内圣外王"之道，笔者从道、学、政、教四重向度及个体、群体、国家、世界四个维度，展现梁启超对儒学进行现代重建的思想特征。三是以往国内外的研究常从"西学东渐"的视角，分析西方文化对梁启超儒学思想的影响。其一，本书对学界关于"过渡时代""国民性改造""冲突与融合"等争议性问题进行了突破性解读，认为梁启超始终立足于儒学传承的文化根基，在构建儒学现代转型的背景下，积极弘扬和创新中国传统文化。其二，本书建构了梁启超对儒学重构的理论分析框架。梁启超以内圣之道、外王之道的重构为线索，陈述了内圣之道的心灵图景、道德图景、精神图景，以及外王之道的为学之道、为政之道及为教之道。他刻画的新的外王之道，与他提出的内圣之道相统一，共同承担着批判与醒世、治道与治世、教化与风化的功效。

三 梁启超儒学思想的逻辑走向

长期以来，近代思想史的研究一直未能跳出近代政治史的框架，以思想运动对应政治事件，以学习西方为评价标准，造成新学而忽视旧学研究，不可避免有片面之处。① 我们应跳出传统与现代过去的二分模式，立足于文化本位与文化自信，重思儒学思想现代化的学术前沿。学界应对过去唯西学马首是瞻的风气要保持警惕，重视中国儒学传统自身内在逻辑的发展，及其对近现代思想家的影响。笔者选择"新世界主义：梁启超儒学的现代指向"为题，寓意即在于继承传统文化的基础上，特别是在"古"与"今"、"中"与"西"、"传统"与"现代"之间，寻找到一个突破口，完成延续传统与突破传统的历史使命，这个突破口即"内圣外王之道"的现代转型。梁启超守护着这个道，形成了一个"家国天下"之现代图景，即"新世界主义"。历史上的儒家之道原是一个涵盖宇宙、社会、人生的整全概念。尽管我们说在儒家思想两千多年的发展中"内圣外王"都只是一个理想，但恐怕人们也很难否认儒家思想对中国政治发展强大而深远的影响力和制约力。②

清末民初，抱大同理想的胡礼垣、康有为都屡屡称孔孟之道为"内圣外王之道"；或受康有为影响，梁启超亦明确以"内圣外王"来概括儒家哲学的基本精神。③

其一，思想起点与选择问题。传统"天人合一"的一贯思维不再，人与客观世界的有机整体分裂，人的主观意识逐渐觉醒，最终会形成为一股改天换地的精神力量。反思"天道""地道""人道"的有关问题，秉承传统"道不远人"的哲学导向，却又能从"破道"的现状中"立新"，成为梁启超儒学思想演进的起点。为探索中国走向何处、如何发展之路，梁启超认真分析了客观现实，提出适应于近

---

① 崔耕虎：《儒学思想与近代文化变革》，《光明日报》2005年8月23日。
② 郑家栋：《当代新儒学史论》，广西教育出版社1997年版，第3页。
③ 陈立胜：《儒家思想中"内"与"外"——"内圣外王"何以成为儒学之道的一个"关键词"？》，《现代哲学》2023年第2期。

代发展的心学理论，起到了近代启蒙人心、开化风气的作用。

其二，思想开展与演变问题。戊戌变法之后，因循"人道"的时代变迁，梁启超由"变法之道"转向对"人道之宜"的探究，视"新民之道"为中国过渡时代的良方妙药，梁启超的儒学思想由此展开。

其三，思想变革与拓新的问题。梁启超意识到除"新民之道"外，"淬砺"及"采补"原则还应观照中学与西学间的弥合，形成全新的中国道德、精神、学术、政治、文化教育系统。因此，梁启超形成了独具特色的"内圣""外王"之道，对解决传统儒学的适应性问题提供了新的思路。

其四，思想的升华问题。民初共和肇建，梁启超正视传统"家国天下"之拘蔽，用世界的眼光反思传统儒学，提出一系列新"世界主义"的主张。新"世界主义"的主要内容在于梁启超对群体（社会）、国家和世界的全新构想，他将"仁"视为新"世界主义"的核心，并推行王阳明的"知行合一"，希望用践道的思维实现他构想的世界。

其五，思想的对话与超越问题。相较于西方的世界主义，梁启超的世界主义秉持求学问道的正义之道，追求世界的永久和平。新世界主义追求的真谛，是儒家文化提倡王道反对霸道，并强调和平反对战争的延续。如此这般，建立在中国"天下观"之上的世界主义，才能穿梭于历史变迁的更替中，以更高的导向功能助力新世界的实现。

其六，结论与展望。梁启超的思想特点在于，他给予了时代一股推动文化发展的动力，他为儒学扬起了新的风帆，提供了新思想航线。这一点既影响了现代新儒家，又为后世儒学的兴起提供了思想养分。

第一章

历史与嬗变：梁启超儒学的思想起源

鸦片战争爆发，中国封闭的国门和幽闭的思想发生内变，以皇权为首的权力体系逐步瓦解。浸淫日深的背景下，全国弥漫着低迷的气氛，重振人心、重塑人文的精神世界极为迫切。近代志士仁人以道自任，用浓烈的道德意识及责任感，书写出道德致用的共识篇章，只为重建人文价值的精神世界。从龚自珍、魏源到谭嗣同、康有为、梁启超、章太炎等人物，一方面他们关注儒学在近代中国的重振；另一方面他们融合西方学理（如西方自然科学与意志论）来发展儒学，旨在完成主流文化的价值重构，推进儒学的现代走向。其中最为典型的代表人物梁启超，探求儒学发展的新方向来复归大道哲学，重塑民族精神。

第一节 历史与危机：儒学的外在境遇

晚清是中国历史上思想极具转折的关键时期，社会诸多方面都在时代大潮的荡涤中展现新风貌,这是一个"世变之亟""危机四伏"且"纷繁复杂"的时代。晚清历史演变的范围较广、程度较深,主要涉及政治、经济、文化、军事、制度等方面。在这不到百年的时间里,思想文化的演变甚至超过了政治、经济等领域的变迁,表现得更为深邃与复杂。作为中国文化主流的儒家文化,在此经历几大变化:第一,圣人所期望的礼制社会渐以瓦解,儒家将仁义原则推广至"家国天下"的夙愿落空。传统儒家主流宣扬的"内圣外王"之道,及儒家道德理想主义的设想,都陷入了严重的危机。第二,传统儒学的道德权威不再,新道德标准又处于虚无缥缈的状态。为改变国人道德失范的现象,拯救社会普遍存在的道德危机,救亡、变革、革命成为志士们响亮的文化精神重建的口号。第三,西方宗教与中国政治、学术出现三足鼎立之势,儒家文化的重建究竟依赖于何者成为近代中国面临的必然挑战。第四,以儒学为核心的传统文化与西方近代科学文化之间出现了各种复杂的关系局面,比如,冲击与反应、效仿和移植、吸收和融合等。

一 "世变之亟"的晚清民初

晚清时期,即从1840年鸦片战争到1912年宣统退位,这一时期可续划为不同的历史分阶。第一阶段,19世纪40年代初至50年代末,封建统治的合法性遭遇重创,以礼为核心的天下秩序和君权世界分崩离析,整个社会可谓步入国耻道丧、人心偏颇且道德堕落的状态。自乾隆中叶至嘉庆年间,清王朝官场腐朽,贪污成瘾,军备懈怠,财政支出奢侈糜烂之风盛行,国势渐以日衰。同时,土地兼并激烈,税赋日重,人民起义不断,社会危机愈发严重。这时,英国经过工业革命,开始向帝国主义转化。其为实现资本扩张,在道光二十年(1840),对华发起第一次鸦片战争。中国战败后,一系列不平等条

第一章 历史与嬗变：梁启超儒学的思想起源

约签订及鸦片走私合法化，使得劳苦大众身处炼狱。加之，清末天灾人祸接连不断，奴隶盗匪遍地，民无所食且常常颠沛流离。人民反抗封建统治的斗争日趋高涨，太平天国战争爆发。咸丰六年（1856），第二次鸦片战争爆发，割地赔款、任人宰割似乎成为国人的"习以为常"，封建"一统"的国家主权、文化、律例、政治、思维价值、行为规范均发生了变化。在此阶段，中国接连经历军事失败、经济崩溃、政治解体等危机，封建统治者渐失民心，江山社稷岌岌可危。1851年至1864年太平天国运动中，其领袖人物基本都反对控制及其学说的立场，号召和组织群众的是模仿西方的拜上帝教。

第二阶段，从19世纪60年代初至洋务运动结束，尚礼仪、重人心等传统文化价值遭到极度贬值，在礼崩乐坏的背景下，社会变革呼之欲出。1858年和1860年《中法条约》的签订，象征西方意识形态进入合法化阶段，大规模兴建教堂及传教士自由传教的形式，代表着异国文化对中国本土文化的挑战。中国"由于偶像崇拜和迷信的结合，已引发心灵堕落的可怕后果"[①]。西方的科学知识以及学术、思想等曾一度引起国人的不适感及排斥，但经过文化比较、膜拜之后，国人逐渐对中国的"道"丧失信心。1861年，列强"船坚炮利"的威力让国人明了，中国之"器"不如人，曾国藩提出效仿其法，但不必尽用其人的策略。1864年太平天国运动的告终，猛烈冲击了传统文化本身，打乱了政统，也砸烂了学统。许纪霖等说："清政府真正的权威危机时来源于农民的造反运动与内部阶层的分离倾向。"[②]这迫使封建统治者于1862年至1874年的"同治中兴"阶段，大兴洋

---

① Walter Macon, Lowrie, *Memoirs of the Rev. Walter M. Lowrie, Missionary to China*, Nabu Press, 2010, p.383.
② 许纪霖、陈达凯：《中国现代化史》（第2卷），生活·读书·新知三联书店1995年版，第89页。

务，以学西学、制洋器为立国之道。然而，"同治中兴"是一个虚假的光环，随着帝国主义侵略深入内地，清统治的腐败日趋一日，于是洋务运动开始兴起。洋务派代表地主阶级倡导"富国强兵"，即先富在民生，再来益固国本的措施，随即创办了电报、贴补率、招商局，采用机器开矿、织布，并筹建海军，大力仿效西方。随着洋务运动的展开，进化论被介绍到中国，典型的著作有《地质学原理》及《人类起源和性选择》，引起了士人对科学的关注。中国的社会生活及学习教育也发生了翻天覆地的变化，以儒家一统天下的礼乐制度不复存在。可以说，西学东渐的深入，西方文化价值观念的渗透，都是对传统"以夏变夷"观念的深层次冲击。

对封建统治自身而言，世态炎凉、世道浇漓是统治者在此阶段的典型特性。封建官僚财政极度亏空，武备迅速废弛，管理系统运转失灵。官僚内部，贿赂求官、捐纳买官的现象司空见惯；官吏上下交相争利，加上党派纷争多，官吏办事多退缩、敷衍，唯恐与己相关；官场奢靡之风蔓延，淫乐、赌博、吸鸦片等恶习成风。官僚外部，官吏私剐草民赋税，通过大兴土木、承办工程私扣银两；侵吞公款、敲诈勒索等低劣手段，尽现在统治阶级身上。这些恶浊的官场风气，使官员之间的关系，向纯粹的金钱关系靠拢，导致了晚清吏治的全面腐化，时代精神在内忧外患的双向煎熬中呼之欲出。

第三阶段，从1895年4月甲午中日战争后到1912年宣统退位。中国传统社会制度层面发生了变革。在变革要求、革命运动的冲击下，儒教与君主政治制度化之间的相连的各个环节，逐一被打断并击碎，制度化儒家最终解体。甲午中日战争和洋务运动失败后，资产阶级改良派的维新运动兴起，晚清政府亦推出"新政"之策。维新派提出"去陈用新、改弦更张"的易道主张，触及了法律、政治制度上的变革，将传统"道器之争"引向深入。维新派力主"变法""变道""变政"之新思维，试图打破"天不变，道亦不变"的观念，推行与人类近代社会发展更相适宜地变易理论。1895年5月，张之洞发表了《劝学篇》，其宗旨是"正人心"与"开风气"。

历经1900年8月八国联军攻陷北京的大事变，1901年清末实施"新政"并在全国广设学堂，鼓励西洋游学，这加速了中国近代化的进程。西方宗教的渗入、西学的涌入，褪去了科举及功名利禄在人心中的至上色彩，士人"平日用功所读者，固是时文，所阅者无非制艺"[①]。另有书院大肆削减，抄袭窃取之风让人难以把控，致使读书者人心涣散，不讲孝悌忠信礼义廉耻，世风败坏。洋务之风的兴起，使"通洋务、知西学"的社会热情远超越于旧爱孔孟之学，守护孔孟之学人被斥为"顽固党"。1905年直隶总督兼北洋大臣袁世凯，以大兴学堂为由奏请停止科举，9月2日清政府发布"上谕"宣布停止科考。科举制的废除，使得儒学独尊的"政统"地位不保，因为科举让位于学堂，代表中学无力承担传道与载道的重任，其日趋衰微难以避免。加以新式学堂对新学的普及，士人向近代知识分子转型，使得原初传统诵经习儒的传道途径不复存在，儒学渐以凋零的历史命运不可逆转。停罢科举留给中国两个世纪性难题，其一，价值标准及道德准则的重建；其二，中国文化能否摆脱劫尽变穷的宿命，把握协调继承与扬弃的关系，尽力吸收外来文化与不忘本来民族地位相辅相成，使之绵延永续，再创辉煌。[②] 在此阶段，社会精英和政治精英亲密的一家关系被打破，君权、封建意识形态和国家的权威性被大众质疑，如何认清中国面临的整体危机，在传统帝制体系崩解后重建和平秩序，成为社会的焦点。

---

① 刘大鹏：《退想斋日记》，山西人民出版社1990年版，第20页。
② 桑兵：《历史的本色：晚清民国的政治、社会与文化》，广西师范大学出版社2016年版，第60页。

第四阶段,从1912年袁世凯就任临时大总统至1928年北伐成功。辛亥革命推翻了帝制,传统的祀孔仪式中断,儒学的文化传统及"正统"地位彻底终结。为防止孔子之道随帝制的崩溃而沉沦,民国初年出现了以康有为为代表的,要求定孔教为国教的孔教运动,1913年、1916年至1917年还连续出现了尊孔热潮。虽然这些运动有政治靠山,但孔教运动的上层路线、政治要求都未能实现。这就进一步证明,儒学业已丧失的地位是难以恢复的。五四运动标志着儒学传统地位的终结。中国人接受了一种观念上的认识,即中国与西方之间的关系,表现为落后与先进、糟粕与精华的认识关系,盲目崇洋的心理,导致社会对本民族文化传统、生活方式的全盘否定。

二 帝制衰败与儒学危机

近代以降,民族危机与社会危机空前严重,传统中国政治文化系统遭遇重创,儒学势力微薄、危机凸显,其权威性与价值性遭到挑战。危机从多方面汹涌而来,几千年来人们第一次对"道统"产生了怀疑,庶民、士人精神上现以彷徨、惆怅或焦虑的情绪,身心的不安与情绪的不满,激化出对封建制度及儒学的排斥心理。"天不变,道亦不变"的传统信条变得苍白无力,士人若囿于封建文化心理、认知结构,去定制近代的格局方略,难以化解矛盾的本质问题。当然,这背后有着更加深入的问题,例如当清朝政权无可挽回地走向衰败时,客观存在的文化危机、政治危机、教化危机应如何化解?近代儒者为化解这些危机,就需要转变传统儒家主流意识形态宣扬的"内圣外王"之道,重建儒学合理的价值体系,重塑其内在精神价值。从1840年到1925年的中国近代儒家的转型时期,出现了一批批这样的近代儒家人物,有龚自珍、魏源;洋务派曾国藩、张之洞,维新派康有为、梁启超、严复;革命派孙中山、章太

第一章　历史与嬗变：梁启超儒学的思想起源

炎等，他们致力于保存中国传统的文化遗产，挽救并抵御未可预见的家国危亡。

按照传统儒家的设想，君子理想皆"自天子以至庶人，一是皆以修身为本"，再借助"推己及人"及"忠恕"之道，逐渐将"仁"散布于家、国、天下的每一个角落里，最终实现圣人期许的礼制社会。然而，从文化危机的角度来看，儒学在晚清时期遭遇了礼制危机、家制危机、人制危机等。经过两千多年的沉淀，中国铸造了"礼仪之邦"的美誉。古人崇"礼"，因"礼"在则礼法、礼制定在，倘若"礼"不在，社会及人伦关系会无序、混乱。龚自珍也说："礼也者，一代之律令"[1]，从某种意义上讲，礼仪即礼法。近代繁缛的礼节和等级制度遮蔽了国人的视野，阻碍了庶民与世界的交流及认识。这种重视礼制秩序、君臣关系等先天不平等的文化定位，引发了传统秩序架构与近代自由、平等价值间的碰撞，"礼"从传统的天下主义观念中分析与剥离出去，在近代变革后脱胎成为"道德"的附庸品。其实，自古以来，儒家都重视"仁、义、礼、智、信"等观念，贬斥与这些观念不一致的名利思想。步入近代之后，封建顽固派承继了传统义利观，面对人心惶惶的世道，提出"立国之道，尚礼义不尚权谋；根本之图，在人心不在技艺"的文化策略。洋务运动时，洋务派为驳斥传统义利观，倡导"以利为重"的观念。自此，传统"重义轻利"观驶向"重商崇利"观，庶民不再以经商为耻，反而以投资工商、追逐钱财红利为趣味，逐渐成为一种物化的社会风气。崇"利"的社会风气，也表现在当时的治国方案和人伦关系上。在治国方案上，传统"明其道不计其功"的观念被忽略，"无商则不给"成为普遍的价值观念，开明士绅公开质疑"礼仪"，作"仅以忠

---

[1]（清）龚自珍：《龚自珍全集》，上海人民出版社1975年版，第21页。

信为甲胄，礼义为干橹等词，谓可折冲樽俎，足以制敌之命，臣实未敢信"① 的声明，来挑战传统礼教。显然，"礼"的淡化导致了功利意识的滋长，这成为近代儒家价值观的特点之一。在大势所趋的社会环境中，人伦关系也随之体现为一种人治危机。传统之"人"以往被定位为忠臣、良将、慈父、孝子、贤妻、兄谦、弟恭等角色，这些形陶范本在晚清被西方的坚船利炮打破了。另一层面，宁静"天下"遭受列国的蹂躏与瓜分，传统天下观念和礼治秩序崩塌。科举废除，儒学被视为无用，礼制的至高地位被动摇，一切既定的原有重心都失去了平衡。

克服礼制世界的崩塌造成的人伦危机，复归平衡，让一切步入正轨便成为不可推卸的历史责任。人的近代主体意识自由释放是历史必然，但在这种文化危机下，人的角色变化也不能脱离正确的发展轨道：其一，需要解放人的奴隶心性、释放个人主体意识。其二，遵循传统"人之所以为人"之道，重塑近代之人的主体特性。其三，个体价值观念须有新的导向。人的存亡意识须与国家利益相连，开拓国际见闻、增强正确的国家观念。这里须指出，无论是中国传统社会的"士"，还是20世纪的中国知识分子，都普遍具有一种"建构性的道统意识"，即有试图通过与现实中某种强权力量结合，来实现其社会理性的思想取向。② 归根结底，这三点都集中于人在文化危机下，精神世界的重构问题。所以，晚清士人如康有为、梁启超在强调变革之时亦强调文化秩序的稳定性。另一层面，他们在追求文化秩序之时亦强调"意义世界"的精神支持。近代中国面临的文化危机，在形式上表现为封建帝制与儒学的关系，或者说表现为传统儒学与西方文化之间的关系，而本质上还是归咎于传统文化在近代自省及自我进

---

① 中国史学会主编：《洋务运动》（全书八册），上海人民出版社1961年版，第33页。
② 高瑞泉：《巨变时代的社会思潮与知识分子》，上海古籍出版社2014年版，第29页。

第一章　历史与嬗变：梁启超儒学的思想起源

化的问题。

礼制崩塌后，社会就进入了礼崩乐坏的时代。人们开始反省传统的"内圣外王"之道所倡导的"修身、治平"，是否需要更新、能否指导现实的问题。为抵御一个"流氓社会"，求变之士将传统的"道"与近代西方理论结合，创造出新的宇宙观。一方面，他们依赖传统文化的精神文明，寻其与西方思想的会通之处，为政治改革提供内在依据和外在条件。在此改革的进程中，人的价值观念倾注了对科学与理性的爱慕，演化出"道器之说"，及后来"修古更新之道""除旧新变"的渐变认识，文化的发展也伴随其中。另一方面，他们认识和看待国际关系及世界秩序的立场、出发点，整体上或者是基于"强权"或者是基于"公理"的一元论思维方式。[①] 如严复视天演为天道公理，人道依循天演；康有为视"三世进化"为天道的普遍法则；谭嗣同在"道器"联系中，探求"道"的可变精神；章太炎将人性善恶融入现实的进化中。他们将儒家视为原道，引西学由器入道，但"强权""公理"难以代表"道"的精神和物质价值，其认知是过于偏颇和狭隘的。这两方面的转向意味着，中国之"道"被蒙上了一层西学色彩，开始从属于法则与物化的世界。在西方坚船利炮、地理知识及宇宙学说的挑战下，晚清儒学政治学说遭到了瓦解，儒家的人伦学说遭到质疑，这导致了"天人一体"之道的思维模式被重创，儒家看待宇宙的方式失效了；在西方"自由""民主""平等"学说前，传统人伦关系的解决之道失灵了。当中国之"道"的传统观念瓦解之后，建立在儒学体系基础之上的意义世界轰然坍塌，人逐渐迷失在存在的困顿世界中。

近代洋务运动中，开明士人"中体西用"的西道效仿认识，并未

---

① 王中江：《近代中国思维方式演变的趋势》，四川人民出版社2008年版，第188页。

能救中国于水火，中国的失败和屈辱反而更甚从前。为逐一调适本土文化表现出的不适，有识之士只能重释"道"，寻找"意义世界"的新栖居。1895年以后，科举制度的废除、大一统王朝的动摇，以及宗法家族制度的消散，从根本上加速了封建帝制的崩溃，也动摇了儒家的社会根基。19世纪末至20世纪初的十年间，儒学的文化危机步入高潮，出现了一般庶民和士大夫因信仰缺失而导致的意义危机。在内忧外患的背景下，意义危机指人的身心无处安放，有家却"无家可归"的"存在"危机，这种危机的缘由涉及近代道德价值的断裂、家天下观的丧失、个人情感的孤立等。1898年以康有为、梁启超为代表的维新派，在精神层面，注重心灵攻防和精神守疆，且受实用的文化观影响，将"道"融入治道；在现实层面，关心的现代政道和治道的结合，以期培养具有现代价值观念、伦理观念的国民，从而建设现代性的新中国。[①] 这两个层面分别重视人生哲学、政治哲学的建设，恰好与儒家"内圣外王"有着一致性，只是其内涵及内容有所创新。

比较来看，晚清不论是儒学正统派、洋务派或早期维新派，都尊孔崇儒，将"道"视为中国文化之圣物，无论是龚自珍、魏源等改良派，还是曾国藩、李鸿章等洋务派，甚至康有为、梁启超等维新派人物，亦都强调儒家传统的"内圣之学"。不同之处在于，他们都主张在"外王"方面注重致用、吸收西学。例如，魏源提出的"师夷长技以制夷"的"变器"设想，到冯桂芬"中本西辅"、张之洞"中体西用"的改良主张，其实是将西方的"外王之道"嫁接在中国儒家的"内圣之道"上。[②] 这些机械式的中西结合，使得传统"内

---

① 许嘉璐：《重写儒学史："儒学现代化版本"问题》，人民出版社2015年版，第152页。
② 宁陶、谢有长：《"内圣外王"思想的源流及发展历程探析》，《哈尔滨学院学报》2007年第9期。

第一章 历史与嬗变：梁启超儒学的思想起源

圣"与"外王"的统一性就发生了分裂。严复曾主张"体用不二"，认为"体"与"用"不可分离，"中学有中学之体用，西学有西学之体用，分之则并赢，合之则两亡"。黄万盛指出："从中体西用开始，出现了近代儒家的撤退。"[①] 所以，"去陈新用、改弦更张"的"变道"维新主张成为康有为、梁启超的共识。如何将千年不衰的传统儒家的主流意识，即"内圣外王"之道及其表现出的"修、齐、治、平"之方，在晚清通过变革或转型，适用于近代方方面面的变革，是康有为、梁启超在戊戌变法时期试图化解所有危机的出发点。但这一问题并不是单一的文化变革问题，还涉及政治体制、政治制度的变革问题。这样就容易理解康有为最初思考从"托古改制"的文化观入手，希望用中国三代的资源改变当时的政治困境、体制困境，完成制度改革的初步设想。

第二，正确分析认识儒学的政治意识形态危机，思考传统儒家"外王"之道的政治转型，是化解中国政治困境的必经之路。对传统儒学而言，天道观、大一统观念和纲常教义等都是中国政治观念的核心内容。中国传统文化中，十六字心传，五百年道统，纲常名教，忠孝节廉，及尧、舜、禹、汤、文、武、周、孔之道脉，是士人心里所崇尚的中国政治之道。与"道"相连的成语颇多，如"士志于道""以身殉道""任重道远"等都赋有舍生取义的政治理想意味；国人所崇尚的"家国天下"体系，正是生命之道在现实政道中的体现。早在先秦时期，儒、墨、道诸家对"道"就情有独钟。中国哲学尤其是儒家将道德传统，映射至天人关系、内外关系、群己关系、情理关系之中，"道"此后的历史传承统绪即道统由此形成。从形式来看，"道"包含文化的、哲学的、形而上学及

[①] 黄万盛：《全球化视域中的儒家内圣外王之道》，《西安交通大学学报》（社会科学版）2007年第5期。

本体论的内蕴,指向一种理想性的终极价值,"道"具有恒定性;就内容而言,各历史阶段所聚结成的道德典范、人格理论以及实践精神,详尽具体地刻画了道统的不同风貌,"道"亦有变通性;整体而论,传统意识形态的历史更迭中,有一以贯之的"道",通过不同的文化符号传递道义,形成文化发展各个时期的大传统,传递历史、政治文化精髓。这个一以贯之的道,可概括为"内圣外王、修齐治平"。同时,"道"亦含有"践道"的内涵,常以弘扬华夏民族精神为旗号,赋予国人"弘道"的践履精神,如孔子言:"君子谋道不谋食"(《论语·卫灵公》)就强调此意。在中国历史上,"道"以不同的历史文化形态表现出来,如孔孟谈仁义之道,二程朱熹讲"天理"为道,陆九渊、王守仁讲以心为道,都以"天下有道"为社会政治理想。

晚清西学及功利主义思潮下,源于周代的"家国天下"式的政治价值体系,被西方经济战争的原始欲望击溃,整个中国都处于"天下无道"的状态,影响最为直接且深重的就是传统中国"君权神授"政权意识的瓦解。"天""君"面临的权威危机也成为近代中国国家建设受挫的政治缘由,"一盘散沙"的国内环境无法抵御外敌和维系内政。事实上,从太平天国运动开始,分权式的地方主义就在国内日衰之时兴起。清政府为应对危机,被迫进行了集权性质的政治改革,但因缺乏"统一"的国家基础和政治权威而效果甚微。"守旧"的清政府面对"近代"的现实和"现代"的展望,无法统一集权,更不能创建出现代民族国家。与此同时,晚清现代化的启动以遗弃与牺牲农村为代价,农村经济衰败造成了乡绅阶层的衰弱。[1] 乡绅阶层的衰落、科举制的废除及地方势力的膨胀,使得国家政权貌合神离,

---

[1] 弓联兵:《现代国家与权威危机——近代中国国家建设的政治逻辑及受挫原由》,《人文杂志》2011年第1期。

第一章 历史与嬗变：梁启超儒学的思想起源

中国在晚清民初时出现了地方割据、军阀崛起和分裂动荡的现象，传统文人政治的未来转向成为必然。

第三，文化危机、政治意识形态危机的存在，与近代与儒教文明的危机息息相关，具有一致性。传统儒学不但讲求内圣与外王的贯通，讲求道德与政治的统一，更讲求如何在人伦常道中、在"家国天下"中成就自我、成就他人，从而达于"天人合一"之境界。恰恰这些是通过儒学教化得以实现的，中庸所言："天命之谓性，率性之谓道，修道之谓教"早已明了此意，这里"教"意为"效""学"。儒学实质上是一个严谨的学术体系，它是教育而非宗教，但是近代儒教却是以抵御宗教而开展的，这由当时特殊的社会条件所决定。西方天主教、基督教在中国的扩张，是以"霸道"的模式抢占形上世界领域。起初，一些士大夫怀揣"天朝上国"的自负情绪，认为中西门户敞开的文化交流，将会是孔孟之道传向西方的最佳方式。他们相信，中国的"修、齐、治、平""家国天下""协和万邦"的政治哲学观，会起到"教化天下"的效果；相反，西方传教士面对基督教与儒学之间的文化冲突时，好学且求变。"从19世纪60年代末起，粗通汉学的传教士们'援儒如耶'"[1]，采取将基督教义附会儒学的办法，化解西学本土化过程中遇到的障碍。他们博学多才、贯通中西、精钻研磨，提出各类迎合国人文化心理特征的西方宗教理论，代表人物有林乐如、李佳白、花之安、理雅各等。如德国传教士花之安提出："耶稣道理，实与儒教之理同条共贯者也。"[2] 在"富强旧国"的时代性话题前，基督教鼓吹"耶稣之真理"为中国富强之本，主张以基督教取代儒学。这时，"耶稣之道"与"儒学之道"间的冲突，具体化为"科学时代"与

---

[1] 黄新宪：《基督教教育与中国社会变迁》，福建教育出版社1996年版，第74页。
[2] ［德］花之安：《自西徂东自序》，上海书店出版社2002年版，第3页。

"天下归仁"的信仰矛盾，就此挑战了孔学在国人心中的地位。儒学被传教士指责为"虚妄"的星学、相学、风水学、阴阳奇门之类的"虚学"。①

而对于儒学自身而言，儒学信仰并非建立于虚幻的空间，而是立足于"授人以渔"的人生哲学，注重灌溉人心、填充生命色彩的生命智慧。这种精神文化自信和信仰，在近代遭遇科学的冲击后，它的教化力量越来越示弱。《礼记·乐记》曰："移风易俗，天下皆宁"，儒学教化的基础在于"使人成为人"，"平天下""天下有道"是儒学教化的目标及秩序定位。从"救中国，攘夷狄"的古训开始，儒学始终都致力于国家、社会良好风气养成的问题。近代外族入侵从权力与教化层面予旧中国以双重打击，国人对儒学的命运产生了忧虑，"保教"与"保国""保种"一样，在戊戌变法前后成为重要的思想潮流。戊戌变法前，李东沅指出传教士意在精神征服中国，"通商渐夺中国之利，传教则并欲夺华人之心。阳托修和，阴怀叵测"②。儒士们觉得，西方人要亡我国家、亡我国教、亡我种族，欲抵御这般种种，就要保卫儒教。保卫儒家的伦理纲常就是捍卫自己的精神家园和文化疆土，就是保国保种。"保教的当务之急，即是建立面向民间的孔教制度，敷教于民"③，康有为发挥孔教大义，使孔教植入人心，可以强化国人的文化认同、国家认同，即可保存国魂。他从儒家经典中寻求变法的理论资源，寻求儒学与变法、维新、兴民权、开国会等等变革举措之间的关联。梁启超也曾说："保教之论何自起乎？惧耶

---

① 俞祖华、胡瑞琴：《近代西方来华传教士的儒学观》，《齐鲁学刊》2007年第3期。
② 王明伦编：《反洋教书文揭帖选》，齐鲁书社1984年版，第37页。
③ 唐文明：《儒教文明的危机意识与保守主题的展开》，《清华大学学报》（哲学社会科学版）2017年第4期。

第一章　历史与嬗变：梁启超儒学的思想起源

教之侵入，而思所以抵制也。"① 这样的情势下，中国之"教"何去何从的问题，才引起了朝野上下的普遍关注。②

从以上几个方面看来，传统儒学不仅难以抵御近代文化、政治、教化危机，亦在社会心理、价值意识转换之时表现出无能为力。传统儒学受限于以农业经济为基础的封建家族体制，面对西学、西教的多番冲击，开始走向一段艰难漫长的自我蜕变、发展的历程。即便今日回顾这一历程，中华文化依然有着不灭精神之火种。近代中国的危机，是传统儒学文化，和外来的西方文化相互较量而形成的中国新文化。当然，我们需要顾及儒学在晚清的独特性、复杂性、持续性等特性，以及中国本土文化在危机下对儒学的接受、反应和改造等问题。从整体上看，近代儒学的各种危机话题，都绕不开与"中国之道"的关联讨论。尤其在中国历经战争与磨难之后，"世界"这个词如醍醐灌顶般地刺激着国人的神经，他们已然意识到，中国若闭关自守则再不可能。"家、国、世界"息息相通，打破传统的思维空间迎向世界，是时代发展的趋势。

三　西学东渐与风气丕变

社会的危机与变革，往往以风气的变化为先兆，良好风气易营造真、善、美的和谐氛围，风气败坏则会造成社会信仰的迷失和良性共识的瓦解。一种风气的养成，甚至会影响国家的政治走向和社会经济文化的变迁。西学之名，泛指源于西方的知识、思想观念、学术等学问。明末清初就有"西学""天学"之称谓，晚清被改为"实学""新学"。比较来看，西学研究实物，注重客观实效；中学研究性理、

---

① 梁启超著，吴松等点校：《饮冰室文集点校》，云南教育出版社2001年版，第1344页。
② 谢放：《张之洞、梁启超"中体西用"思想之比较》，《近代中国》2013年第22辑。

辞章，虚而不实，效用不彰。西学东渐，顾名思义，是指西学不论以何种途径，入土中国后对国家造成的学术、思想、知识、文化等方面的影响。整体晚清西学东渐可分为四个进程：1811—1842年、1843—1860年、1860—1900年、1900—1911年[1]。那一时期的政治精英主张努力学习、掌握西学，于是大量相关的政党、政府、民族、思想、观念、主义、真理等新名词、新概念被吸纳。至20世纪初，西学从最初的器物、技艺的传入，上升为思想、学术文化的渲染。从这四个进程整体而言，西学对晚清中国的影响可谓从小到大，从远及近，方方面面无所遗漏，中国随之风气丕变。风气的丕变，大致有以下几类变化。

第一，晚清士人价值观由"重义轻利"走向"崇尚公利"，传统"义""德"观念失衡，导致原初追求天人和谐的非名利思想瓦解。封建重农抑商的国策限制了商品经济的发展及世界贸易的往来。在长期自我封闭的状态下，单一的小农经济包袱愈发沉重，留给中华民族的是难以根治的经济后遗症。重义轻利观的人文情境，是天人和谐、安贫栖居的和平环境。在外患日迫、民生凋敝的晚清，传统义利观就不单纯限定在"德"的使用效能之内，而与国家经济发展紧密相关。最终，传统儒家的义利观步入下风，也是在历史发展过程中的意料之事。晚清士林从"开眼看世界"到"夷之长技"再到"求实治学"的改变，重创了根深蒂固的"重义"理念，传统之"义"跌落神坛。众人所知，传统的"重义轻利"观，核心重在明道尊义，将财富视为低于"义"之第二位，并要求君子对钱财要"取之有道"，不可放低人格姿态。孔子曰："贫与贱，是人之所恶也，不以其道得之，不去也。"（《论语·里仁》强调的就是乐道自处的态度及对不当之财的

---

[1] 熊月之：《西学东渐与晚清社会》，上海人民出版社1994年版，第7—15页。

第一章　历史与嬗变：梁启超儒学的思想起源

淡漠。孟子的"舍身而取义"，董仲舒的"正谊明道"，都强调人应先追求道义，再论及其他的品德与志向。宋代以后，商品经济的助长，出现了义利相合的观念变化。人们对于道德、利、义进行了关系再思考，提出"义"可存于人们谋利的具体行为之中。这一理论假设是为符合晚清时代巨变，民族危亡系于一线的社会环境而备。为创造与近代相符的价值观念，晚清学人肯定了传统之利，将"利"界定为国家富强、人民富裕，有力地回击了西方经济及文化侵略，并将利于国家及人民的"利"等同于"义"。张之洞提出"为政以利民为先"，认为"利"应落实在"民"身上。梁启超为破除旧中国积贫积弱的状况，认为"凡立国于天地者，无不以增殖国富为第一要务"。这种国富论的核心论调在于先实现国家"公利"再实现国富，"利"需源于国家的"义"。另外，梁启超把 utilitarianism 译为"乐利主义"，提出了"芸芸万类，平等竞存于天演界中，其能利己者必优而胜，其不能利己者必劣而败，此实有生之公例也"①的论断。可以看出，他认为的"利己"需保证利人、利己与利群的统一，西方纯粹的个人功利主义实为谬论。

第二，晚清个性主义、世界性意识兴起，人心、社会风化随之变易，移风易俗汇成潮流。在传统社会里，风气简单地循环往复，有稳定性、恒常性，而"海禁大开，势同列国，风气一变，以至于此"②，表明晚清黑暗社会里，个人新观念慢慢滋长，推翻黑暗的力量慢慢积蓄，其力量未来定当势如破竹。这种力量的酝酿随着嘉道之后，个性主义及世界化之风而萌生。个性主义的兴起，先是19世纪末20世纪初以革除封建"三大害"：八股文、鸦片烟、裹小脚等旧风俗为序幕；变革还包括早婚、童养媳、指腹为婚等不合情理的恶习俗；变革

---

① 梁启超著，吴松等点校：《饮冰室文集点校》，云南教育出版社2001年版，第432页。
② 夏东元编：《郑观应集·上册》，上海人民出版社1982年版，第234页。

的另一焦点是迷信，如破除对土木偶像的崇拜、对鬼神、自然现象的迷信及各类迷信活动。这些旧风俗习惯汇聚成了一个麻木不仁的世界，打破这一破败世界，建立道义秩序成为开社会新风的必经之路。康有为借"妖巫欺惑""神怪惊人"来反对封建迷信，提倡废除"非人道"的社会现象来扭转陈旧的社会风气。事实上，若想真正改变这些旧风俗，必须从根本入手，解决晚清社会政治、经济、文化、教育的欠缺。谭嗣同在《仁学》一书中指出："无论之中于人生最无弊而有益，无纤毫之苦，有淡水之乐，其惟朋友乎，顾择交何如耳。所以者何？一曰'平等'，二曰'自由'，三曰'节宣惟意'。总括其义，曰不失自主之权而已矣。"[1] 这里，"平等""自由"及"节宣惟意"即对个性主义的张扬。个性主义强调，人在性情上要批判封建恶习，在精神上追求趋新的生活方式，最为重要的是，人应身体力行地进行移风易俗的改革。人目之所及、耳之所闻应先以拥有"自主之权"的生活方式自恃，才有基本的尊严，人才能自称为人。在中国近代化进程中，国人的个性主义充斥着世界化意识，个人与世界两者间关系紧密，但因传统世界与现代世界划分并无章法可循，人在物质生活、政治观念上出现向往西化世界，在习俗礼仪上却固守旧世界规矩的二分境地。因此，世界性意识由在太平天国运动中的点点星火，发展到洋务运动中的部分点亮，再到现代的燎原之势，中国人对世界的理解历经了一个长期的过程。鸦片战争一败，中国受西方侵略者的要挟、逼迫及掠夺，中国"大一统"封闭状态的打开自此就伴随着世界性意识的嵌入。然而，中国式世界性意识的发展是以个性主义为主宰，并将个性主义反馈在人的日常生活方式中，如人的日常娱乐、社交、养生、消闲、消遣等方式，也包括婚丧嫁娶等各种礼仪，

---

[1] 谭嗣同：《谭嗣同全集》（增订本），中华书局1998年版，第349—350页。

第一章　历史与嬗变：梁启超儒学的思想起源

尤当世界化意识以西方文化为外在形式源源东来之时，民风人心明显发生了变化。

人心的变化是对社会存在与社会意识的反映，传统社会庶民"天朝上国"的心理优势在第一次鸦片战争后已显颓势。19世纪末在西力东侵和西学东渐的感染下，民族心理防线溃于自我怀疑，盲目的崇洋心理从萌生到根深蒂固不过转瞬之间。由传统意识所维系的民族心理防线在震荡中的接替，成为20世纪初中国社会的显著变化之一。① 崇洋的心理反映在三个层面：统治者在战后对列强的奴颜与谀态；普通民众从排外到崇洋的风气的急剧变化；教育的西化和知识阶层的崇洋心态。②

第三，儒学以六经治世，晚清经世风气兴起，是社会政治经济危机、社会转型的一种表现。经世是孔学一以贯之的观念，儒学中行礼仪、德化万民、践行仕途、关心他者都是对"经世"的承认。清末经世风气的兴起有其独特的成因，就历史背景而言，主要为解决以下问题：清王朝空前的文化专制主义和衰败的士林风气；封建统治内部人民的奋起反抗；外部侵略者的疯狂肆虐等。论其主要作用是，先进士人为批评时政，揭露社会黑暗；鼓吹社会变法，主张社会变革；关注边防，主张了解外国学习西方而做出的努力。③ 处于盛衰治乱的近代转折时期，经世风气表现出不同于以往的特性、强度以及对现实的影响。最核心的不同在于晚清的经世风气，对批判精神的要求减弱，反而对实践的要求提升。其原因在于，晚清朝政岌岌可危，传统士人不能在原来的官僚体系、政治体制下，变革封建制度最基本的矛盾。

---

① 陈旭麓：《近代中国社会的新陈代谢》，上海人民出版社1992年版，第211页。
② 赵立彬：《民族立场与现代追求：20世纪20—40年代的全盘西化思潮》，生活·读书·新知三联书店2005年版，第35—38页。
③ 张晓翔、周光亮：《批判和变革的逻辑构架与研究——解读中国近代政治思想》，甘肃民族出版社2012年版，第27—29页。

限制于自身的政治身份，士人在传统政治体系内多匡正时弊，修补漏洞，效仿改制。然至西方列强频来，士人也应开放世界眼界，关注近代治平之道，才能利于中国的整体性发展。

第二节　局限与基调：儒学的内在变奏

在充斥着"世变之亟"与历史危机的晚清社会，儒学受到了颠覆性影响，除来自西学和工业发展的影响外，儒学也受到内部力量的怀疑或反叛，派生出由内而外式的全方位挑战。针对这些挑战，儒学承受的不是单向的、线性的涉及，而是连贯的、系统的、广泛性的变革，其变革的范围波及儒学体系的各个知识层面。这场全方位变革中，最核心的精髓是道、学、政、教的近代变革，及道与学、政、教之间关系的重置问题。溯其缘由，道、学、政、教代表着传统资源中阐述思想的重要符号。《中庸·第一章》言："天命之谓性，率性之谓道，修道之谓教。"《孟子·尽心上》言："善政得民财，善教得民心。"都借"道""政""学""教"体现出儒家的人文政治关怀。论其关联，"道""学""政""教"是士人阐述政治理想的基本要素及方向，被视作不可分之整体。即便强加区分，也是立足于"教"为"政"本，或遵循"道"—"学"—"政"之次第。① 基于传统的思想资源，晚清中西文化冲突虽牵涉的问题繁多，其后的文化变奏主要在"道""学""政"和"教"几个层面上展开。

---

① 章清：《学、政、教：晚清中国知识转型的基调及其变奏》，《近代史研究》2017年第5期。

一 "道"之裂变及意识觉醒

首先，谈传统之"道"的特质。在先秦儒家经典文本里，已经明确提出从道到政的明确理念，并有着鲜明的逻辑主线贯穿其中。《论语·述而》有言："志于道，据于德，依于仁，游于艺。"道在外，德属内，若想求道行于天下，就须以德为先，仁、艺并举，方可不失于道。在天道的统摄下，"仁""艺"是教的具体内容及希望达到的效果，"艺"为"学"的表现形式。《中庸》二十章言："人道敏政，地道敏树……故为政在人，取人以身，修身以道，修道以人"，"知、仁、勇三者，天下之达德也……子曰：好学近乎知，力行近乎仁，知耻近乎勇。知斯三者，则知所以修身，知所以修身，则知所以治人，则知所以治天下国家矣。"① "人，谓贤臣。身，指君身。道者，天下之达道。仁者，天地生物之心，而人得以生者，所谓'元者善之长'也。言人君为政在于得人，而取人之则又在修身。能仁其身，则有君有臣，而政无不举矣。"② 由此可见，朱熹对道、学、政、教四个方面做出了整体性的理解，其中，"道"是人文精神的统摄与总括，"学"是人文世界的开端，"教"为"上所施下所效也"，实乃教化之意，"教"与"学"是一体两面的关系；"政"是在此世界中的内容与开展，人是行道的主体和动力，人的修养不仅仅是自娱自乐，更要有明确的价值指向（仁、艺、德），人与政才能相配，从而有善人才能有美政。人的生命价值，不外由学（教）及于政而至乎道。

人也是"行天下之大道"的主体，《孟子·滕文公下》言："居天下之广居，立天下之正位，行天下之大道。"已然描述出"天下"

---

① 朱熹：《四书章句集注·中庸章句》，中华书局1983年版，第28页。
② 朱熹：《四书章句集注·中庸章句》，中华书局1983年版，第28页。

的三类概念形态：形上的文化世界、形下的空间地理及浓厚的政治意蕴。对传统儒者而言，"天下"扎根于现实社会的文化形态中，不仅保持着形上之"道"的超越地位，而且始终作为社会范型衡判、作用于国家。"天下"二字在骨子里传递出中国人意识里的社会道义感。孔子言："天下有道则见，无道则隐"，范仲淹称"以天下为己任"，顾炎武讲"天下兴亡，匹夫有责"，此类用语强调士人肩负"践行大道"的天下之责。古人谈及"普天之下，莫非王土"的时候，"天下"除指地理空间外，更是一个开放的文化空间，因为道大无外，有德之君不能阻挡"道义"的外化，这样才能实现"有道"的意义世界。显然，"天下"是道义存在的逻辑前提或原初状态，如果说"天下"是一种人文理想，"道"就是对人文理想的体现。所以孟子言："天下有道，以道殉事；天下无道，以身殉道。"（《孟子·尽心上》）表明先哲将"天下有道"视为人应追求的理想社会、人文世界的精神依据。为此，先哲在苦苦探寻理想之"道"时，刻意为建构一个设想的向善世界寻找天道秩序的依托。这样就不难理解，他们在大讲形上之道时，将"道"视为万物存在的本根和自然秩序存在的指南。在古人的精神世界中，"天下有道"在于天人一体，不论是"天道"还是"人道"，皆需在各自所遵循的法则中寻求同一性或共同性。这代表着人对天道的追求是永恒的，就像其他一些社会中的人始终在寻觅上帝一样；因为人生、社会和政治都需要"道"的指引和指导。[①] 另一层面，在"道"的统摄之下，个人、社会、宇宙一起建构了一个互动的、有意义的德性世界。

其次，谈"道"之裂变的近代问题，"道"的裂变不是彻底地与传统文化的断裂，而是既有所改变亦有所延续。与古代传统之"道"

---

① 罗志田：《近代中国"道"的转化》，《近代史研究》2014年第6期。

第一章　历史与嬗变：梁启超儒学的思想起源

相异，进化论的传播及发展改变了原始"道"的概念及存在形式。较为典型的改变，如晚清以"公理"为核心的世界观超越了"天道"的思想样态，传统的德性世界在力本论的影响下逐渐祛魅，走向更为理性的境界。在这一境界里，传统天命、天理、天道等代表绝对至尊的地位动摇，德性世界的重心逐渐转向一个现实的、属于现代主体的世俗世界。与世俗世界配套的观念与秩序从严复翻译《群己权界论》开始，多元的"主体"的观念逐渐在晚清思想界发生影响。之后，康有为的《大同书》及谭嗣同的《仁学》都以自由和平等的主体意识为立论之本，这些都深深影响并改变了梁启超的个人思想。他在《新民说·论权利思想》中说："一私人之权利思想，积之即为一国家之权利思想。故欲养成此思想，必自个人始。"个人主体意识中应包含西方自由、平等、权利的强烈张力，成为这一时期智识者开化儒学的重要新识。

另一层面，传统之"道"的精神内涵，在近代士人的心中得以空间延续。这种沿袭从相信"天不变，道亦不变"，即"道一而已"，到逐步承认"道出于二"，进而衍化为以西学为基础的"道通为一。"① "道"的内涵转向一开始以"天道"的形式展现于世界观领域，而后在近代观念变革中更为世俗且具体，其具体指代的是近代中国之"道"所寻求的"中国向何处去""中国如何在世界模式下初步发展"的问题。士人在思考这些"中国之问"时，必然须从"道"的不同层面进行理论探索，变更并创新出"道"的形式及内容。

最后，"道"由传统特质向近代的裂变转化，深刻地影响了梁启超本人的思想。甚至，梁启超对时代问题的看法表现出一种寻根究底、创新变革的精神，他试图从根本上回答时代的困惑并提出解决问

---

① 罗志田：《近代中国"道"的转化》，《近代史研究》2014年第6期。

题的方案。这些方案的共同之处主要表现在三个方面。其一，传统之"道"常被视作一种无处不在的本体，宇宙万物都是"道"通过一定的媒介建构起来的，万物秉承"道"的品质。梁启超的"道"具有伦理的或知性的意义，它应承"道"的文化精神实质，尊重"道"创造万物却不去主宰万物的规律。更主要的是，梁启超认为"儒家的特色，不专在知识，最要在力行，在实践"①。此时，实践是梁启超塑造修身及治国的最佳方式，这可说是"道"从形上世界落入现实社会。其二，"道"如何落在个人己身，就成为人生哲学的主要内容。梁启超主张个体应当以"道"为修身之本并力求复原其真容。梁启超要做的就是号召人们用"道"这种精神品质拨开迷雾，瓦解那些虚假的束缚，还原一个真实的美好现实世界。唯有如此，人与人之间才能维持一种和谐稳定的关系，社会也终将成为一个团结有序的共同体。其三，人生哲学的要求是梁启超寻求治国主张的同生问题，因为在他看来，最佳的政治应当是"道性"政治或者说是表现"道"顺其自然之品格的政治。这必然要求统治者领会"道"的性质，并以此感悟万物的共通之处。于是，传统无形之"道"在近代因时代变化，最终须落实"天道"向"人道"的转向，其最终结果就是解决一切近代关于"人"的问题，如人的归属、情感、社会生存、文化意识等问题。

"道"在近代向"人道"的转向，个人主体意识的觉醒与发展需要结合近代家、国、天下观的急剧转变来解读。学者许纪霖指出："中国近代家国天下连续体的断裂，首先是家与国的断裂，其次是国与天下的断裂。"② 在这两次断裂之后，个人与两者的关系也随之发

---

① 梁启超：《儒家哲学》，中华书局 2015 年版，第 20 页。
② 许纪霖：《现代中国的家国天下与自我认同》，《复旦学报》（社会科学版）2015 年第 5 期。

生了断裂。千疮百孔的家国已然不能为个人及人生发展提供价值保障，尘封于千年枷锁的个人急于释放心性及主体意识。如此一来，人在主体精神世界的自由向往与现实中"庶民"的固化身份发生了冲突，为解决这一矛盾，必须提倡民智、唤醒民心。为达成此目的，近代之人一方面要"博闻、内修"；另一方面还要"明道、救世、治道"，这与儒家"内圣外王"的思想是一致的。从现实的实质上讲，"覆巢之下安有完卵"，传统的家国情怀一时之间难以割舍，况且在特殊的语境下，人更应怀揣对问题长远又理性的思考，才能应对近代世界格局的演变。越是面临艰难困苦，越是合理地审视个人与"家国天下"的近代关系，越能平衡个人与家国之间的利益冲突。所以，问题的落脚点无外乎在于使"庶民"成长为"国民"，唤醒个人主体意识；使"家国天下"成为"国家"，唤醒国民的国家意识。最终，传统之"道"在近代演变为侧重"人之所以为人之道"的发展，最终落入现实治国之道中。

二 "学"之反思及逻辑新生

从传统儒学的演变看，孔子创儒学，循以六经治世之道，然宋明理学高谈义理，乾嘉致时代力于训诂考据，均背离经世趣旨。后汉学大兴，嘉道以后今文经学兴起，考据八股被视无用，士人转向追求通经致用。道光至咸丰年间，魏源、龚自珍用今文经学抨击汉学，经世致用之风渐盛。咸丰同治年间，曾国藩、左宗棠试图复兴宋学，反对汉学，振兴经世实学。这种以古文经学经世的趋向，与光绪年间张之洞开辟今文公羊学，以古文经学为主兼采汉宋，谋取经世之方大相径庭。章太炎支持古文经学，回归清初顾炎武"崇实致用"之路；康有为复兴今文公羊学，支持变法维新。众人观点虽不尽相同，但儒学经世之学起起伏伏、未曾断续。经世之风虽得以提倡，但传统经世之学不足以经世,应对"亟变"的晚清环境,西学恰好弥补了这一遗憾。于是,乾嘉汉学"求是"的精神与西方的"求知"理念结合,期盼新学界的产生。

晚清新经世之学的兴起历经两个阶段:首先是从传统学术资源中寻求经世之术,随后将目光逐渐转移到西方"富强之术"及"格致诸学"上。[①] 前一阶段,晚清注重经世之学的人物较多,其主张也多有不同。魏源强调"弘通精淼,内圣而外王,蟠天而际地"[②]。刘古愚的经世之学,注重发挥清初颜李学派"学术经世"风格,主张恢复"六艺"振兴学术。朱一新及宋恕认为,经学、史学均为"经世之学",孔门学术概以经世为旨[③]。《皇朝经世文编》是当时经世思潮的汇编,内容是承接文以载道的经世主旨,体现了经世之学的独特风格。不同版本的《皇朝经世文编》,内容不是一成不变的,但其学术分类始终保持在中国传统的学术范围之类。

后一阶段体现在19世纪下半叶"中国千年之士俗,为词章、训诂、考据之空虚,故民穷而国弱"[④]的背景里,为挽救世道衰乱、民穷国弱的环境,士人提出"灌输新学、新法、新器以救之"[⑤],确保达成"通经致用"的目标。后一阶段经世之学的形成,源于传统"经术"不足以致用经世,中学势弱,从而引入西方"经世之学"为必然之选。张之洞提出"人才之盛衰,其表在政,其里在学"[⑥] 的治

[①] 郑大华、邹小站主编:《思想家与近代中国思想》,社会科学文献出版社2005年版,第206页。
[②] 魏源:《魏源集·上册》,中华书局1976年版,第207页。
[③] 郑大华、邹小站主编:《西方思想在近代中国》,社会科学文献出版社2005年版,第208页。
[④] 刘古愚:《烟霞草堂文集》,三秦出版社1994年版,第1页。
[⑤] 刘古愚:《烟霞草堂文集》,三秦出版社1994年版,第1页。
[⑥] 张之洞:《海王邨古籍丛刊·张文襄公全集(全四册)》,中国书店1990年版,第544页。

学主张，这种"新旧兼学"的关键在于将西政、西艺、西史归于新学的范围，鼓励新学的发展。刘古愚倡导的经世之学也发生演变，他个人的思想后期主要以突破传统，灌输西方的新学、新法、新器，并以新学为教为治学宗旨。在经世思潮的影响下，士人为冲破中西学间的藩篱，很自然地瞄准近代西方学术来突破传统，务实、求真、实用成为学术的代名词，中国学习西方各种新学是中国为求自立、自强的必然选择。

近代今文经学的复兴，有着它特殊的历史维度和学术需求，但它与政治的结合仍然是其存在的基本特点。如廖平注重王制，以此为中心贯穿今文诸经。龚自珍著《五经大义终始论》，本公羊之说融贯五经。魏源的《书古微》借公羊之义，释《诗》《书》。章太炎的古文经学讲"六经皆史"，把经学变成了文献学、考据学合古代文明史，从而消解了"经学"，由"经"入"史"。[①] 晚清士人崇尚理性价值、信奉进化论，却依恋与缅怀今文经学的权威性，于是出现了经学从内部消解并重建的现象。他们主要是利用孔子为万世制法的思路，调适经学，为变法提供理论依据，但这般调适后的经学仍束缚于传统"经学"的框架内。如康有为重三世，作《礼运注》，托经议政，并把"古人创制立法之精意"当作孔子本人妙思，其后变身为孔教教主，他的《孔子改制考》是以"改制"为文眼贯穿"经""子"。晚清士人心路的转变历程，反映了这一时期他们对经世致用风尚的迷恋，只因学术风尚在士人心中关联着社会的兴衰成败。不论前后哪个阶段，经世之学在强调"致用"的同时，也关注国人的文化心理，"通经致用"的内里是儒学经世内圣与外王的和谐统一。

---

① 江湄：《梁启超"学术"观念的儒学性格》，《史学史研究》2009年第4期。

可以说，近代之"学"的转变不是单一、独立的存在，而是一个更具逻辑性的事件，它意味着传统中道、学、政、教及其反映的人文世界的内在关联，被置换为一套全新的、能与现代国家与世界观念相匹配的文化价值体系。中国古代的今文经学、古文经学、宋学或是汉学，都相信六经为圣人所作，并贯以孔子的个人思想及真理体系。经书中所示义理制度，既是三代的史实，更是垂法万世范围六合的规范。① 传统学术思想迈向现代化的过程中，经义的真理性随着时代的嬗变而逐渐遭到质疑，经学显然不能最终成为现代之"学"。

对梁启超而言，"学"在近代的自身演化，生成了新学术思想的逻辑，具体可细化为三层含义。第一层含义是儒家入世之道的价值取向，它渲染了近代的学术思想。第二层含义是学、政并重的观念，这相当于宋明讲的"治道"，可透过学术求取一种理想的政治状态。梁启超指出："今日学校，当以政学为主义，以艺学为附庸。"② 在这一层意义上，晚清的经世传统逐渐从学术和政治上的改良主义，转变为一场改变传统中国理论、政治、文化、价值体系的根本变革。所谓的"经世致用"传统，不仅要使儒学之用能成德、成学、为政，最重要的是"措之天下，润泽斯民"③。也就是说，不仅要儒学的经世功用，还应注重其内在的"修身"及外在的"治国"功效。梁启超说得很明白："必细察今日天下郡国利病，知其积弱之由，及其可以图强之道，证以西国近史宪法章程之书及各国报章，以为之用，以求治今日之天下所当有事。夫然后可以言经世，而游历讲论二者，又其管钥也。"④

---

① 弓联兵：《现代国家与权威危机——近代中国国家建设的政治逻辑及受挫原由》，《人文杂志》2011年第1期。
② 梁启超：《饮冰室合集：典藏版：全40册》，中华书局年2015版，第206页。
③ 余英时：《中国思想传统的现代诠释》，江苏人民出版社1995年版，第238页。
④ 梁启超：《饮冰室合集：典藏版：全40册》，中华书局2015年版，第160页。

第一章　历史与嬗变：梁启超儒学的思想起源

第三层含义是"治法"。1896年梁启超提出："采西人之意，行中国之法；采西人之法，行中国之意。"① 他鼓励一边用中学，一边用西学，开创新学。新学代表着"行中国之法""行中国之意"，代表着他在追求治国之大道上，支持引进西学恢复儒学的经世致用传统，试图更加稳妥地治理天下。此外，中西学术在治学方法上不同，却在治学态度上与追求"科学"的精神实质一样，这是学习西方的根本原因所在。他在《西学书目表后序》开篇中分析中学或将亡之隐患，认为"是则中国之学，其沦陷澌灭一缕绝续者，不自今日。虽无西学以乘之，而名存实亡，盖已久矣"②。归其缘由，是因"中学"已背离"孔教之善，六经之致用"精神，"乃弃其固有之实学，而饱贴括、考据、词章之俗陋"③。第四层含义就是"传教"，"学"的最终目的在于传教。梁启超在主持时务学堂时，提倡研习"传教"之学，指的是阐发六经"太平大同"之真义然后布福音于天下，这才是"学之究竟""平天下"是也。④ 须指出，梁启超强调儒学"经世致用"的传统时，却毅然反对重"西学"而轻"中学"的倾向，称"读经、读子、读史三者，相须而成，缺一不可"。另一方面，梁启超对清代考据学评价不高，虽称其有科学精神，却又认为它失去经世致用之主旨，久为中国之弊病。梁启超于30岁以后，不言"伪经"和"改制"，与孔学托古之说决裂，但其一生的从未脱离儒家的大学之道。整体来讲，晚清经文经学所强调的"经世致用"是为了正本清源，回归儒家内圣外王与修齐治平准备的。这一意义上的"学"超越于政术的层面，也超越于求真的致用层面。

---

① 梁启超：《饮冰室合集：典藏版：全40册》，中华书局2015年版，第19页。
② 梁启超：《饮冰室合集：典藏版：全40册》，中华书局2015年版，第127页。
③ 梁启超：《饮冰室合集：典藏版：全40册》，中华书局2015年版，第128页。
④ 梁启超：《饮冰室合集：典藏版：全40册》，中华书局2015年版，第161页。

三 "政"的变革及批判思维

在中国传统政治思想中,宗法等级制度一直处于核心位置,与其相伴的宗法伦理关系、等级优先秩序也有明显的政治特征。如孔子曰:"天下有道,则政不在大夫。天下有道,则庶人不议。"(《论语·季氏》)这也反映出传统政治意识的一个突出特点,就是利用"天下"的观念和"家国同构"理论,对政治的合理性做出解释,将儒家所提倡的政治策略上升为国家的意识形态。传统儒家有着政与教合一、教与学合一的格局,以及善政为民的政治情怀。孟子有言:"善政,不如善教之得民也……善政得民财,善教得民心。"(《孟子·尽心上》)可见,传统中的"政"指涉的范围比较广,除包括朝廷内外的各项政治事务,还涉及与"政"相关的其他领域话题。

在西潮的刺激下,近代中国政治变迁的速度骤加,中国被动地落后挨打却又要积极地融入世界,传统的政治结构呈现逐层解构的现象。传统宗法等级制度的核心地位不再,中国政治思想的价值核心由固定的传统等级秩序转向多维度发展。这种多维度发展体现在地主阶级官僚提出"重道贱器"的固化保守上、地主阶级洋务派提出"中道西用"的改良方针上、君主立宪派康有为的改良变法主张上。但近代中国在本质上仍是伦理主导型社会,呈现宗法伦理秩序解构和契约秩序建构并存的特点。[①] 宗法伦理秩序解构包括以"忠""孝"为核心的血缘伦理与政治一体化的解构、君权与父权为中心的人伦关系与宗教神圣化的解构、对"三纲五常"和泯灭人性的伦理绝对化的解构等。这些解构,目的是打碎非理性的伦理政治规范,解放束缚和

---

① 霍文忠、张龙辉:《固守、批判与创新:近代中国治国理政思想的三维度分析》,《理论导刊》2018 年第 7 期。

禁锢人民头脑的沉重的枷锁，使人成为具有政治意识的个体。契约秩序的建构可以从晚清经历的三次政治体制改革中初见其成效：1861年设置负责洋务和外交事宜的总理各国事务衙门，中国面向世界政治体系；19世纪60年代的洋务运动，中国改良主义者拉开建设近代化国家的序幕；19世纪末的戊戌变法，中国引进了西方政治制度。可以说，宗法伦理秩序解构和契约秩序建构并存，是受达尔文进化论、西政的外来刺激，这使国人逐渐拥有新的批判思维意识，最终落实到"政"的近代变革。

总体上看，近代中国的实践改革，虽步履维艰但有一定的进步性。因其内容涉及广泛，笔者结合近代之"政"的变革特点，反思儒学内在变化的基调。"政"的近代变革有以下几个方面：其一，西方的议会制、总统"禅让"制，激发了国人对世袭君主制度的反思批判。这种反思表现为近代试图改变国破家亡、任人宰割的现状，亟须批判封建专制制度、纲常名教，建立自立、自主、自强的政治制度的需要。其二，反对专制制度的民权思想，将"申民权"作为一个改革政治的目标，批判专制制度的罪恶。根据"物竞天择，适者生存"的原理，唯有变革，中华民族才能长存。在变与不变的近代反思过程中，"变"是近代知识分子的共同心声，不变与守旧注定走向灭亡。从"仅袭皮毛"的洋务运动，到渐进改良的戊戌变法，再到资产阶级革命派的革命主张，民众的呼声越来越高，变革的需求涵盖政治、社会、文化、教育等各个方面，而变革的主体最终只能依靠民众。传统儒学"以民为本""民为邦本"的思想提供了儒学发展的近代基础，但如何改变为近代民主、民权的思想，是近代知识分子需要反思的问题。其三，为社会主义的兴起作了政治理论的铺垫。近代契约秩序的建构利于重构逐渐丧失的中央政治权威，试图解决中央政权的政治合法性危机。因此，对于近代契约秩序建构，是近代中国资产阶级和无产阶级不可规避的任务。他们立足于西方，却也提出符合自身需要的政治主张，借化解最棘手的社会政治问题，促进中国政治变革，树立更加制度化的国家权威。对于文化保守主义者梁启超而言，建构现代国家、探求中国之"治国之道"，成为近代中国的政治主题。

四 "教"之批判及认识跳跃

儒学之教化，特别是自明清以来官方主要依靠科举考试、民间依靠祭孔仪式来推行。科举制度的选拔维系了儒学之教化和权力之间稳固的平衡关系，确保了儒学长久稳定的传播。近代之"教"的渐长实际上是儒学之"教"逐渐失落、退出的过程。在中国古代社会，就建立人才选拔机制并设立官爵制度，重视人才培养，并且重文轻理的现象较为突出。明代以后，八股之风盛行限制了人的灵活才智，到清朝中晚期，限于"四书五经"的征途选拔，导致学风偏离了现实。近代化的开展需要大量掌握科技和对外交流的新兴人才，1862 年京师同文馆的设立，是近代之"教"变革的开始，后因"诸学皆徒习西学、西语，而于治国之道，富强之原，一切要书，多未放肄及，其未尽一也"① 而遭到批判。引进西方科学无疑是"教"实践的变革重点，但如何看待西艺与儒学的关系也是众说纷纭的。梁启超主张："故今日欲储人才，必以同习六经经世之义，历代掌故之迹，知其所以然之故，而参合之于西政，以求致用者为第一等。"② 这实际上是"中体西用"在教育领域的表现，教学内容不能完全摒弃中学。天文、算术等西艺的传入之策受到保守派的反对，理由是中国数百年以

---

① 王学珍、郭建荣主编：《北京大学史料·第一卷：1898—1911》，北京大学出版社 2000 年版，第 20 页。
② 梁启超：《饮冰室合集：典藏版：全40册》，中华书局 2015 年版，第 63 页。

第一章 历史与嬗变：梁启超儒学的思想起源

尧、舜、孔、孟之道为教育以培养之，若重名利而轻气节，恐令人担忧。这种表面崇尚儒学礼仪之举，实传递出本土儒学与异域科学之间的对立。经过一番磨合，1898年，"中学为体，西学为用"的教育原则写入《总理衙门筹议京师大学堂章程》。1902年，晚清壬寅学制和癸卯学制诞生，但儒家经学仍存于小学堂和大学堂里。

清末新政之前，中国未曾有完整的教育资源体系，家族的教育角色甚为重要。近代新学制建立，意味着儒学之教由独尊的"政教"统一角色瓦解，开始主动转变其内理，尝试进入近代之教的体系里。1905年，科举制度的废除，标志着自隋唐以来一直依赖于科举体系的儒学之教的传播体系中断。最终，在儒学之教的核心价值层面，"通经"与"致用"相互分离，儒学丧失了原有的生命力；在政治层面，儒教的"忠君"观念，被新兴的民族国家观念所冲击，"忠君"丧失了传播的文本载体和路径，原有的"五常"观又无法转化出新的道德观，从而让儒学失去了道德人格渲染的功能性。

第三节　设想与选择：梁启超对儒学的建构

梁启超对儒学的建构，是以"中学"与"西学"的精义会通之处为切入点，并结合儒学在近代的基调与嬗变特性，开创出符合现代文化脉搏的中国儒学。"中国知识人自始便以超世间的精神来过问世间的事。他们要用'道'来'改变世界'。"传统之"道"有着丰富的"救世""经世"的内涵精神，可谓上承先秦下至清代，始终贯穿在中国人的思想意识之中。所谓"救世"或"经世"也有着不同的方式，有秉持"以道自任"的出仕，亦有对"无道"的评判或对

"原道"的背离，但这种评判或背离充满着"超越精神"，这也是自古以来的普遍现象。简单来讲，"道"是人判断世间一切是与非的崇高理想，也是指导现实的精神指南。在晚清，这种"超越精神"先以"道器之辩"的认识格局保留下来。这里，"道"是形而上者，为治理国事之本；"器"是形而下者，是利于物质发明和实际生活之末。重道轻器的思想在19世纪40年代保留至洋务运动，例如魏源提出的"师夷长技以制夷"、冯桂芬的"中本西辅"、张之洞的"中体西用"论，都固守"以道为本"的信条。他们内心固守对"先圣之道"的情怀，在其看来，以"治心"为体之内学与以"治物"为用之外学，两者应是统一的体用关系。当然，在"中""西"问题的界定与认知上，他们存有较大分歧。冯桂芬认为，应以中国之伦常为本，辅以诸国富强之术。张之洞认为，在儒家"内圣"之道上，应嫁接西方科学与民主的"外王"之学。这种由学习西方技艺转向西方思想的拔高，体现着士人探求变革与新知的创新精神。但历史发展的经验表明，单纯、机械式地由外而内地硬性输入，相当于在传统"内圣"之上嫁接了毫无关联的"外王"（科学和民主），无果之花带来的社会问题暴露甚多。就其弊端而言，严复就曾批评其为"牛体马用"，其意在表达：若摆脱本民族的文化根基，单纯移植西方的科学、民主，这类无泉之水的"外王"之学终将枯竭。洋务运动的失败，表明民主、科学的"新外王"应建立在中学自身的根基上，才能保持鲜活的生命力。1905年范祎曾言："中国二十年以前，惊西方之船坚炮利，知有西艺矣。而于西政，则以为非先王之法，不足录也。十年以前，亲见西方政治之美善者渐多，其富强之气象，似实胜于中国，知有西政矣。而于西教，则以为非先圣之道，不足录也。"这种历史变迁表明中国之"道"随之呈现出"接地气"、化解现实矛盾的需求，一方面，因中西学文化交织的关系，传统的"道"也被植入了理性、管理等西学精神；另一方面，"道"展现出凝聚民族精神、整合社会资源、树立国家观念的新社会导向。最终，从"非先圣之道"的视角看待传统儒学的近代转型，即如何重置"道"与"学""政""教"的关系问题，成为晚清士人力挽狂澜、重构儒学的关键所在。

一 建构立场：文化民族主义

19世纪末即将步入20世纪之时，民族主义无疑是中华民族能否崛起的一个时代标志，也成为近代中国唤醒民众奴役心性、鼓舞人心、动员社会成员最有效的文化符号。起源于西方的民族主义概念，在近代传入中国并深受重视，中国由此经历了从"天下主义"到"民族主义"[1]的转化过程，其思想、政治、文化等方面都随之产生了巨大的影响。梁启超脑海中的民族主义，表面是一种引自西方的、概念上的近代民族主义；实质上，他极力主张维护中华民族的根本道德信条的思想和情感，大约相当于我们现今所谓的文化性民族主义。[2] 鉴于本书的选择，笔者重点选取民族主义的兴起与儒学之间的关系变化，尝试讨论梁启超的文化民族主义立场。

在西方人种学、民族学思想的影响下，原初"天朝上国"的中心意识被击溃，传统儒学随即发生巨变。民族概念的"首出庶物"使得原来作为天经地义的儒家思想沦为民族文化的一部分。[3] 由于中

---

[1] 注：梁启超在1901年《国家思想变迁异同论》中首次使用"民族主义"一次，真正成为"中国近代民族主义的奠基人"。

[2] 高时良：《中国近代教育史资料汇编（洋务运动时期教育）》，上海教育出版社1992年版，第34页。

[3] 唐文明：《从儒家拯救民族主义》，《文化纵横》2011年第5期。

国特殊的历史境遇，民族主义在近代中国主要表现为文化民族主义和政治民族主义两种形态。① 这两种形态都包含有"回守传统"与"展望未来"的民族主义态度。这两类态度看来矛盾却又似乎合理地存于晚清，不论哪种形态或态度的民族主义，他们的基本目标是为重建"民族或国家的整体目标与价值体系"②。晚清知识分子不论怎样选择民族主义，都习惯从"大一统"的视角去思考中国该向何处去的思维。同时，也不论他们怎样发展民主主义，一开始都摆脱不了为救亡图存而反思传统，以求"西化"的民族主义心态。近代儒学由统领的位置，贬降为特殊风俗、历史和文化中的小部分。

  对梁启超本人而言，他的文化思想经历了清末民初一个历史时期的嬗变。梁启超在清末强调的是一种"政治性"的"国民理想"，企图在传统的根基之上思索中国作为政治体的未来。在民初，他更为强调中国之所以成为中国的"文化"理想，并将这一理想称为"文化民族主义"。③ 这里须指出的是，梁启超对民族主义的一般性认识，区别于晚清知识分子的普遍观点，他脑海中的民族主义虽从西方引入，本质上却是一种传统文化性的民族主义，即用以维护中华民族的根本道德信条的思想和情感的民族主义。至于如何衍生出这种民族主义，梁启超写了《过渡时代论》一文，指出"过渡"不仅是一般常说的从传统到现代，更包括从文质化转向物质化。1899年，梁启超在《东籍月旦》中多次用"民族"一词。在《新民说》中，他明确

---

① 杨霞：《清末民初的"中国意识"与文学中的"国家想象"》，南京师范大学出版社2012年版，第9页。

② 杨念群：《晚清时期中国民族主义思潮的学术流变——"同化论""根基论""建构论"之反思》，《天津社会科学》2019年第4期。

③ 郑大华、邹小站主编：《思想家与近代中国思想》，社会科学文献出版社2005年版，第105页。

第一章 历史与嬗变：梁启超儒学的思想起源

民族主义的内涵："以挽浩劫而拯生灵，惟有我行我民族主义之一策。"① 迫于国耻、愤于朝局的拳拳爱国之情，梁启超积极鼓吹排满。"民族主义"被他视为一种以文化为中心的"民族主义"，之所以强调文化二字，是由于他看重中华民族国家发展至近代，所拥有的历史背景、文化渊源及国民的文化心理认同等要素。梁启超这样说："民族主义者何？各地同种族，同言语，同宗教，同习俗之人，相视如同胞。"② 梁启超视野下的近代民族主义，从根源上讲是儒家式的文化民族主义，它呼吁一种现代中国的道统自觉，并兼顾共同体秩序与自由的文明历史叙事。为彻底贯彻这一思想，梁启超反思中国在建立现代国家时，从需要具有何种精神品质的现代"国民"入手，完成了他笔下的"国民理想"。

中华民族长久沉淀之文化精神特质，是中国长久存在的归因。如何保存这种特质使其勿失，我们需要做的是："濯之拭之，发其光晶；锻之炼之，成其体段；培之浚之，厚其本原；继长增高，日征月迈，国民之精神，于是乎保存，于是乎发达。"③ 梁启超认为，可将该特质与西方文化优点结合，从而保证中国不亡，而抵御他族。他的文化民族主义的主张是针对晚清中国特殊的历史文化背景而生，是对当时"中国必亡"论的反击，也是在中国文化土壤中萌生的一朵特色之花。纵然列强企图瓜分中国，国内危机四起，梁启超均不以为然，他辩证地分析了国民性的问题并强调："国民力者，诸力中最强大而坚忍者也。"④ 吸收国民性之优良方面，再对其加以弥补短处，可保证国家将来的立世长存。其中，中国之国民性劣势在于：国人缺

---

① 梁启超：《饮冰室合集：典藏版：全40册》，中华书局2015年版，第4986页。
② 梁启超：《饮冰室合集：典藏版：全40册》，中华书局2015年版，第4986页。
③ 梁启超：《饮冰室合集：典藏版：全40册》，中华书局2015年版，第4988页。
④ 梁启超：《饮冰室合集：典藏版：全40册》，中华书局2015年版，第341页。

乏科学观念、尚武精神、无爱国心、无政治能力等。① 相比劣势，他相信中国社会及个人保留着基本的文化理想、勤朴自助的精神等。可以说，梁启超的文化民族主义在形式上是反映性的，但在内容上是调适性的。在形式上，他为维护中华民族道德的本根与情感，民族主义的概念融入了传统文化色彩；在内容上，传统"家—国—天下"三重空间式的文化观念，将改造为近代世界中"个人—民族—国家"线性发展的国家观念。

客观来讲，梁启超在清末民初以"本土文化"为理想的"民族主义"意义重大。梁启超的文化民族主义是从中国"四万万同胞"的人种不亡、种族不灭的角度提出的。其目的是通过文化自信的建立，恢复中国对"国民性"的信心，从而由国家内部改变风俗颓坏、人心腐败的现实，赢得"人心"。为何"国民性"是中国不亡的依据？因为国民的"国民性"是中国"独立之精神"的重要组成部分，梁启超指出："凡一国之能立于世界……皆有一种独立之精神。祖父传之，子孙继之；然后群乃结，国乃成；斯实民族主义之根柢源泉也。"② 因此，梁启超提出，救亡与图存的前提别无他法，必先建设一个民族主义国家。从另一角度来讲，中国是否有能力做到如此，关系着历史过渡时期中华民族兴衰存亡的大事，"特不知我民族自有此能力焉否也？有之则莫强，无之则竟亡，间不容发，而悉听我辈之自择"③。他意识到，"国家"与"文化"之间有着各种先天的遗传关系，但依赖彼此形成后天的共同"理想"，在同一群体同一国家之内迸发出一种共同的价值信仰，从而缔结出有凝聚力、向心力、责任感

---

① 郑大华、邹小站主编：《思想家与近代中国思想》，社会科学文献出版社2005年版，第107页。
② 梁启超：《饮冰室合集：典藏版：全40册》，中华书局2015年版，第4988页。
③ 梁启超：《饮冰室合集：典藏版：全40册》，中华书局2015年版，第893页。

第一章 历史与嬗变：梁启超儒学的思想起源

的群体组织与文化国家。

所以，梁启超儒学思想的立场是文化民族主义，它是一个民族、国家精神、心理等独特气质的反映。梁启超对民族主义的看法，不仅源于他对于中华民族历史文化积淀的理解，也加入了更大程度的包容性和创造性。他充分注意到中国文化进程中很多的独特因素，并试图摆脱"中国人盲目崇拜西方"的特定思维及狭隘的保存旧的本民族文化，立足于中国文化传统本身的开新，去解决自身的问题。不论是保守派誓死维护儒家的伦理道德，还是激进派"打到孔家店"的旗帜，都不是清醒盲目的。他对于儒学的态度介于保守与激进之间，既不抹杀传统儒学的价值，又对其有批判的精神，有扬有弃，发掘它的时代意义。"发扬淬砺""采补开新"的观念是他对文化的中国传统文化价值的态度，并试图通过传统的创造性衔接，落实现代化的生长点。梁启超用他特有的激昂文字赞美道："民族主义者，世界最光明、正大、公平之主义也……自有天演以来，即有竞争，有竞争则有优劣，有优劣则有胜败，于是强权之义，虽非公理而不得不成为公理。"[1] 梁启超的文化民主主义并非传统文化概念上的文本本义，而是一种引申义，是一种在阐释过程中再创造的产物。而这种创造是梁启超借古人之酒杯，浇筑心中情感块垒时所激发出的新思想火花。

梁启超以"会通"思想为核心的文化民族主义，与两种观点针锋相对，第一种是以陈独秀为代表的"新文化运动"之西化论者；第二种是梁漱溟在《东西文化及其哲学》中所提出中国化与西方化根本不同之说。[2] 从中国近代伊始文化建构的大背景看，近代新儒学以梁启超开创的"以中学消化西学"的文化模式，代表了晚清民初

---

[1] 梁启超：《饮冰室合集：典藏版：全40册》，中华书局2015年版，第480页。
[2] 郑大华、邹小站主编：《思想家与近代中国思想》，社会科学文献出版社2005年版，第110页。

时期国人对西方文化挑战的回应，但这种态度的肃正对梁启超来说并不是最终的指向，更重要的是对中学进行新的意义阐释，成为唤醒民智、赢得民心、自立图强的新文化建设的坚实基础。他也认为："所谓新民者，必非如心醉西风者流，蔑弃吾数年前之道德，学术，风俗，逐足以立足于大地也。"① 他表明，中国千年的民族文化传统，并不是要"蔑弃"的，而是接受西学思想的"新民"需要保留的。20世纪初以来"欧化"主张的逐渐盛行，尤其是"五四"新文化运动对传统文化的激烈批判，梁启超内心的文化民族感情受到触发。他在欧游之前，写出《儒家哲学》《世界伟人传第一编孔子》等书，肯定了儒学的价值和孔子的地位。其后，梁启超在《欧游心影录》中更充分地表现，要将本国文化发扬光大。从传承中华民族文化精神特质的角度看，其实梁启超在欧游前后对中国文明的价值信心从未改变，只是关注的内容和侧重点不同罢了。"会通"二字的含义在于，创新必须有本根所寻，否则空谈亦无实际作用。严复和钱穆也持有相同的观点，即在国家民族之内部自身，求得其独特精神之所在。所以，文化民族主义关注的是传统文化的延续性及开新的文化潜力，也不否定对西方优秀文化的兼容并收。

从更高的层次看，梁启超对文化民族主义的未来期望是一种特意用儒家的"中道"思维，去成就一种有世界胸怀的文化民族主义。动态化的"中道"世界，因循人的情感自然流动于己我、国家、世界之间，情感内化凝练至人格新境界，表现出爱国主义、民族主义、世界主义之情。所谓"中道"意指"正道"，其标准迎合第一步，为扫除学界中君主专制、政治专制、学说专制的阻碍，他以崭新的"新道学"形式重构道统。"新道学"被给予了君子人格、"民族性"

---

① 梁启超：《饮冰室合集：典藏版：全40册》，中华书局2015年版，第4989页。

"群体性"及"道德性"四种特性,这四种特性反映在他因时而变、因势而夺的治国之道的策略上。梁启超在《国际联盟评论》中说:"'全人类大团体'的理想,我们中国是发达很早的……我们中国人所崇尚的,一面是个人主义,一面是世界主义……"[1] 这意味着,"个人主义""民族主义""世界主义"这三样缺一不可。梁启超"个人主义"的提出是近代人觉醒的标志。中国古代先哲也喜欢讲"人",但先哲讲的人是抽象的人,梁启超讲的"人"是具体、真实、独立的人,是能正视欲望、甄别好恶的人,"个人主义"是宣扬个人与个人意识最好的代名词。胡适曾说:"世界主义者,爱国主义而柔之以人道主义者也。"[2] 古代哲人知有世界而不知有国家,其所期望在于为世界之人,而不认为某国之人。近代的世界主义学说异于古代,提倡"世界主义"的前提在于爱其国、尊其国、护其国。梁启超与胡适相同,他们的"世界主义"概念中都有着"世界主义的国家"的内涵。

二 建构核心:"内圣外王之道"的重塑

近代以降,传统儒家的内圣外王之道不易于支撑西学冲击下中学的存续,如何接续、再造并创化儒学成为中学面临的首要问题。这一问题变革的核心在于重塑儒家的"内圣外王之道",使其与近现代社会转型相适应。历史上的儒学承载着建构社会秩序和施行社会教化的现实使命。[3] 梁启超从传统古典的文化视角出发,以"淬砺所固有、采补所本无"为指导方针,汲取中西学各自之精义,来重释道学并重筑道统,以图推进传统儒学的现代转型。历史的车轮滚滚、不断向

---

[1] 梁启超:《饮冰室合集》(全十二册),中华书局1989年版,第126页。
[2] 曹伯言:《胡适日记全编》,安徽教育出版社2001年版,第200页。
[3] 赵法生:《内圣外王之道的重构与儒家的现代转型》,《开放时代》2011年第6期。

前，但历史事实表明，重塑中华文化依靠除旧立新远远不够，更需要的是温故知新，即保留对传统文化的认同与坚守。尤在近代意义世界陨落、人心告危之时，亟须智者把握时代脉搏，明确"道"之发展方向，以此复归大道哲学，重塑民族之魂。

中国传统哲学中儒、释、道都讲"内圣外王之道"，并视其为达到理想社会的根本办法。一般而言，古人为平治天下，一直延循"内圣外王"之路线，"内圣外王之道"可谓中国思想之精华所在。哪怕是在今日，近现代思想家如梁启超、熊十力、牟宗三、冯友兰都将"内圣外王之道"作为中国传统哲学之精神，并以此揭示中国哲学之价值。据史料载，《庄子·天下篇》有言："圣有所生，王有所成，皆原于一（道），此即内圣外王之道。"儒家对"内圣外王"的论述，有孔子对周礼精神的汲取，提出"己欲立而立人，己欲达而达人"的人生倡言及"为政以德"的治理之道，有孟子"浩然之气充塞于天地之间"的"妙美"境界及"得道多助"的对外推崇等，都为传统儒家"内圣外王之道"建构了基本的理论框架。儒家的"内圣外王之道"还可以从更深刻的含义去畅谈，比如内圣之道忠于人格理想，追求德性之学；外王之道尽显政治理想，志于"齐家、治国、平天下"。"内圣"与"外王"的统一，表达出儒家广阔的眼界及"得天下有道"的宏达之志。而"内圣"的问题，绝不仅仅是个体成人的伦理问题，还牵涉推己及人的向善行为，其背后蕴藏着宇宙间大道流行的人生哲学。要之，内圣是一个包罗万象、蕴含天道人心的存在。

晚清伊始，传统儒学因时代巨变无法抵御外侮、改变中国困顿挨打的僵局而备受后诟病。各类质疑之声频现，有如儒学的君臣之道压抑个性、圣人君子的道德诉求超于常人所需、内圣之人定能实现外王过于一厢情愿等各种说法，种种疑虑一时激起千层浪花。比较来看，儒家与基督教不同，并非想脱离凡尘俗世再建立"天国"，亦不同于佛教向往彼岸的超脱及涅槃重生的轮回。儒家的"内圣外王之道"，这个"道"必须与人贯通，人的使命就是在俗世社会中转变社会，"道"终究会落于地面融于人的日常生活之中。君权专制的瓦解使得君主"圣人"式的治道不复存在。然而，社会向前的脚步、民众对幸福的渴望、国家治理亟需的新模式、文化香火的延续传承，诸如种种问题都迫于解决又需进一步深化发展。

梁启超逐渐意识到，传统儒家"内圣外王之道"作为一种理论追求，在先内圣而后外王的转换之间，理论的必然性与现实的客观性如何统一就显得尤为重要。他作为近代知识分子的典型，率先表现出对"内圣外王之道"的独到见解。

首先，是"内圣外王之道"在近代的主体界定、内在关系等问题。传统中个人求得"孔颜乐处"的人生体验及道德学问的提升，在近代是否适用，如何能激发起个人承担发展社会历史责任及使命的自我意识。诸如此类的问题有很多，这里不一一赘述。另外，"外王"主要指国家的管理制度、政治体制和文化制度等内容，它的背后是儒家哲学"推己及人""一以贯之"的大原则。对于从政之君来说，他在人生的"求善"必然外化为政治上的"德治"，"圣王"政治最终就是一种人治。《尚书·泰誓》曰："天听自我民听，天视自我民视"，表达了古代民之所见、所思、所想皆能真实地传递给"天"，由天赋权力的君王要遵从民意统治才能长久。君如何看待民，民如何对待君主，属于国家治理中的问题，可以将此它视为外王之道；天（君）如果能听，听到的都是民众的心声，人间的美满或缺失都可从民众那里获得，可以将它视为内圣之道；在中国的传统文化里，内圣和外王之道从一而终都是统一的，从内圣到外王一气呵成，并无独立之说。

在梁启超的思想中，儒家的"内圣外王之道"，其内在一定有一个巨大的联系，而这个联系是一个真正的智慧。正如梁启超在《庄子天下篇释义》中有言："'内圣外王'一语，包举中国学术之全部，其旨归在内足以资休养而外足以经世。"内圣与外王间的统一，说明内圣与外王之间定然有着理论或现实的必然关系。梁启超在儒家政治伦理中，强调内外一致，"内圣"是道德前提，"外王"是政治目的，二者是辩证统一的关系。他也借"内足以资休养"和"外足以经世"的阐释试图现实救亡图存的目的。他把个人的道德伦理与国家的政治理想置于近代历史背景中，给予"内圣外王"理论以强大的社会属性及文化感召力，这也代表着近代中国政治社会化的重要逻辑。在梁启超的近代儒学思想中，"圣王之学"的人治痕迹明显，首先聚焦于"人之所以为人"的探讨。

其次是"内圣外王之道"在近代的文化延承和创新问题。主要有几个方面对梁启超影响颇深。一是中庸之道。《尚书·禹贡》所言，"人心惟危，道心惟微；惟精惟一，允执厥中"。传统儒者将"道心"与"人心"贯联，即希望通过践道来达成"成己成人"的道德目标。"中道"是道的大智慧，它不仅展示了道和人的亲密感，而且体现出人对至诚、至善、至美圆融境界的追求。二是"人之所以为人之道"。古人秉持以身传道、以文载道、以事传道等方式来传承道。细细看来，古人用拟人的手法赋予道以精神生命。三是仁道。修身之道与修己之道在《论语》《尚书》《诗经》《礼记》等经典中均有表述，如"克己复礼""己所不欲勿施于人"的说法。四是大同理想。《礼记·礼运》曰："大道之行也，天下为公，选贤与能，讲信修睦。"其内涵有三：其一天下为公，举荐贤能，讲信修睦的社会政治；其二富庶、安康的原始共产主义制经济；其三理想、安宁、谐和、祥顺的社会风俗和秩序。在梁启超看来，"近代社会科学所研究的，儒家亦看得很重。在外王方面，关于齐家的，如家族制度问题，关于治国的，如政府体制问题，关于平天下的，如社会风俗问题……"① 他业已认识到，儒学由于内部蜕变和外部冲击变成了孤魂，面临着现代转型。梁启超肯定内圣外王之道一脉相承，提出儒学的核心结构仍是内圣外王，但其内圣与外王的内容都有所延伸与拓展，有着近代的色彩和现代的向往。是否可以说，梁启超的儒学思想是以重建近代新儒学为核心？而他重建近代新儒学又是以内圣外王为基本结构来重建的，笔者是持赞同意见的。梁启超在对儒学重建与复兴的过程中，彰明了对于"内圣外王之道"的延承与创新。

最后，依靠"圣王"可将天下治理好，在晚清之后历史上并无实现的可能性。内圣的主体是否仅限于君主？主体身份的重新界定是否有可行性？这意味着须重新思考内圣外王之道的转型问题。儒学现代转型的关键在于重塑内圣外王之道，这意味着要重新安排儒学与道、学、政、教四者之间的关系。在这一思路下，传统儒学的构成部分发生了深刻的变革。儒家哲学和儒家经学分离，儒家哲学发生变革，以求与现代学术体制相适应；政治儒学将转变为现代民主制度思想；封建儒教将代之以现代化儒教以承担传播教化功能和安身立命之功效。梁启超对内圣外王之道的重构，意味着对"中西体用"关系的重新组合，提出"道德为体，伦理为用"的指导思想。"道德"成为儒家的内圣之体，其功能在于安顿国人的心灵，使其充满能量；"伦理制度"为外王之体，解决儒家在近代遇到的政道与治道问题。梁启超通过体用关系的重构，将传统儒学与现代制度有机融合在一起，使得古老的儒学在家、国、世界中获得新生。

---

① 梁启超：《儒家哲学》，中华书局2015年版，第4页。

三　建构向度：四重向度

传统"内圣外王"所反映出的儒家人本主义、道德主义，酿造了个人追求内在的真、善、美，渐以成己、成人的内在性格。如何将这种看似一线发展的为己之学，转化为多元渗透式的体系之学，将"德性"融入"道""学""政""教"等层面，是近代儒学向现代转型需要深思的问题。儒家有强烈的人文精神关怀，这份关爱亦照射进现实中，儒学可以说是成德、成人之学。更高层次地讲，儒学的形上世界与其生命形态乃至整个生活世界的建构目的是同一的，即通过道、学、政、教四重向度的系统化完善，完成人生命历程的最终积淀。

需指出，道、学、政、教是梁启超整个儒学思想建构的基本结构及要素，道、学、政、教"四位一体"也是梁启超重构儒学的方式。梁启超谈道："故今日中国之现状……人民愤慨独夫民贼愚民专制之政，而未能组织新政体以代之，是政治上至过渡时代也；士子既鄙考据词章庸恶陋劣之学，而未能开辟新学界以代之，是学问上之过渡时代也；社会既厌恶三纲压抑虚文缛节之俗，而未能研究新道德以代之，时理想风俗上之过渡时代也。语其小者，则例案已烧矣而无新法典；科举议变矣而无新教育……"[①] 在这段话中，梁启超将"道德"作为道的表征，已然论述了"道""学""政"和"教"作为"过渡时代"的变革要素，全方位的过渡时代变革迫在眉睫。梁启超依据现实变化，重新阐释了"内圣外王之道"，并注意吸纳西方哲学思想与新型社会结构，终成新的"内圣外王"之学。这对于近代的社会治乱兴衰是一种预设，也是无法即刻摆脱传统文化思维并超越自身的

---

① 梁启超著，吴松等点校：《饮冰室文集点校》，云南教育出版社2001年版，第711页。

第一章　历史与嬗变：梁启超儒学的思想起源

大胆尝试。

在梁启超看来，"儒家所谓内圣，可以把今天所谓的教育学、心理学、人类学等等包括在内；而所谓外王，亦可以把今天所谓的社会学、政治学、经济学等等都包括在内"①。儒学不独讲正心修身，还要讲治国平天下。显然，在梁启超的意识及心灵深处，儒家的全部体用就体现在儒家的内圣外王之道上。可以说，梁启超儒学思想的基点源于他对儒家哲学的独特理解，在于"道""术"二字，更在于其最根本之处即"内圣外王"。② 具体而言，道、心、人道、人格、人性论、形而上学是他思考"内圣"路线的基点；他思考"外王"路线的基点，在于学、政、教层面的治国实践。尤其当"家国天下"的价值理念不再囿于政治理想，而从"教化"的层面重新审视时，传统儒学的"内圣外王"自然成为近代社会治国智慧的一泉源头活水。

第一重建构："道"的精神重构。中国传统之"道"被士人赋予了可超越性、重构性的空间思维理想，梁启超结合时代变局，意图将普遍适用于天下之"道"转向近代中国治国之道。他在传统的修、齐、治、平概念中，植入西方的"规则""管理""有序"的意义概念，意图使传统"治道"摆脱过时之嫌，上升为"世界"通行的模式。这一思路不自觉地也将中国治道概念带入了对西方概念的理解中，从一个侧面反映出晚清士人理解西学东渐的背景。梁启超的一生，爱国之心不变，立宪之志不变，新民之道不变，都体现了他对于"道"的始终执着。其次，"道"在近代也有具体落实的一面，即观

---

① 梁启超：《饮冰室合集：典藏版：全40册》，中华书局2015年版，第5页。
② 梁启超在《儒家哲学》中详细解释为："'平天下'、'天下国家可均'是道，用'所恶于上毋以使下，所恶于下毋以事上……'的'絜矩'方法造成他便是术。道术交修，所谓'六通四辟大小精粗其运无乎不在'。儒家全部的体用，实在是如此。"

照人的现实层面。梁启超意识到改变旧中国腐化堕落的气质,首先在于改变人自身,并以此为前提重塑人文精神及国家精神气质。梁启超清醒地认识到"今日之中国,过渡时代之中国也"[①],"以今日中国如此之人心风俗,即使日日购船炮,日日筑铁路,日日开矿物,日日习洋操,亦不过披绮绣于粪墙,镂龙虫于朽木,非直无成,丑又甚焉!"[②] 在一个时代里,如果民众缺乏推行现代制度以鲜活生命力的广泛的心理基础,如果操控和运用现代制度的人,缺乏成熟的适应于现代化发展方向的心理、思想、态度和行为方式,误入歧途或扭曲畸形的悲剧结局注定是不可避免的。梁启超把内圣之道视作变革中国社会的第一要务,创造性地建构起以国民资格为新人格理想,确立新的价值取向和信仰系统,激发人的觉醒意识。儒学一直专注"人之所以为人"之道,毕竟,人与人之间的关系决定人的未来生存和发展。

梁启超看重个人生命在宇宙间的存在意义,也看重人在现世中的社会价值。他对儒学的理解表现出超越的态度,也关注现实的憧憬。治心与应世成为梁启超的个人选择。由此,梁启超信奉之"道",体现出了近代"内圣"与"外王"两种理想的结合。需特别强调的是,梁启超主张的"变道",整体趋势还是守卫中国之道。中国之"道"在精神层面是远高于西方的,"器"方面的短板,需要学习西方之"器"并进行改革。"道本器末""变器守道"的观念,从学习西方,最终却走向了发展的反面。"器"的改革逐步带动了"道"的变革,到了新文化运动时甚至走向了对中国之道德彻底否定,修复"三代"最后也被全盘西化所代替。[③] 重新审视在历史变迁中,梁启超坚守初

---

① 梁启超:《饮冰室合集:典藏版:全40册》,中华书局2015年版,第487页。
② 梁启超:《饮冰室合集:典藏版:全40册》,中华书局2015年版,第402页。
③ 孙宝山:《中国近现代哲学思潮及思想》,中国财富出版社2014年版,第30页。

第一章　历史与嬗变：梁启超儒学的思想起源

心，完成对"道"的创化，复归大道哲学是梁启超在近代开篇思考的问题。从传统的角度看，"道"之传承包括忧道、谋道、志道等环节，"道"的实现方式、具体内容与道德目标都是士人所追求的。"君子谋道不谋食""君子忧道不忧贫"（《论语·卫灵公》）表达的就是此意。从近代对"道"之需求创新来看，"道"的创化过程即人之实践精神发挥作用的过程。"道"的创化过程更代表"道心"（实践精神）的真实意图，即以传统"成己成人"之理想，承续"成物"之志，肩负起弘扬近代社会正道、构筑新国魂之责。梁启超在《论孟子遗稿》①中，阐明："泰西旧教育主义近荀子，其新教育主义近孟子。"② 所以，心性道德的铺新是"道"创化自身的前提。复归大道哲学有着新外王的构想，也即对于民族、科学这一新内容的吸纳与融合。梁启超沉浮于世事，他深刻地洞悉道："道"在近代的更化，须以内圣外王为轴心统合"经世"与"致用"的双重效用，彰显出"道器"合一的时代特色。

第二重建构："学"的理想重构。"道"在古代表征为天人学，近代"道"关注的中心是人。"学"致力于发展日益进化的自我意识，儒者的使命在于全面地为学做人，其结果也是对"道"的拓展。科举停罢，中学的神髓魂飞魄散，士绅身负文化传承与道德教化的角色功能无处施展。新期的土地占有者或者乡村权力掌握者，已经没有过往士绅的道德约束，呈现恶霸的形象。③ 如何兼顾中西学之所长，实现中国文化的传承及道德教化，须另辟蹊径。为兴学的同时保存传统文化，特设教、学二部："以西人敬教之法尊我孔子之教，以西人

---

① 注释：《论孟子遗稿》是梁启超未公开发表的文章，笔者摘自《学术研究》1983年5月摘录的此文，第77—98页。
② 梁启超：《论孟子遗稿》，《学术研究》1985年第5期。
③ 桑兵：《历史的本色：晚清民国的政治、社会与文化》，广西师范大学出版社2016年版，第60页。

劝学之法兴我中国之学。特设教部，就翰林院为教部署，以年高之大学士统之，辅以翰詹各官，专以讨论经术，维系纲常。"① 以求卫道与兴学并举。

1896年梁启超在《读西学书目表·后序》中言："舍西学而言中学者，其中学必为无用。舍中学而言西学者，其西学必为无本。无用无本皆不足以治天下……"② 西学的输入，无疑会成为中国传统之学近代化的辅助之力。可是，中国自古为伦理社会，人伦关系主要靠道德维系，经学不仅仅是一门学问，更是道德的支柱。在以西为尊的大势所趋之下，中西强弱对比被具体化为各项指标，并从中找出中国逐步衰弱的症结，凡是人有我无的，都要具备；凡是我有人无的，都要祛除；凡是人我有别的，都要取齐。这样，梁启超在提出"以治天下"的基础上，进一步提出传统之学近代化的问题。比较来讲，传统儒家"内圣外王"的人生理想及其论述方式，无疑是传统宗教和形而上学一体化世界观的产物。③ 近代之"学"无疑最终需要落实现实的土壤，从而开花结果。

第三重建构："政"的现实重构。近代社会政治理想与现实之间反差巨大，表现为一个极其深刻的政治道德困境，即文化精义高涨的政治热情与大众的政治冷漠形成强烈的对比。普通民众的政治旁观者身份，漠然无视的出局状态，衬托出近代社会政治公德的匮乏和苍白。传统儒学与中国政治可以说是一对连体婴儿，"政儒一体"的文化特质也影响至近代。梁启超一心求取"治天下之道"，他在《变法通议·学校余论》中说："以西人公理公法之书辅之，以求治天下之

---

① 中国史学会主编：《戊戌变法》（全四册），上海人民出版社2000年版，第354页。
② 梁启超著，吴松等点校：《饮冰室文集点校》，云南教育出版社2001年版，第145—146页。
③ 李茂民：《梁启超的"趣味主义"与中国新文化建设的第三条道路》，《杭州师范大学学报》（社会科学版）2008年第5期。

第一章 历史与嬗变：梁启超儒学的思想起源

道……以按切当今时势为用，而以各国近政近事辅之，以求治今日之天下所当有事。"① 此时的梁启超一边提倡"大同"之学，志于传孔子之教兴盛天下，一边推行西方政治民权、民主学说，一边倡导申民权、设议院的政治活动中。这表现出，梁启超将儒学与西学相结合并以"糅合"的姿态改革政治，但这种"糅合"的过程中何者为主导，何者为附属的一方，并不能含混不清。一般讲来，儒学的现代化使其有现代民主政治的内涵，可将西学融入儒学，中学占主导地位，反之亦可。然而，梁启超选择了另一种"糅合"，汲取西学积极政论，同时找到儒学相通之处，再以阐述双方共同的精妙之处，并没有绝对的主次之分，但其言论的儒学本位色彩是较鲜明的。更为重要的是，他通过这种"糅合"，形成了自己的文化政治价值观。《变法通议》《论中国积弱由于防弊》《论君权民政相嬗之理》等文，是他最早对于中西政治"糅合"的改革阐述。他对于用民权取代君权的政术，是他迈出"政"的现实重构的第一步。他提出"三世六别"②，认为人类的社会历史发展沿着"三世六别"的顺序渐进向前，世界必将进入民为政之大势的世界。为将来更好地实现"政"之重建，他铺设出两条"治天下之道"：一是将"政"与民族文化未来联系起来，并用民主式的中国热情张扬变革，试图在传统与现实之间开拓政治与道德的新体用关系；二是将传统"治天下之道"的本体精神，贯彻到国家的政治事务中去，使人肩负起弘道意识的大任，进而完善治国立身之道。

---

① 梁启超著，吴松等点校：《饮冰室文集点校》，云南教育出版社2001年版，第59页。
② 梁启超在《论君权民政相嬗之理》一文中将人类社会制度的历史分为三阶段：多君为政之世，一君为政之世，民为政之世，多君为政之世，分为酋长之世、封建及世卿之世；一君为政之世，分为君主之世，君民共主之世，民为政之世，分为总统之世，无总统之世。

梁启超还重视"政学"一体的"治天下之道"。他提出"以政学为主义,以艺学为附庸"①的口号,他对兴政学的宣扬,有着明显的儒学本位主义色彩。他认为,"政学"并非西方独有,中国的"政学"需与西政"糅合",以求致用。他强调:"故今日欲储人才,必以通习六经经世之义,历代掌故之迹,知其所以然之故,而参合之于西政,以求致用者为第一等"②这一对"政学"的理解,是儒家六经诸子与西方公理公法的合体,而西政仅为参考不能起到决定性的作用。"治天下之道"需要有中国自身的"政学"理论。他甚至认为,一个人只要精通"政学",就可以成为"救时至良才"。"治天下之道"需要大兴"政学",熟悉古今中西一切制度,求取适合今日之中国最适宜发展的政学。

第四重建构:"教"的方式重构。《国民报》曾有文章称:"欲脱君权、外权之压制,则必先脱数千年来牢不可破之风俗、思想、教化、学术之压制。"③ 这一结论是在晚清历史发展的失败经验中得到的。洋务派为顺应现代化事业发展,提出了变科举、创办近代新式学堂的举措,并力图在实践中探索人才培养的新标准及实践道路。戊戌变法开始,各种主义及各类主张的此起彼伏的政论中,孔教的争论始终萦绕其中无法摆脱。争论的核心问题:一是儒教是否是宗教;二是共和政体是否需要孔教。事实上,应当如何处理"政教"问题以重建中国政治社会秩序④,这一问题更为本质。传统文化语境中,"政教"意指政治与教化,两者各司其职并非对立冲突的双方,甚至双方可以彼此协作,以共生的形态表现出一种互相利用的关系。19

---

① 梁启超著,吴松等点校:《饮冰室文集点校》,云南教育出版社2001年版,第85页。
② 梁启超著,吴松等点校:《饮冰室文集点校》,云南教育出版社2001年版,第59页。
③ 张锡勤:《中国近代思想文化史稿》,黑龙江教育出版社2004年版,第622页。
④ 吴震:《近代中国转型时代"政教关系"问题——以反思康有为"孔教"运动为核心》,《杭州师范大学学报》(社会科学版)2017年第2期。

世纪末期,儒教中国的宁静破灭,西方文明中的各种政治学说、宗教势力不断渗入,传统的"政教"性质发生了重要转变。不少人提出,中国需要一场宗教改革,将"政教"与宗教结合起来,弥补中国传统文化缺乏宗教信仰的缺憾,以改善文化体质,增强抵抗外力的能力。康有为的"保教"学说是这类观点的典型代表。关于儒教是否应当宗教化的议题是近现代学者热议的话题,这里不作详细论述。从近代中国"教"所遭遇的实际问题看,儒教陷入的危机是非常复杂的。由于中华民族文化与西方文明源自不同的生存土壤,梁启超认为要立足于中学、充实中学来纠正当时"教"之积弊。以科学立教,告别宗教化的"孔教",是梁启超内心真正追求自由之教化的起点。

总之,晚清中西之间的对话是一场确立以科学为标识的近代西学与固守中学之间的对话。不置可否的是,中国经过艰辛的"祛魅",走出传统"政教合一"的藩篱,实属不易。历经这样的曲折之变,"道"定位于宏观的治国之道的改变,及追求传统之人迈向现代之人的觉醒之路。"学"定位于对未知世界的知识寻求,"政"定位于近代政治体制的变革。"教"定位于儒学之教化的传播方式、主体、载体、认识的跳跃。梁启超延承古代儒家"道、学、政、教"四位一体的协同性,并提出更为创新的观点,即从"教以人伦"的角度,把"学"诠释为人与现实及未来世界沟通的桥梁。

四 建构维度:四维一体

分析梁启超的儒学思想,对于我们今天的儒学建设也可以提供有益的借鉴和启发。传统走向现代化,是传统获得现代性的转型过程。传统与现代之间是连续的历史过程。割裂了传统的现代性,就失去了根基的畸形的现代性,不可能长久。这里有一个如何处理"新"与

"旧"的关系问题。① 费正清指出:"现代性表示向未来的'新'事物和西方的'新奇'事物的追求。"② 传统儒学发展到梁启超时,便呈现出了一种崭新的构建方式,即个体、群体、社会、国家、世界方向的新维度。

梁启超建构儒学的第一个维度是个体之维。在传统儒家的观念体系中,个人虽具复杂性,但个人独立的心性是自主之人的承载体。近代之人在现实中身陷囹圄,心性意识、个性情感被压抑于躯体之下,长期处于被束缚、顺受的状态。梁启超洞悉如是,试以"有为"的精神,唤起人心的觉醒,并将人心的自觉外化为治理的实践能力,击破人的奴隶心性及封建君权的压迫。如此,"小我""大我"在建构意义世界中的作用已不言而喻,梁启超对"小我""大我"赋予私德、公德的精神源泉外,更试图在群体政治秩序中建立一套国家规则,以确保新民理念的充分实现。由此,梁启超所代表的近代新儒家转向对个体之维的关注,关注"我"及其与社会、国家及世界之间的关系。这一系统关联涵盖人的心性践行、道德尊严、精神追求、国家及世界认同等面向,旨在促成儒学内在的超越发展。个体性除有个体自主性、独立性外,最突出的就是个体道德性。中国传统儒学的"成人"思想即代表着对独立人格的重视和完善,而因为道德是个体人格完善的外显特性,所以个体人格生成的路径在于塑造道德本身。传统儒家的个体道德观念固守私德,如"独善其身"的道德,"温良恭俭"的道德,"忠信笃敬"的道德等,然而这些并没有发展出一个现代政治意义上的"新民"。"新民"相对于国家和共同体而言,是个人在现代社会中存在的方式。所以,重塑新民的道德观念不仅是现代国家

---

① 李喜所编:《梁启超与近代中国社会文化》,天津古籍出版社 2005 年版,第 424 页。
② [美] 费正清:《剑桥中华民国史:1912—1949 年》(上卷),中国社会科学出版社 1994 年版,第 562 页。

第一章　历史与嬗变：梁启超儒学的思想起源

与社会的意识形态的表现，也被梁启超视为内圣之道的道德重建。

群体之维是梁启超建构儒学的第二个维度。这一维度又可大约分为新的家族、社群和国群这几个层次。在儒家的群体观中，个体与群体（自我与社会）之间是一种既存在又超越的关系，深入社群的同时方能成就鲜明的自我。如果说梁启超的个体维度注重内在意志、内在情感、内在价值、内在趣味及幸福感的隐性个体发展，那么群体维度则更倾向于将儒家的个人发展，转变为一个现代社会意义上的权利和义务对等的全面发展。鉴于晚清社会处于君权社会瓦解、社会过渡的时期，梁启超意识到，民心和民德只有找到发挥其作用的理论化方式，传统文化的精神才能落实到现实中。梁启超受日本群说（社会学）和民族主义的影响，认为对群体发展而言，一方面要保持独立的群体人格；另一方面群体在享受权利的同时，还要承担广泛的责任和义务。也就是说，自我的实现需要与群体和社会、国家利益之间建立完善的关系网络。

国家之维是梁启超建构儒学的第三大维度，也是不可或缺的重要维度。具体包含国家主权和国家权利两个向度。戊戌变法之后，梁启超阅读日本中村正直[①]译书，在《自助论》里讲："国所以有自主之权者，由于人民有自主之权，人们所以有自主之权者，由于其有自主之志行。"[②] 他陆续发表了《论近世国民竞争之大势及中国之前途》《放弃自由之罪》和《国权与民权》等文，开启了一个环绕着国家观念的新论域，这与他接触德国伯伦知理的国家论有密切的关联。梁启超将国家理论奠基在他重新梳理的公私观念之上，从而破除中国千年"以国家为彼一姓之私产"的弊端。他的"公"不仅有着传统"正道"的意义，还有着全体国民共享的内涵，"公"字彰显出现代国家的特质。

---

① 梁启超称中村正直为维新之大儒，主要译著有《论自由》《西国立志编》等。
② 梁启超著，吴松等点校：《饮冰室文集点校》，云南教育出版社2001年版，第2259页。

世界之维是梁启超建构儒学的第四大维度。清末经世实学的兴起，士人关注实际问题的解决，试将儒学上升到治国之术的实践中。治国之术，是近代的保国救国之术，更是国家现代化过程与世界接轨的治国之术。梁启超在康有为三世说的基础上，提出"三世六别"说，他的大同世界主义思想基本形成。戊戌变法后，梁启超转向民权共和、君主立宪的国家主义主张，反思民族主义国家步入现代化过程中的作用。1920年后他寻求一种"新世界主义"，与他的国家理论相互支撑，既可立足现实也可展望未来。他的"新世界主义"是一种植根于儒家思想的中国的"世界主义"，可利于治疗西方工业化发展中出现的各类肿瘤恶疾。"新世界主义"的目标，是对传统"天下为公"大同理想的升华，但它不是简单地追求天下大同的想法，而是一种与文化民族国家主义相呼应的、展望未来的、更加积极的新"天下主义"。新"天下主义"向往着"全人类大团体"的理想，而"仁"是实现这一理想的根本推动力。最终，梁启超对于世界的展望，是从世界之人的人格和同类意识来架构仁的全人类社会。"新世界主义"并非超越国家的非现实主张，而是对国家现实存在的肯定，是对全民精神世界的美好寄予。

第二章

破茧与启蒙：内圣之道的超越图景

传统儒学之内圣，描绘君王的圣贤高德形象；外王则以圣贤尽民心、创民福为行为旨趣。内圣与外王的结合，象征"修、齐、治、平"四个环节像行云流水，顺德流行，渐入天下化成之境。近代鉴于特殊的历史境遇，传承并创新"内圣外王"的理路，成为梁启超思考与努力的方向。他在传统典籍中求取变革的理论依据，为改革提供哲学思维，维新变法虽最终为一场失败的政治变革，却在文化观上自此呈现了一种"世界文化"的向往。他曾在《南海康先生传》中批评康有为虽有"个人的精神"和"世界的理想"，却缺少立足于国际竞争舞台上必须的"国家主义"。

为弥补这一遗憾，梁启超的"内圣之道"博采旁收、思虑久远且势在必行。在中国传统中，"民"定义为被统治者。梁启超将"内圣之道"中道德规范的主体设定为"民"，"民"由客体转向主体身份。他的这种思考暗含近代以西方民主之"公"来拯救君主专制之"私"的社会契约精神。他的"新民本"思考范式，可以说是他整个哲学体系的精髓，即以"心"为哲学导向，以"民"为道德主体，以"行民本主义精神"的实践精神，步入一个文化发展的质的飞跃阶段。这一超越传统的思考范式，表明"内圣之学"不能仅靠"格物、致知、正心、诚意、修身"的功夫来完成，应补给现代科学以充实己身，"内圣之学"最终才能真正走上"外王之道"。梁启超追求的内圣之道超越图景划分为四大部分：心灵超越、道德超越、精神超越及境界超越。

梁启超的心灵图景主要指他的"心"论，是梁启超对儒家心性之学的再思考，即心是民德之源，是国性之魂，是国风之魄，心与世界主义相连。作为近代新儒家的开启者，梁启超自然不会忽略对心性之学的研究与体认。在研究"心"的相关哲学问题时，梁启超注意到"心"在人伦秩序运行的作用。梁启超提出"学者当思国之何以弱，教之何以衰，种之何以微，众生之何以苦"[①] 的缘由，才能指引中国向何处去的方向。在千百年封建文化的熏染下，国人长期处于奴性、愚昧、为我、好伪、怯懦、无动的恶劣民风之中，致使国人爱国之心薄弱，毫无凝聚力和斗争精神，从而使国家陷于贫弱的深渊。为利于国人众志成城冲破封建魔障，创化时代需要的人文精神，梁启超总结出"治天下之大本二：曰正人心，广人才"[②] 的办法。国家物质经济层面的富强，除需人才的兴盛外，亦需为人提供精神支撑与心灵给养，国家的发展才能步入正道。否则，国如一盘散沙，民如行尸走肉，中国何以栖身于世界之林中？因此，梁启超倾向于从"正人心"入手顾全大局，关注国民生存之道，国家治理、发展之道，寻求治理国家实现自由、富强、民主的良方。他相信，只有摒除掉庶民身上的奴役心性，唤醒国民自觉的人心，才能突破民自视为奴隶的精神瓶颈，创建有美好精神形象的国家。因此，祛除庶民所具有的劣根性、

[①] 梁启超著，吴松等点校：《饮冰室文集点校》，云南教育出版社2001年版，第201页。
[②] 梁启超著，吴松等点校：《饮冰室文集点校》，云南教育出版社2001年版，第44页。

奴隶性，祛除滞留于庶民心理蒙蔽的封建魅惑，尽现人心的美好良善，是他重建人心的第一缘由。

随之，他围绕"心"的哲学论域逐层递进、逐步展开，这些是梁启超儒学思想之根基，亦是他建构"内圣外王之道"的前提。但他谈论之"心"并非传统儒学意义上的心性论，而是带有向现代儒学过渡意义上的"进化"心性论。梁启超对"心"的理解有四个层面：一是从"惟心"的哲学概念入手，强调本体论意义上的"心"，具体表现为"三界惟心""仁者心自动"的释义；二是在人生哲学意义上的"心能进化"，以人性的"自觉意志"为鹄的，心具有了开拓现实世界的能动力；三是在道德哲学意义上的"心系国魂"，心是自由意志与良知良能的统一，心终为民族意志力的塑造服务；四是在推进历史进步意义上的"心"，饱含情感的力量、文化精神的力量、世界主义精神的力量。

第一节 破茧与导向：内圣之道的心灵图景[①]

以往研究近代哲学的学者，或认为梁启超强烈要求培养独立自由的人格，反对奴性，却陷入片面性，导致唯心主义[②]；或关注梁启超的心物关系论，但仅夸大"境者心造"中的意识作用；或单独评价梁启超的"非唯"论，斥其为存于唯物主义与唯心主义之间的中庸哲学。其实，用西方"唯心主义""唯物主义"或"中庸主义"等词汇来评判文化传承与发展中的儒家哲学，本身就是有失公允的，何

[①] 本章节主要内容发表于《西安交通大学学报》（社会科学版），原题为《梁启超"惟心说"新解》。

[②] 冯契：《中国近代哲学的革命进程》，上海人民出版社1999年版，第162页。

况人物思想的研究更应综合文化背景、历史素材、政治环境、经济制度等相关要素，才能更加客观地评价业已过往的人物主张。由此，本节从文化史观的视角结合相关要素，探讨梁启超的心论，以期对当代的国家建设，提供更多有益的参考。

一 "惟心"缘起

鸦片战争之后，启蒙思想家受西学的影响，开始对宋明理学"以孔子之是非为是非"的官学地位产生质疑，激起了大众对"君贵民轻"封建专制主义的反思。民主和科学的大肆鼓吹，使中国传统文化受到猛烈的冲击，开始自我调适，逐步走向近代意识发展的转型之路，但仍旧面临无法摆脱的现实困境。首先，中国古代"天人合一"的思维方式完全被瓦解，人与客观世界不再被视为一个有机的整体，面对支离破碎的现实，人的主观思维必须解除禁锢。其次，哲学家们要谋求中国社会当下和未来的发展，必须以认识客观事物、当代世界为前提，解决"知与行"的思维矛盾，探索中国该走向何处、如何发展的道路。最后，中国传统革命精神与西方近代革命思想的冲突，表现为传统的三代之制与西方的自由、平等、民主等意识形态的冲突。不仅如此，对中国传统文化内部而言，也存在着正统论与革命观的文化冲突①。

阳明心学具有突出的个体性、主张"知""行"的实践品格，符合改变近代中国矛盾丛生、人人自危且麻木不仁的特殊历史现状，所以在近代中国得以重振与发展。以龚自珍、谭嗣同、严复、康有为、章太炎等人为例，他们都热衷于阳明心学，注重人主观意志的作用，都试图借助"心力"唤醒国人的民主意识。有的思想家沉浸在文化传统中，试图在"天道"与"人道"之间探求新出路，如龚自珍取

---

① 梁启超视"正统"说为中国传统史学中第一大谬误之论。参见陈学凯《正统论与革命观——中国传统政治文化的调节机制》，陕西人民出版社1998年版，第53—55页。

第二章 破茧与启蒙：内圣之道的超越图景

《易》中通变的精神，为"天道"寻求变化的依据。有的思想家沉迷于传统文化与西方学理间的"糅合杂交"，如谭嗣同把西方自然科学中的"以太"（传播光的媒质）等同于"心力"，并视为万物变化的本原；康有为将"以太""仁心"看作推动社会进化、到达大同之世的精神之源；章太炎掺杂西方唯意志论，以"自尊无谓"来论述"心力"。不论是龚自珍的"心为依止"，谭嗣同"以心挽劫"，还是严复"以心亲物"的主张，抑或康有为"人为天地之心"，章太炎"自贵其心"的思想，"心力"都被赋予本体论的意义，彰显出巨大的社会效能。

近代启蒙思想家欲以阳明心学力挽狂澜、改造人心风俗的目的昭然若是，而这些围绕"人心风俗"而畅言的"心力"论，目的在于冲破"天人合一"的宇宙思维，还为鼓舞民心、以创未来。龚自珍、魏源为主的改良派，秉持"变器不变道"的主张，比附现实的今文经学，以"公羊三世说"为理论基础，力主变法。然而，改良派将"整肃人心"的思想局限于官僚士大夫阶层，并未动摇社会制度层面，不免会走向失败。同样，洋务运动前后，中国数十年学习西方的实践是属于封建地主阶级的自救改革，没能代表"民众"的利益，未使中华民族再现辉煌。所以说，近代以西学、西政来"补阙""起疾"及"师夷长技以夷制夷"的器物主张，最终只是弃其本而求其末的权宜之计。

康有为、梁启超作为维新派的代表，继而举起"整肃人心"的大旗，主张以和平方式改造旧社会，建立资产阶级新社会。梁启超与康有为一样注重"道德之心"的作用，曾在《蔡松坡遗事》中称，在时务学堂时期，"教学法有两面旗帜，一是陆王派的修养论；一是借《公羊》《孟子》发挥民权的政治论"[①]他以"心学"与"民权"

[①] 丁文江、赵丰田：《梁启超年谱长编》，上海人民出版社2009年版，第55页。

为旗帜，注重内圣外王之学，而且宣示了他托孔孟之言变法的政治用心。1898年，梁启超在《读〈春秋〉界说》中，以"保民为孟子经世宗旨""不动心为孟子内学宗旨"为小标题，明确指出："孟子言民为贵，民事不可缓，此全书所言仁政、所言王政、所言不忍人之政，皆以为民也。泰西诸国今日之政，殆庶近之，惜吾中国孟子之学之绝也，明此义以读孟子。"① 稍后在《读〈孟子〉界说》中提及："孟子专提孔门欲立立人，欲达达人，天下有道，某不与，易之宗旨，日日以救天下为心，实孔学之正派也。"

由此可见，梁启超视野中的"道德之心"有"经世"与"内学"的双向内涵，其宗旨包含两层深意：一是心思与民意相连，从心力出发的自由意志融合了儒家传统的经世致用精神，并与知行观相统一，从而引发了一系列的国家学说。二是梁启超试图借孔孟道义唤醒天下民心，为民请愿，创开明之世。他认为孟子讲"不动心"是一种修养境界，涵养心志，养浩然之气，是为"王政、不忍人之政"②。这两层意思，恰好与他在1898年《湖南时务学堂学约》中所倡"养心者，治事之大原也"③ 的经世思想相一致。

梁启超所追求的"养心""治世"与大学之道相符。诚如《礼记·大学》所载，"大学之道，在明明德，在亲民，在止于至善"④，传统儒家以"亲民"为始的文化根基，与学术历史、道德风化、政治策略相连，至善的治国之路实为君主追求的大道。如此，梁启超延续了儒家心性学说及经世致用的传统，以匡正人心、复明人伦为志。不同之处在于，传统儒家将德性与理想融合为一，梁启超则注重

---

① 梁启超：《饮冰室合集：典藏版：全40册》，中华书局2015年版，第222页。
② 梁启超：《饮冰室合集：典藏版：全40册》，中华书局2015年版，第222页。
③ 梁启超：《饮冰室合集：典藏版：全40册》，中华书局2015年版，第156页。
④ 阮元校刻：《十三经注疏：清嘉庆刊本》，中华书局2009年版，第3631页。

"养心"与"治世"的经世途径，其用意显然是要从传统中攫取一条实行变法的新路。近代启蒙思想家受资产阶级伦理学说和社会学说的影响，对于变法理论存有不同的表述，谭嗣同批评龚自珍、魏源"变器不变道"的理论，严复批判"中体西用"的主张，他们都以西方的进化论作武器来反对天命史观。"中体西用"的模式不被人看好的原因，是这一模式对西方文化、文明的接受持的是有限性态度，只能见之于使用，不可采纳于思想观念。① 梁启超借进化论之精神，将其与中国社会政治制度、历史观念和文化稳定密切相联，打破了传统的天道宇宙观，为后来开创的"新民说"及国民改造的思想奠定了理论基础。

戊戌政变后，梁启超流亡日本，开始编《清议报》，在发表《续变法通议》等一系列为变法自辩的文章后，其写作思想发生很大变化，致力于《戊戌政变记》《国家论》《自由书》等新著作的写作。实际上，梁启超所述的道德起源追溯至他在《自由书·惟心》中对心物之境的描述，此文原载于1900年3月1日《清议报》第三十七册，作为1902年至1906年《新民说》前奏的哲学篇，《自由书·惟心》为其《新民说》树立了哲学思维的风向标。"惟心"二字，因循《说文解字》解："惟，凡思也，从心隹声"②，实为思心之意。在文中，梁启超试图借助于对"心境、物境、养心、物役"③的描述，给予"养心之学"一种全新的解读，并从中得出这样的总结，即：第一，仁者心自动，是三界惟心之真理；④ 第二，"知我"是破除"物

---

① 黄力之：《论"中体西用"模式的重估与重构》，《学术界》2020年第1期。
② （汉）许慎撰、（宋）徐铉校定、愚若注音：《注音版说文解字》，中华书局2015年版，第218页。
③ 梁启超：《饮冰室合集：典藏版：全40册》，中华书局2015年版，第4811页。
④ 梁启超：《饮冰室合集：典藏版：全40册》，中华书局2015年版，第4811页。

役"的良药；① 第三，知"除心中之奴隶"之义，人人皆可以为豪杰②。此三结论是逐层递进的关系，分别论述了养心之学的内涵、作用、意义三个层面，继而证实"三界惟心"。

梁启超笔下的"三界惟心"承袭了阳明心学之"心外无物"说，"心"仅停留在精神领域，他理想中的"仁者心自动"，吸收了儒、佛的心境之说，却不同于佛教的"空"，异于宗教的"虚无之境"。梁氏意向中的"惟心所造之境"为真实，"三界惟心"却又"实有其理"，这体现出他精神思维中的矛盾：一方面，他对人的"主体思维"的眷顾，并未摆脱中国传统心灵境界的束缚；另一方面，梁启超开始思索"心"如何通往"真实"之路，在思辨的这条道路中痛苦地挣扎着。今人蒙培元说："只有心灵境界说才是中国哲学的精神所在"③，心灵境界在梁启超初期的"惟心"之思中表现突出。

二 心系国魂

既然武士道精神是日本魂，找到"中国魂"就成为国势强盛的关键因素，梁启超从心路开始追索"国魂"，1899年《清议报》第33期上他发表了《自由书·中国魂安在乎》，为《自由书·惟心》的姊妹篇。1902年上海广智书局以《新民说》部分内容、《少年中国说》《中国积弱溯源论》《论国家思想》等系列文章共计12篇，编辑成《中国魂》一书出版。④ 梁启超指出："中国魂者何？兵魂是也。有有魂之兵，斯为有魂之国。所谓爱国心与自爱国心者，则兵之魂

---

① 梁启超：《饮冰室合集：典藏版：全40册》，中华书局2015年版，第4812页。
② 梁启超：《饮冰室合集：典藏版：全40册》，中华书局2015年版，第4812页。
③ 蒙培元：《心灵超越与境界》，人民出版社1998年版，第74页。
④ 郑师渠：《梁启超的中华民族精神论》，《北京师范大学学报》（社会科学版）2007年第1期。

第二章 破茧与启蒙：内圣之道的超越图景

也。"① 他表达出对国家与国魂共同建构的渴望，这样就解释了他所言"不可无其药料与机器，人民以国家为己之国家，则制造国魂之药料也；使国家成为人民之国家，则制造国魂之机器也"② 的深意，他坚信人民内心的觉醒和意志力是创造国魂的关键，只有当"己"成长为有新思想的人民，且具备独立自治能力与自治精神，国才能立于天地。

塑造国魂的关键首先在于民族主义精神的确立。早在1899年在《东籍月旦》一文中，梁启超已经提出"民族""民族主义"的想法，区别于康有为、章太炎的"国粹论"，实质是为维护国家主权，主张对外反帝、独立于世界的中国民族主义。民初时期，梁启超回归本位文化，倡导文化民族主义，他对民族主义的诉求远远高于中国的政治民主，其自由主义思想以国家利益为首位，抵触西方自由主义完全崇尚个体的价值内核。基于这种反思，梁启超将儒家的人格心性学说创造性地与国格、国性、国风等国家建设思想相结合，超越己身来实现新的现实转化。

首先，梁启超对理想人格的近代阐释可谓返璞开新，他希望通过知、情、意等内心活动实现自觉的道德教化，唤醒民族心而达到群心凝聚的国格境界。1902年他在《论中国国民之品格》开篇倡言："品格者，人之所以为人，藉以自立于一群之内者也。人必保持其高尚之品格，以受他人之尊敬，然后足以自存，否则人格不具，将为世不齿。个人之人格然，国家之人格亦何莫不然。"③ 梁启超的人格说富含群体性精神，他追求的理想人格是一种国家人格，接着在1915年《敬举两质义促国民之自觉》一文中，提出"吾先哲所谓'自知者

---

① 梁启超：《饮冰室合集：典藏版：全40册》，中华书局2015年版，第4804页。
② 梁启超：《饮冰室合集：典藏版：全40册》，中华书局2015年版，第4804页。
③ 梁启超：《饮冰室合集：典藏版：全40册》，中华书局2015年版，第1209页。

明'即其义也"①,"知、情、意"在各种自觉心的觉醒过程中,成为促成个人认知的催化剂,个体的自觉心转化为具有国民之自觉、中国人之自觉、民族精神之自觉、民主精神之自觉的国家心理。既然鲜活的自觉心为民族复兴的支撑力量,就应成为国魂的主导意识,这种想法与前述"仁者心自动"颇有异曲同工之妙,心饱含了心能进化的自觉能力。梁启超彰显国家主义的文化自觉,目的为突破传统儒家"己立立人""己达达人"等尽性理想在实践时的局限性。

其次,梁启超主张将具有儒家特色的意识形态灌输到社会生活之中,以求国家社会的长治久安,实则,这种主张就是倡导"风"与"化"的统一。1910年梁启超在《说国风》中说:"《易》曰:风以动之。又曰:挠万物者莫疾乎风。《论语》曰:君子之德风,小人之德草,草上之风必偃。《诗·序》曰:《关雎》,风之始也,所以风天下也。"②反映出他对君子德风的重视,社会民风需要社会精英影响民众,这与此前梁启超提出以宋明理学家之修身功夫为主的"文化风俗"明显不同。他还强调:"夫国之有风,民之有风,世之有风,亦若是则已耳。其作始甚简,其将毕乃巨。其始也,起于一二人心术之微,及其既成,则合千万人而莫之能御。故自其成者言之,则曰'风俗',曰'风气';自其成之者言之,则曰'风化',曰'风教'。"③所以,促成整个社会形成良好的道德风气,需要社会行为准则的形成,还需要有创造社会的共同心理,只有当社会心理与社会道德目标一致时,风化的效果才能发挥至最大。

再次,梁启超树国民之性,立国之魂魄。一方面,国风是国性的外显;另一方面,他的"国性"论是为驳斥"亡国"论,目的在于

---

① 梁启超:《饮冰室合集:典藏版:全40册》,中华书局2015年版,第3304页。
② 梁启超:《饮冰室合集:典藏版:全40册》,中华书局2015年版,第2607页。
③ 梁启超:《饮冰室合集:典藏版:全40册》,中华书局2015年版,第2607页。

帮助国民确立"自觉心",锲而不舍地要"为故国招魂"。在1912年在《国性篇》中他说:"国之所以与立者何?吾无以名之,名之曰国性。"[1] 继而在1915年《〈大中华〉发刊辞》中指出:"国之成立,恃有国性,国性消失,则为自亡。"[2] 国性就是国民精神、能力总和的代名词,亦是民族主义赖以成立的基础,而国性的具体作用在于"沟通全国人之德慧术智,使之相喻而相发,有政治哲学的倾向"[3],并以"语言、文字、思想、宗教、习俗,以次衍为礼文法律"[4] 的形式表现出来。梁启超从历史文化角度来探讨中国不亡的各种根据,民族文化精神作为"魂"的凝聚之地,其精神特性与国性相通,终为一国之"向心力"。

最后,新民后期梁启超以修身之道进行德育重建,1912年在《中国道德之大原》一文中,他则注重国民道德或国民品性问题,并提出"吾以为道德最高之本体,固一切人类社会所从同也"[5] 的道德重建原则。如他自己所总结:"岂知信条之为物,内发于心,而非可以假之于外,为千万人所共同构现,而绝非一二人所咄嗟造成。"[6] 他顾及多数人之心理制定道德信条,认为一切道德从"报恩""明分"和"虑后"三念而出。此时梁氏对心物的描述介于道德认知的范围,寄托于千万人的"群心"集成,而为生民立命。

从外部环境而言,梁启超为彰显民族文化的整体性,"群为邦本"的治国理念成为国魂说的道德标语及实现之策。国魂说围绕着一国信仰而展开,在内容上侧重历史传统、人生哲学、政治理想、国民心理

---

[1] 梁启超:《饮冰室合集:典藏版:全40册》,中华书局2015年版,第2974页。
[2] 梁启超:《饮冰室合集:典藏版:全40册》,中华书局2015年版,第3347页。
[3] 梁启超:《饮冰室合集:典藏版:全40册》,中华书局2015年版,第3347页。
[4] 梁启超:《饮冰室合集:典藏版:全40册》,中华书局2015年版,第3348页。
[5] 梁启超:《饮冰室合集:典藏版:全40册》,中华书局2015年版,第2828页。
[6] 梁启超:《饮冰室合集:典藏版:全40册》,中华书局2015年版,第2828页。

等内容，突出国家以具体历史积累为主的民族精神和文化特征。不难看出，梁启超将民族团结、国家统一视为中国的立国之本，并将"公德""私德"融于中华民族的"精神传统"，他势必站在传统与现代互补、中西互补的道德重建高度，对国格、国性、国风予以文化整合，极力打造符合近代以来的理想道德体系，为近代救亡图存、国家重建贡献己力。梁启超作为追求近代新制度思想的先驱者，也未放弃立足于传统文化兼容并包的扬弃，其主要原因在于，担心中华民族独立的民族精神的逝去，防止西方文化的全盘西化与征服。在新旧交替的过渡时代，梁启超很难摆脱这种亦新亦旧的人物角色及心理。

值得注意的是，梁启超对"心"的阐扬充斥着国家意识的人格气象，国民独立精神、自由意志成为他弘扬国魂说的主旋律，更是建构国魂的内在保障。他对阳明心学朦胧意志的情愫，上升为对自由意志的深深迷恋，从而逐步走向现实的教化之路。在1915年《孔子教义实际裨益于今日国民者何在欲昌明之其道何由》中，梁启超赞"孔子教义适于今世之用"[1]，认为今日中国应望诸个人，感慨道："夫诚国中人人有士君子之行，则国家主义何施不可。"[2] 他否定个人主义教育，肯定个人道德学问应以孔子养成人格之旨，使之自力自达，这里他从"共同体""社会""国家"的视角出发规范个人德行，独特的"民主式"儒家伦理主张顷刻而出。在1918年《自由意志》中，他把自由意志与良知良能视作一对孪生姐妹，共同渲染国民的道德世界，但个人道德需受限于自由意志，也将自由意志设定于国家利益范围之内。次年，梁启超在读《孟子》记中表示"有自由意志，然后善恶惟我自择，然后善恶之责任始有所归也"[3]，"自由意

---

[1] 梁启超：《饮冰室合集·典藏版：全40册》，中华书局2015年版，第3324页。
[2] 梁启超：《饮冰室合集·典藏版：全40册》，中华书局2015年版，第3331页。
[3] 梁启超著、夏晓红辑：《饮冰室合集》集外文（上、中、下），北京大学出版社2005年版，第778页。

志"是"善恶自择"的实质和灵魂,责任则为孔孟教化的体现和证实,最终,孔子教义通过心的自由意志功能成为构筑国魂的核心内容。

梁启超对国家思想道德体系的建构,是以心物论为先锋、"民本"为基础,渐变出中西互补、新民之道、文化民族主义的不同过程。他始终明了,心物关系是人面对己身及环境矛盾纠葛的现实思考,未来之路依旧铺满荆棘,而不同道路的选择是"过渡时代"必须经历的过程,心物论必是未来能够披荆斩棘的认识论和方法论。

三 心能进化

梁启超面对日本与中国的现实差异,他深刻体会到,福泽谕吉所说的"文明之精神"远远甚于"西洋化之物","文明之精神"才为"变法之本源"的道理。[1] 处于奴役地位的庶民,何谈中国之文明精神。梁启超早在1899年《自由书·文野三界之别》中提及:"善治国者,必先进化其民"[2],进化其民的关键在于进化其心。《新民说》中继续发出"夫吾国言新法数十年,而效不睹者何也?则于新民之道未有留意焉者也"[3] 的感叹,他以西方进化主义的精神求"变",提出"势必向心"[4] 的心能进化思想,心被赋予了转向现实、开拓"新民之道"的能动力。从此,"心"降落到地面,人性的自觉被唤醒,新民成为文明精神的载体。

梁启超提出的这种"新民之道"是近代政治伦理哲学的典范,它包含人生哲学和政治哲学两方面内涵,一是破除奴性的新民德体系;二是西方自由民主的一整套思想观念与价值。推行"新民之

---

[1] 郑匡民:《梁启超启蒙思想的东学背景》,上海书店出版社2009年版,第68—69页。
[2] 梁启超:《饮冰室合集:典藏版:全40册》,中华书局2015年版,第4775页。
[3] 梁启超:《饮冰室合集:典藏版:全40册》,中华书局2015年版,第4984页。
[4] 梁启超:《饮冰室合集:典藏版:全40册》,中华书局2015年版,第5037页。

道",首要之急便是从"知我"开始,化解心中奴役,正如"知有物而不知有我,谓之我为物役,亦名曰心中之奴隶"①。既然"知我"为摆脱"物役"的治世良药,那么,"知我"就应对主体的"身心""心物二界"有客观的体验和认知,"心"才能到达儒家"修己安人"的社会功用层面,免除被奴役的苦痛。而这些体验和认知是围绕"庶民—国民"概念及其相关理论的变化而逐步展开、深化的。《新民说》更是旗帜鲜明地强调一种以"个体意识"的觉醒为基础,以"国民"而非"庶民"作为单元构成的国家观念。②

对梁氏而言,"知我"与"国民道德"并备,是化解心灵之矛与现实之盾的前提。1898年年底到1903年年初,梁启超在《清议报》和《新民丛报》上发表了大量文章,宣传西学,抨击当时的守旧派,在此时期的梁启超自觉地脱离了宋明儒学的脉络,开辟一条近代中国发现、拥抱现代西方文明之路。文明之精神与一国之道德境遇密切相关,他秉持的"烟士披里顿"③ "浩然正气"④ "进取冒险之心"⑤,是促成新道德境遇的心能要素。分析三者,"烟士披里顿"(inspiration)在《自由书·烟士披里纯》中被定义为创造的灵感、激情,在《新民说》中,它作为热诚的至高点,能"感动人驱迫人使上与冒险进取之途者"⑥;进取冒险的精神是国家民族优强的原因;"浩然正气"具有进取冒险之性质,乃集义所生,能使进取冒险之心充满正能量,人不会误入歧途。这三者凝聚起来,是"知我"从而破除奴性的前提,也是支撑道德革新的精神源泉。

---

① 梁启超:《饮冰室合集·典藏版:全40册》,中华书局2015年版,第4812页。
② 胡伟希:《中国近现代思想与哲学传统》,浙江工商大学出版社2009年版,第160页。
③ 梁启超:《饮冰室合集·典藏版:全40册》,中华书局2015年版,第4836页。
④ 梁启超:《饮冰室合集·典藏版:全40册》,中华书局2015年版,第5007页。
⑤ 梁启超:《饮冰室合集·典藏版:全40册》,中华书局2015年版,第5007页。
⑥ 梁启超:《饮冰室合集·典藏版:全40册》,中华书局2015年版,第5009页。

第二章　破茧与启蒙：内圣之道的超越图景

此外，身心与国家利益的现实冲突，更需要对"物境"反思与重构，梁启超的"破除心奴"说便在新的家族、社会、国家为感知的场景中，以新的"知我"形式表现出来，以期培养出良好的道德境遇。梁启超深知，人类的历史是"由一人之竞争而为一家，由一家而为一乡族，由一乡族而为一国的过程"①。从历史的角度而言，国在清末逐渐取代家的地位，成为身的新统治者。传统"三纲"的禁锢主义已经脱离时代的情境，中国古代式"家本伦理"②的地位受到冲击，国群主义则成为更高层次的道德伦理。如此，化解一切矛盾，实现自我价值且成就万物，亟需变革。梁启超在《释革》（1902年12月）中说，"变革也，岂惟政治上为然耳，凡群治中一切万物莫不有焉"③，他所谓的释革是一场风靡大革命，除政治革命外，还伴有一系列的道德革命、风俗革命、学术革命、史学革命等，否则"我国将被天然淘汰之祸，永沈沦于天演大圈之下，而万劫不复耳！"④ 可以说，"新民之道"所隐喻的道德境遇与道德革新是一对矛盾统一体，实行大变革的目的在于改变当时普通国人麻木的"无心"状态，创造更好的国家道德境遇。

梁启超对变革的诉求，折射出强烈的国家危机意识，并以"群"的意识表现出来："人也者，善群之动物也。人而不群，禽兽奚择"⑤，他的"群"借鉴了儒家社群主义与日本群学（社会学），并以西方自由民主为支撑，赋予人民权利。他还强调说："道德之精

---

① 梁启超：《饮冰室合集：典藏版：全40册》，中华书局2015年版，第5000页。
② 家本伦理为中国哲学的应有之义。参见张再林《中国式"家本伦理"的三重内涵》，《中州学刊》2014年第7期。
③ 梁启超：《饮冰室合集：典藏版：全40册》，中华书局2015年版，第792页。
④ 梁启超：《饮冰室合集：典藏版：全40册》，中华书局2015年版，第794页。
⑤ 梁启超：《饮冰室合集：典藏版：全40册》，中华书局2015年版，第4994页。

神,未有不自一群之利益而生者,苟反于此精神,虽至善者,时或变为至恶矣。"① 道德之心始于群体之心,群德为人与兽的根本区别,是维系群体利益最基础、最稳定的情感约束。这意味着,具有群体性格的社会道德,与共同体之上的社会利益、国家利益相连。如何实现自由平等的国家关系?首先需依靠己德、群德进行道德整合,从而真正完成"新民德体系"。面对传统道德中"束身寡过"的状况,梁启超继"新民德"后转向国家的"公德"说,印证了他所谓"知有公德,而新道德出焉矣,新民出焉矣"②的想法。

1903年正月,梁启超应美洲保皇会之邀,游历美洲,十月返回日本后,将日记加工整理,辑为《新大陆游记》,及此后1904年所写《新民说·论私德》,1905年发表《德育鉴》与《节本明儒学案》,都表现出其新民思想的急速转变。美国之行他考察了旧金山华人区,此地虽以西方文明形式存在却仍是旧时的中国社会,他感受到中西文化更为激烈的矛盾冲突,于是重新思考中国面临的真正困境,由此改变了他的政治主张及道德立场。在政治上,梁启超公开声明放弃流亡初期对卢梭"民约论"的拥戴,转而接纳了伯伦知理的国家主义理论,也即从激进的"民权""革命"共和立宪转而认同保守的君主立宪,甚至蜕变到主张"开明专制"。③ 在道德立场上,一是在《论私德》中首先提出"是故欲铸造国民,必以培养个人之私德为第一义"④;二是强调由"渴望发明新道德"⑤ 转而"吾祖宗遗传固有之旧道德"⑥,大力宣扬传统道德,他尤为肯定王学对日本明治维新

---

① 梁启超:《饮冰室合集:典藏版:全40册》,中华书局2015年版,第4997页。
② 梁启超:《饮冰室合集:典藏版:全40册》,中华书局2015年版,第4997页。
③ 段江波:《危机·革命·重建:梁启超论"过渡时代"的中国道德》,广西师范大学出版社2008年版,第240页。
④ 梁启超:《饮冰室合集:典藏版:全40册》,中华书局2015年版,第5101页。
⑤ 梁启超:《饮冰室合集:典藏版:全40册》,中华书局2015年版,第5113页。
⑥ 梁启超:《饮冰室合集:典藏版:全40册》,中华书局2015年版,第5114页。

的作用，赞赏吉田松阴、西乡隆盛等"日本革命之豪杰"，并称其皆为"朱学、王学之大儒"；三是认为日本"大和魂""武士道"的尚武精神，中国古已有之，传统文化中的中国魂精神正待复苏。

梁启超创造性地将"心能进化"与"新民之道"相结合，这一切深意都寄予在梁启超关于"民族"和"国家"的臆想中，他所谓的民主或国家利益更倾向于哲学上的抽象概念，并以个人为形象进行填充，正如他在《新民说》序言中所表述的那样，个人与国家是四肢与身体整体的关系，这样，个人的修养践德就成了国家道德体系和政治伦理的重要组成部分。梁启超希望从传统之中，去芜存菁，融入西方文化的优点，走出一条再造文明的路，他所预设的"新民之道"，在晚清以"国民"来铸造"国魂"，"五四"前后则强调"国性""民族精神""新世界主义"。事实上，其对新民的道德探讨也影响至陈独秀、毛泽东等一系列人物的思想发展。

四　心向道术

历史不是单向的时间流动，鲜活的生命在历史中往往存有精神超越性及文化创造力，其意义远远大于历史长河中的某个时间点所包含的物质内容。尤对中国这样一个悠久的东亚文明中心而言，西学的冲击万不可能麻痹近代知识分子，自诩为思想巨人的他们，用文化论战的方式回应东西方的价值冲突。这一现象，以1915年至1927年的中西文化论战表现为最，杜亚泉、章士钊、梁启超、梁漱溟等作为东方文化派的代表，投入捍卫传统文化的论战中。

"情感"（心）与"科学"（物）之辩成为东西文化论战的哲学焦点，补充了心物论新的形式及内容。杜亚泉和章士钊代表了五四文化保守主义的开端，二人在1918年前后都宣传新旧调和论。真正的转向始于梁启超1918年12月底至1920年3月两次考察欧洲战场。

面对欧洲极度物化的恶果，他在《欧游心影录》中宣告"科学为万能之梦"①，掀起轩然大波，科学的恶端在于：绝对物质化的人生观会否定人的自由意志，何谈道德；没有道德的情感世界，生命之花会走向枯萎；物的更迭，真理及权威意识随之改变，心无所托。欧洲一味追求富强，工人生计如牛马般不堪，其原因在于西方功利主义、物质主义造成道德的堕落，社会改造需要道德精神的支撑，因此梁启超希望以孔子教义救世界精神文明之危机。

细细探究，他参与论战的根基存于对历史现实的深入观察，因此，梁启超的文化思想有了四个重要的转向：一是，他倡导"尽性主义"，"科学破产"使他警觉到物质的进步注定带来灾难，人若忽视主观的情感作用，终会导致"心""物"的绝对分裂，一旦"心"受"物"的统治，意志没有自由，善恶的责任就会任意付之东流。二是，西方唯物派哲学家"讬庇科学宇下建立一种纯物质的纯机械的人生观"②，把心理和精神视为同一"物质"，均受"必然法则"的支配，毫无情感价值可言。更有甚者，以"智"代替情、意，极度的智识主义扩张，只会导致人的精神空虚和信仰危机，机械麻木的"客观的科学"无法改变现实的人生困境。三是，他眼中真实的东方人生哲学，从"思想解放"入手发展国民个性，进而个体的尽性获得天赋良能，于是人人自立。同时，"尽性主义"对社会国家而言，"人人各用其所长，自动的创造进化，合起来便成强固的国家进步的社会"③。四是，他驳斥以科学作为必然法则的绝对真理，秉持尽性主义，张扬心性功能，寄希望于青年彻底的思想解放，并在此基础上影响全体国民，使之具有"良能"的法治精神及组织能力。他预设

---

① 梁启超：《饮冰室合集：典藏版：全40册》，中华书局2015年版，第5696页。
② 梁启超：《饮冰室合集：典藏版：全40册》，中华书局2015年版，第5697页。
③ 梁启超：《饮冰室合集：典藏版：全40册》，中华书局2015年版，第5710页。

第二章　破茧与启蒙：内圣之道的超越图景

到，"建设国家是人类全体进化的一种手段"①，从而尽"中国人对于世界文明之大责任"②。1920年梁启超著《孔子》来标榜孔子，用儒家的人学视野构筑"新文化系统"③，势必存在向外扩充的态势，既然"孔学专在养成人格"④，"新文化系统"理应先培养国民健全的人格，唤醒国民的民族主义情怀和世界主义精神，再通过新文化建设方案得以实现。

梁启超将传统文化的视野放置全球、全人类未来的文化观中，力图解决情感与科学、个性与国家主义之间相互矛盾的问题。此时他进一步有了"物"的萌芽意识，转向"心物调和"⑤的思想。相继而言，梁漱溟在1921年10月出版《东西文化与科学》，概括中国文化的特征是"以意欲自为调和、持中为其根本精神"⑥，孔子文化将是世界文化的未来。而在1923年春夏间的"科玄论战"中话锋一转，张君劢主"理"而丁文江重"情"，即时科学与人生走向针锋相对的两极。接着，梁启超破旧立新，将论战的重心在于求"变"中安"保"，保护传统文化精髓的同时，自发出新的"体用"思想，在其5月发表的《人生观与科学——对于张、丁论战的批判》中，反击"科学独尊""唯情论"的热潮，提出人生是心物两界共同结合而成的生活。其间，"情感"代表心界，是生活的原动力；"理智"及相关范畴反映物界，依靠科学来解决矛盾；两者互为补充且相互牵制。简言之，"人生关涉理智方面的事项，绝对要用科学方法来解决；关涉情感方面的事项，绝对的超科学"⑦。"人生"二字成为梁启超晚年

---

① 梁启超：《饮冰室合集：典藏版：全40册》，中华书局2015年版，第5721页。
② 梁启超：《饮冰室合集：典藏版：全40册》，中华书局2015年版，第5721页。
③ 梁启超：《饮冰室合集：典藏版：全40册》，中华书局2015年版，第5723页。
④ 梁启超：《饮冰室合集：典藏版：全40册》，中华书局2015年版，第6928页。
⑤ 梁启超：《饮冰室合集：典藏版：全40册》，中华书局2015年版，第5722页。
⑥ 梁漱溟：《梁漱溟全集》（第1卷），山东人民出版社2005年版，第383页。
⑦ 梁启超：《饮冰室合集：典藏版：全40册》，中华书局2015年版，第3880页。

儒家思想的关键词，他在《非"唯"》篇中定义人生的复杂矛盾"不过以心物相互关系为出发点"①，显示出他更为理性的面对人与现实的矛盾关系，"皆物而非心"②的主张完成了"心""物"的剥离分化，在心物两界之间摸索出一套"儒家中道"式的人生哲学构想，此构想体现儒家未来发展的世界主义之路。

梁氏风范的人生哲学体现为"群体性"精神的民众观。梁启超在《先秦政治思想史》中提出政治及其他一切设施有效与否的关键，应在于政治制度是否根植于国民意识之上。具体而言，梁启超沿袭儒家政论以人生哲学为出发点的惯例，引申出应以国民生计为中心，从而解决现实中的政治问题的想法。显然，他关注现实的社会生活，如民生问题、社会组织、政治制度、经济关系、社会伦理等层面。他既不盲目崇拜科学，也不一味追求精神，他理想中的"新思想建设之大业——据吾所确信者，万不能将他社会之思想全部移植，最少亦要从本社会遗传共业上为自然的浚发与合理的箴砭洗炼"③，如果"感觉情绪意志，化成为人类生活之理法"④，东方文化观照现实逐渐走向世界舞台便指日可待。他深信"世界各部分人类心能所开拓出来的'文化共业'永远不会失掉，所以我们积储的遗产的确一天比一天扩大"⑤，人类的心能构成"文化共业"，创造并决定"环境化"的质量，这也成为他"新文化系统"的价值取向。

沿袭这一思路，1927年梁启超在清华大学讲授《儒家哲学》时，意识到西方哲学的治学方法，到达不了儒家的博大精深处，毕竟儒家哲学涵盖社会学、政治学、经济学、教育学、心理学、人类学等内

---

① 梁启超：《饮冰室合集：典藏版：全40册》，中华书局2015年版，第4048页。
② 梁启超：《饮冰室合集：典藏版：全40册》，中华书局2015年版，第4048页。
③ 梁启超：《饮冰室合集：典藏版：全40册》，中华书局2015年版，第7661页。
④ 梁启超：《饮冰室合集：典藏版：全40册》，中华书局2015年版，第7676页。
⑤ 梁启超：《饮冰室合集：典藏版：全40册》，中华书局2015年版，第3859页。

容，比欧洲哲学宽泛良多，所以"儒家道术"更贴近儒家哲学的精髓。"道"重人学本身，"术"则重行，二字的相合与儒学经世致用的现代性相呼应，他详细解释为："'民德归厚'是道，用'慎终追远'的方法造成他便是术；'政者正也'是道，用'子帅以正'的方法造成他便是术；'平天下'、'天下国家可均'是道，用'所恶于上毋以使下，所恶于下毋以事上……'的'絜矩'方法造成他便是术。道术交修，所谓'六通四辟大小精粗其运无乎不在'。儒家全部的体用，实在是如此。"① 梁氏的儒家道术兼顾正心修身（体）和治国平天下（用）两个层次，既具有形上的意识形态又具有科学的形下内容。他聚焦于近代"新文化系统"的开拓，吸收儒家政治哲学以人生哲学为出发点的智慧，对人生做更进一步的思考，从而结合儒家的践行主义精神，弘扬中华民族文化传统。

第二节　开新与奠基：内圣之道的道德图景

面对历史环境的变迁，政治活动的更迭，梁启超的"创道"事业从"心"出发，希望通过重塑人格，建立"新民之道"与"武士道"，开拓出一条有以道德为原动力，却能将"己""群""国家"的利益共同推进的儒家"新道学"之路。由此，梁启超写《新民说》《中国之武士道》，详细论述"新民之道"及"武士道"，前者强调人道之治，后者强调国道之治。事实上，超越并改造传统必须以认识传统为前提，对《新民说》与《中国之武士道》的哲学研究，可以更为宏观细腻。学界很多人认为，在戊戌失败、康梁分道扬镳后，梁

---

① 梁启超：《饮冰室合集：典藏版：全40册》，中华书局2015年版，第6928页。

启超思想的主体部分离开了儒家传统，如列文森、张灏、刘纪曜均持有类似观点。但萧公权、黄克武、茂海建等很多学者肯定梁启超的儒家立场。例如，黄克武论证了梁启超在1903年之后与儒家传统之间的连续性：梁启超重视道德优先及道德改造，与传统儒家的为己之学是一致的；梁启超虽重新定义了道德，将公德也纳入个人修养之内，但他强调私德和公德的一致性，这与大学的修齐治平和中庸的成己成物的理想之间有连续性①。

笔者认为，就梁启超与儒家传统之间的渊源来讲，梁启超在日本期间，其个人的文化思想的底色依旧是中学，严格来讲是一种特殊的中学，即以传统儒学为底版，参照西学之精华，比照中学寻其与西学相通之精义，重构并超越传统儒学"内圣外王"之道的近代新儒学。"道术"是梁启超哲学思想的开端及结点，他曾陈述道："儒家道术，大部分不含时代性，不可以为时代古思想旧而抛弃之"，"如智仁勇三者，为天下之达德，不论在何时何国何派，都是适用的"。② 诚然，传统中的忠信笃敬、诚明谦让、忠孝节义、知行合一等概念都属于"道"的范畴，具有超越时代的特性，可适用于现实的文化传承中。需指出的是，在梁启超的思想中，他对儒家"内圣之道"进行了现代意义的阐释，"道"所呈现于现实的功能，被其称为"新民之道"。"新民之道"是在传统天道观念破除后，人道的新形态及道德显现。

一 新民之道的"立"与"破"

1902年正月至1905年，梁启超以连载的方式在日本横滨出版的《新民丛报》上发表了一系列文章，后被整理编辑为《新民说》。其

---

① 干春松：《王道理想的世界主义回归——儒家政治哲学与国际秩序再平衡》，《人民论坛·学术前沿》2013年第6期。
② 梁启超：《儒家哲学》，中华书局2015年版，第9页。

第二章　破茧与启蒙：内圣之道的超越图景

中，比较著名的连载文章有《论公德》《论国家思想》《论权利思想》《论自由》《论进步》《论合群》《论私德》《论政治能力》《论民气》等。这一系列文章，以"新民之道"为基点，立体地展现出"新民道德体系"与新民的淋漓气象。需指出，梁启超提出"新民之道"的初衷在于他对于传统儒家"内圣外王之道"的偏好和看重。"新民"的概念取自《尚书·康诰》中"新民"一词。《礼记·大学》载："汤之《盘铭》曰：'苟日新，日日新，又日新'。《康诰》曰：'作新民'。《诗》曰：'周虽旧邦，其命惟新。'是故君子无所不用其极。"梁启超的"新民"之义取自《大学章句》中"新民"二字，乃"明明德"以成人之意；"新民之道"指向革新国民思想，让新民通过忠于成人之道，做到"明明德"、成己、成人，在这一过程中完成国民道德更新。可见，"新民之道"的源发之处在于刚健日新的传统思想，意在表达中华民族不断创新、不断前进的基本精神，其在梁启超思想中传达为民族精神之道。这一精神之道适用于特殊的历史转折时期，正如梁启超所言："吾今欲极言新民为当务之急，其立论之根柢有二：一曰关于内治者，二曰关于外交者。"[①] 这里，"内治者"与"外交者"是从国家的层面对"内圣""外王"提出的现实要求。"新民之道"最能真实表达梁启超在内圣、外王问题上，由衷相信并极力推行的理念，具体体现在梁启超在治国实践中注重立破并举，在对助力新民形成、推动社会风气、树立国家理想等方面做到了"四立四破"。

（1）立新民为目标，破除陈旧堕落、腐化思想。

如何使"庶民"成长为"国民"这一问题，梁启超在维新变法前后颇有见地，他主要围绕国民民权意识的觉醒来论述。他谈道：

---

① 梁启超著，吴松等点校：《饮冰室文集点校》，云南教育出版社2001年版，第547页。

"三代以后，君权日益尊，民权日益衰，为中国致弱之根原。"① 在他看来，三代之际，君与民相隔未远，君治民之事，以民本为主义。三代以后，君主专制，"历代制度皆为保王者一家而设，非为保天下而设，与孔孟之大义大悖！"② 为支持变法，他主张："今日欲求变法，必自天子降尊始。"戊戌变法以后，谭嗣同在《仁学》中颇能从学理上论述君主之职分，认为："君也者，为民办事者也；臣也者，助办民事者也。"③ 这些思想流露出古代民本主义思想的痕迹，已明显有近代的思想观念。"维新变法"的代表人物梁启超有着良好的传统学问功底，对西方也有深入的了解，试图对理论上对中西思想加以融合。这种中西融合的倾向是近代学者如康有为、谭嗣同、唐才常、严复等一批人士共同的特点，梁启超在《易》《礼》《春秋》《论语》中求取治道的理论依据，为变道提供哲学思维，维新变法不仅仅是一种政治变革，更呈现一种"世界文化"的理想追溯。谭嗣同也曾说："凡为仁学者，于佛书当通《华严》及心宗、相宗之书，于西书当通《新约》及算学、格致、社会学之书，于中国书当通《易》《春秋公羊传》《礼记》《论语》《孟子》《庄子》《墨子》《史记》及陶渊明、周茂叔、张横渠、陆子静、王阳明、王船山、黄梨洲之书。"（《仁学·仁学界说》）黄宗羲等人的政治思想是他们进行融合的传统理论资源之一。1897 年，时务学堂在长沙设立，梁启超时任中文总教习，他以《春秋公羊传》《孟子》为课本，批答学生札记，倡导"民权革命"。梁启超与谭嗣同等秘密印制《明夷待访录》《扬州十日记》等书，并秘密散布，传播"革命"思想，对晚清思想的转变起了重要

---

① 梁启超：《饮冰室合集》（全十二册），中华书局 1989 年版，第 128 页。
② 梁启超：《饮冰室合集》（全十二册），中华书局 1989 年版，第 128 页。
③ 蔡尚思、方行编：《谭嗣同全集（增订本）》（全二册），中华书局 1981 年版，第 339 页。

第二章 破茧与启蒙：内圣之道的超越图景

作用。① 梁启超将黄宗羲推崇为"中国之卢梭"，直到民国时期还说《明夷待访录》的确含有民主主义的精神，受这部书的影响最早且最深。梁启超初步具有了主权在民的思想，认为国家是民众而构成的，没有民众也就无所谓国家，民众维护自身的权利就是在捍卫个国家的权利，这就是爱国，君主侵害民众的权利，就是侵害国家的权利，所以爱国要从振兴民权开始，既然国家由民众所有，那么民众就拥有治理国家的权利，可以参加国家事务、制定国家法律、谋取国家利益、捍卫国家安全，这样的民众才称得上是现代意义的国民。他在《论近世国民竞争之大势及中国前途》中说："国者积民而成，舍民之外，则无有国，以一国之民，治一国之事，定一国之法，谋一国之利，捍一国之患，其民不可得而侮，其国不可得而亡，是之谓国民。"②

为改变"庶民"所具种种鄙陋特性开新出"新民之道"，梁启超首先从处理"道"与"德"的关系打造新民。梁启超从儒学的生生之德出发，以"德"来认识并创化"道"，旨在将理想之我造就为现实之我，从而改变破旧不堪的世界。与严复、康有为、谭嗣同相比，梁启超对"道"的体悟更客观、现实且日益具体。早在1898年《自由书》中，梁启超便围绕人群进化阐述自由及民权思想，重新思考道之精义，开创出人性开明的人文世界。在《十种德性相反相成义》一文中，他将独立与合群、自由与制裁、自信与虚心、利己与爱他，释为德性的应有之义。此外，他珍视德性之自由，称"欲救精神界之中国，舍自由美德外，其道无由"③。他心中的"道"以"德"来显现；"德"充盈着"道"的体态与美感；"道"与"德"之间的协

---

① 孙宝山：《中国近现代哲学思潮及思想》，中国财富出版社2014年版，第40页。
② 梁启超著，吴松等点校：《饮冰室文集点校》，云南教育出版社2001年版，第810页。
③ 梁启超著，吴松等点校：《饮冰室文集点校》，云南教育出版社2001年版，第693页。

作，亦能为重建现实生活的新道德提供支持，即德性的完善是国人摒除劣根性，铸造新人格的基础，更是打造新世界的前提。《新民说》问世之前两年，中国经历了义和团、八国联军等事件，民间"乡愚无知""愚昧未开化"的死寂风气，庶民腐化堕落的人生窘境，让知识分子为之感到忧心忡忡。梁启超身为知识分子之翘楚，痛惜国人的愚昧无知，决然以"开民智"与"新民德"为重任，改变内弱外侵的国家环境。于是，梁启超在《新民说》开篇高呼"新民之道不可不讲"①，期待"旧民"经过美德的洗礼，以"新人"典范参与到建国事业中。新民说的要旨是建构民族认同，以现代的民族国家代替传统的"天下"秩序和宗法社会，形成国民的国家认同，使民族国家成为中国人效忠的新政治共同体。②

从"旧"到"新"的变化更迭，折射出梁启超期望的新民之道，是对人之思想、道德、行为的铺垫与导向，也是对中国将去向何处的先行探索。他提出："故今日不欲强吾国则已，欲强吾国，则不可不博考各国民族所以自立之道……今论者于政治、学术、技艺，皆莫不知取人长以补我短矣；而不知民德、民智、民力，实为政治、学术、技艺之大原……故采补本无以新我民之道，不可不深长思也。"③ 分析其中，"新"的意义在于激发本有德性及推新出新道德；而"新民之道"有着人生、政治等不同角度的哲学内涵，一是"新民德体系"可以指导人生发展方向，但仅以道德体系的视角看待新民问题，过于单薄及片面。梁启超从学、政等角度，谈新民之道、国族自立之道，是一个有力的补正；二是"新民之道"其后补充了西学之精义，为民初时期知识分子理解人与社会、国家、世界间的关系奠定了基础。

---

① 梁启超著，吴松等点校：《饮冰室文集点校》，云南教育出版社2001年版，第1348页。
② 高克力：《启蒙先知：严复、梁启超的思想革命》，东方出版社2019年版，第193页。
③ 梁启超著，吴松等点校：《饮冰室文集点校》，云南教育出版社2001年版，第550页。

就层次而言，"新民之道"所要表达的精神之道可以细分为如下几层。第一层，自由、自尊、自治的人格精神；第二层，进取冒险和勇于破坏的尚武精神；第三层，民权及国家思想的独立精神。这三层精神深意环环相扣，逐渐渗透，首立于《新民说》之中，后与"武士道"形成互补统一的关系。这一点在下文会做详细的表述。

（2）立"民本—罪君"的"新民本"的思考范式，破传统"民本"的统治理念。

传统民本理念中，民是政治统治的对象，是道德规范的客体。时至近代，出现了"民本—罪君"的"新民本"的思考范式。梁启超言："新民云者，非欲吾民尽弃其旧以从人也。"他欲立的"新民本"范式包括："吾民"拥有自爱、自立、自强及自治的使命；"吾民"具有"与天行相搏"的进取冒险、勇于担当的精神；"吾民"具有民权观和国家思想，遵守"对于一身而知有国家""对于朝廷而知有国家""对于外族而知有国家""对于世界而知有国家"[①]的良善标准。如此这般，每一个国民方有可能成儒家君子，具备现代国家思想。亦然，是为让国民赋有群体性的国家理想而超越个人生死、敢于为国捐躯的道德责任。梁启超最喜爱的国民，是智者、勇者、侠客、武士、不计成败的豪杰，更是能与民族前途及命运共存亡的气节之士。在历史骤变的过渡时期，需要国民对国家的兴盛尽其义务，现在如此，将来亦然如此。相反，单纯的"私"利、"一家一姓"式的国家建立，在特殊民族存亡一线之时必然不被人心由衷地接受。"新民本"的设想是对传统家国情怀的别样演绎，是务求自强、与他国争胜、立于新世界的探索。"新民本"的确立需要有正确的国家理念、良好的民权意识，及对传统民本主义的较好理解与处理。"新民本"的实现在于

---

① 梁启超著，吴松等点校：《饮冰室文集点校》，云南教育出版社2001年版，第556页。

树立国民独立的民族观念和对外竞争意识，绝不缩头缩尾的屈服他国，又能有置之死地而后生的聪慧及大智大勇的仁慧。

（3）立道德标杆，破古代道德体系，倡适于新国民的需要的私德、公德道德论。

在《新民说》中，梁启超将国民之己德定义为私德，将国民之群德定义为公德，顺势引申出兼收中西方道德精髓的公德、私德论。梁启超点明："道德之本体一而已，但其发表于外，则公私之名立焉。人人独善其身者谓之私德，人人相善其群者谓之公德，二者皆人生所不可缺之具也。"① 需注意的是，"道德之本体一而已"，说明公德、私德是道德本体中对立且互补的两个方面。那"本体"究竟为何？"本体"即为德性。他还提出："所谓公德云者，就其本体言之，谓一团体中人公共之德性也。"② 显然，他所追求的"新民之道"始终贯之以德性之学及人格教化，期待"旧民"经过德性的洗礼，成就"新人"的成长与发展。

就内涵而言，私德是指"人人独善其身"，公德是指"人人相善其群"，二者皆是在个人在社会与国家之间所需要的道德种类。公德包括自由、权利、团结、兼爱等观念，私德包括"正本""慎独""谨小"等德目。他认为，在中国的旧道德里，"独善其身"的私德非常之多，拟先不作过多的赘述。然而，"相善其群"的公德却从始至终近乎没有。梁启超设立权利思想、自由、自治、进步、自尊、合群等节来议论公德的重要性。关于公德设立的关键，他提出应将个人、社会（群）间的关系建立在自由与平等的基础上，创造出有公共观念内涵的新民，这才是达到"积民而成"的近代国家的必然路径。近代公德、私德道德标杆的设立，最初是以"己"与"群"的

---

① 梁启超著，吴松等点校：《饮冰室文集点校》，云南教育出版社2001年版，第554页。
② 梁启超著，吴松等点校：《饮冰室文集点校》，云南教育出版社2001年版，第622页。

第二章　破茧与启蒙：内圣之道的超越图景

概念界分私德与公德，最终旨向道德自觉意识的形成。应该说，就梁启超对公德私德的认识来说，与其晚期思想是一致的。只是根据当时的历史客观环境的不同，梁启超响应时局变迁分别对公德、私德做出分时间阶段的强调。

就道德问题，梁启超在1912年的《中国道德之大原》深化了对于公德、私德相互关系的阐释，他说："今之言道德者，或主提倡公德，或主策励私德；或主维持旧德，或主轮进新德，其言固未尝不各明一义，然吾以为公私新旧之界，固步易判明，亦不必强生分别。自主观之动机言之，凡德皆私德也。自客观影响所及言之，凡德皆公德也。德必有本，何新非旧；德贵时中，何旧非新。"① 这段话的核心表明道德无公德、私德之分，与《新民说》中二者"互为本体"的观念一致。道德有特定的文化溯源、传统特色、时代变化，梁启超根据时代新变化试图对其进行调整，故道德亦可以说无新旧之分。事实上，学界在梁启超公德、私德论先后及关系的问题讨论中，往往可以强调公德、私德的先后顺序并忽略了作者本人提出的真实意图。其实，梁启超在《论私德》开篇就言："吾自去年著《新民说》，其胸中所怀抱欲发表者，条目不下数十，而以《公德篇》托始焉。论德而别举其公焉者，非谓私德之可以已。谓夫私德者，当久已为尽人所能解悟能践履，抑且先圣昔贤，言之既已圆满纤悉，而无待末学小子之哓哓词费也。乃近年以来，举国嚣嚣靡靡，所谓利国进群之事业，一二未睹，而末流所趋，反贻顽钝者以口实，而曰新理性之贼人子而毒天下。噫，余又可以无言乎？作《论私德》。"② 只是梁启超在其本人思想后期，在原有定义公德、私德，界分新旧道德的基础上，更倾向道德分析的方法了。

---

① 梁启超著，吴松等点校：《饮冰室文集点校》，云南教育出版社2001年版，第2336页。
② 梁启超著，吴松等点校：《饮冰室文集点校》，云南教育出版社2001年版，第622页。

（4）立"个人—群体—国家—世界"的发展方向，破"三纲"积弊和顽疾。

在处理人与人的关系上，近代的西方过于功利化，由此导致人与人、人与群体之间的对立、紧张、冲突。儒家的精神价值与西方截然相反：在内在的方面肯定了个体；在超越的方面肯定了全体。① 个体与全体的统一体现在梁启超对"合群"问题的关注，严复和康有为对此也有同样的重视。梁启超在《说群序》中创造出"群术"及"独术"，声称："（独术）人人皆知有己，不知有天下；使其群合而不离，萃而不涣，是谓群术。"② 他认为，个性和群性需要同向发展、个人与群体同心协力，才能有新道德的形成、国性的完善及独立国格的养成。同样，认识国民性、重塑国民灵魂必须以认清新民之道为起点。在此起点之上，生发出两条交互式的发展线索：一条是以公德、群、社会、国家、世界客观发展的外在线索；另一条是以私德、独、个人、国民、世界之民共同发展的内在主线。这两条发展方向相互独立，却又互相影响、统一于梁启超的内圣外王之道中。他一再强调："然则吾辈生于此群，生于此群之今日，宜纵观宇内之大势，精察吾族之所宜，而发明一种新道德，以求所以固吾群、善吾群、进吾群之道，未可以前王先哲所罕言者，遂以自画而不敢进也。"③ "个人—群体（社会）—国家—世界"的关系架构是梁启超设定的新民之道的未来发展方向及现代走向样式。简单来讲，梁启超描述的新民之道，以感性之心为基础，以道德理性为依归，希望借新道德观念的树立，让新民大刀阔斧般踏上国家转向发展的正途。

---

① 梁启超著，吴松等点校：《饮冰室文集点校》，云南教育出版社2001年版，第92页。
② 梁启超著，吴松等点校：《饮冰室文集点校》，云南教育出版社2001年版，第128页。
③ 梁启超著，吴松等点校：《饮冰室文集点校》，云南教育出版社2001年版，第556页。

这四立四破的最终目标在于立清风正气，破人心蒙昧、人伦失常，养民之元气。民之元气，为国民精神之道的化身，倘若凝聚国民之气，必能在不远的将来，扬民族威严以洗前耻，国家的未来发展才指日可待。梁启超在《国民十大元气论》中强调："《语》曰：'国于天地，必有与立。'国所与立者何？曰民而已。民所以立者何？曰气而已。"① "元气"的重要性在于它能支撑起立足于面向世界的国家观念，确立国家的新气象。自然，"新民之道"通过新的家族、社会、国家为核心的新道德建设为基础，取代"三纲"所代表的、以歧视和服从为特征的旧道德，庶民自然脱胎换骨育为新民。我们今天能深切地觉察到，一方面西方的科学与民主学说对国人的解放意义；另一方面帝国主义对中国的现实威胁。因此，民主和民族主义精神成了他的新国学的灵魂。

二 新民之道与公德的扩展

梁启超流亡日本后，接触到许多西方的新知识，视野也更为开阔，他通过对中西文化的比较，瞄准中国传统伦理道德中存在的问题，拟加以更新改造。梁启超提出："新伦理之分类，曰家族伦理，曰社会伦理（即人群），曰国家伦理"，"新伦理所重者，则一私人对于一团体之事也"。② 他反思中国传统五伦关系，提出的"新伦理"偏重于对社会、国家的关心，加深了对于个体及在更高社会层面（团体）的道德探讨。这样就弥补及拓展了家族伦理上的局限，社会伦理、国家伦理的延伸是以适应复杂的人际、社会、政治及国家关系。在此基础上，提出了培养"公德"、塑造"新民""道德革命"等主张。中国需要进行变革，不但要进行器物制度的变革，而且还要

---

① 梁启超著，吴松等点校：《饮冰室文集点校》，云南教育出版社2001年版，第658页。
② 梁启超著，吴松等点校：《饮冰室文集点校》，云南教育出版社2001年版，第554页。

进行道德伦理的变革即"道德革命",通过"道德革命"来培养民众的"公德",以建立起适应时代需要的新道德,从而塑造出具有社会公德和国家意识的现代国民即"新民",这样才能使中国人真正自立于世界民族之林。梁启超的"道德革命"是开辟"新民之道"的理论先锋,"新道德体系"是"新民之道"的核心内容,以培养出兼具个人私德道德、社会公德的新民为目标。

可以说,梁启超的《新民说·论公德》,以求更新"易国民"的外王之道。在他的笔下,新民作为国家思想中文化启蒙的载体,与世界之人的国际视野一致,而"非欲吾民尽弃其旧以从人也"①。梁启超在传统和西方文化价值之间,开拓出具有儒家精神的超越之路,即通过新国民的养成,打造"有本根"的国家主义理想。这种固本开新的文化观,涵盖"淬砺所固有、采补所本无"的双重功效,目的为"汇择其长者而取之,以补我之所未及"②。梁启超固守的"淬砺""采补"原则,意在中西文化间寻求共通、共鸣之处,立于中国立场却又超越己身。

何以重塑"新民"之主体,推行中国发展之大势呢?梁启超先将民德置于人道进化之首位,赞颂"公德之大目的,既在利群,而万千条理即由是生焉"③。"新民之道"借助于儒家的德性之学,期盼众民以"我"之自觉意识去弘扬群体之道,拓展儒学的外王之道。接着,梁启超宣扬以民为本的群体意识,摒弃"正统"在《公羊传》中"君子居大正"及"王者大一统"的原意,寄"统"以浓浓的民众及国家意识。梁启超在1902年7月《新史学·论正统》中贬斥

---

① 梁启超著,吴松等点校:《饮冰室文集点校》,云南教育出版社2001年版,第547页。
② 梁启超著,吴松等点校:《饮冰室文集点校》,云南教育出版社2001年版,第550页。
③ 梁启超著,吴松等点校:《饮冰室文集点校》,云南教育出版社2001年版,第556页。

第二章　破茧与启蒙：内圣之道的超越图景

道："统也者，在国非在君在，在众人非在一人也。"① 这种在"国民性"正统论中引入西方民权学说的思维，表达出对"历史性"正统论的质疑，否定了以"君统"为中心的封建皇朝史观。显然，梁启超以近代民主主义者的身份，将"个人—家—国—天下"体系变为"个人—群体—国家—世界"模式，这源于他对己我、他人、国群之间关系的再思考，以及对世界局势的分析与展望。

　　为落实"新民"主体能动性的发挥，梁启超将"道心"（实践精神）与"心力"贯联，敦促新民肩负起治国安邦之任。1903年2月梁启超在游历美国后，钦慕现代文明之时一并痛斥国人陋行，而挖掘以私德"易国民"的内圣之道。梁启超之前多讨论公德，此处补足有国之气质的私德论，旨在督促主体呈现由知入行、由愚昧走向觉醒的内在转化，完成"明德"与"践德"并重的内外兼修之道。那么，"己我"何以达于此道？早在1901年《积弱溯源论》中，梁启超贬斥在封建文化熏染下，国人"奴性、愚昧、为我、好伪、怯懦、无动"的劣根特性，揭露国人道德品格上的缺无、扭曲。为端正国民视听，利于国民众志成城冲破封建制的魔障，梁启超特在《新民说·论尚武》篇中高呼："报大仇、雪大耻、革大难、定大计、任大事，智士所不能谋，鬼神所不能通者，莫不成于至人之心力。"② 他将"心力"置于"道"的实践层面，借助"心力"释放出巨大的社会效能，改变中国社会萎靡落后的现状。简言之，"新民之道"对公德的扩展，是国人通往新世界的捷径，它不仅代表了传统儒学中"人能弘道"的德性意蕴，更代表着近代主体意识的觉醒与强大；它立足于儒家传统思想本身，却又兼收西学精义而有所成，客观反映了儒学中道思维的力量。

---

① 梁启超著，吴松等点校：《饮冰室文集点校》，云南教育出版社2001年版，第1643页。
② 梁启超著，吴松等点校：《饮冰室文集点校》，云南教育出版社2001年版，第620页。

三 新民之道与私德的转化

近现代儒学的一个重要转型是由崇尚"夙夜在公"转而彰显"私我"和"独立自主"之人格,这是中华民族走向现代化的一笔珍贵的精神财富。① 梁启超的"新民之道"同样眷顾私德的转化,私德与公德互补,互为一体,是推进社会公德心滋长、国家稳定发展的前提和基础。相反,个人修养过不了关,一个个毫无自由、权利、进取、力量的散状孤魂,若能支撑起一个国家走向世界无异于空想。传统"内圣为始,外王为终;内圣为体,外王为用"之思,在梁启超这里被创新式发展为:"道德为体,伦理为用"的新内圣外王之道。不同于西方现代个人主义的致思逻辑,他变化传统"道"的人文精神、为人之道、道德人格、德性之学,延承与传达"内圣之道"。中国古代私德体系虽完备,但这并不能带来近代社会风俗的良善及道德的醇美。如何淬砺本有,重新阐释内圣之道,改变清末社会私德的堕落,定然成为一个显性话题。从《新民说》看来,针对性地打破僵化、迎合特定历史时期所需的道德更新,定要先剖析堕落之成因,攻其弱点、立其相反,其成因包括专制政府之无能;对外战败之沮丧;民主生计的憔悴;学术之匡救无力等方面。故梁启超对私德的立论很重视社会政治文化对人的影响,亦更重视学术、政治、教育、经济条件所利于对道德的改善。

早在 1901 年《积弱溯源论》中,梁启超贬斥在封建文化熏染下,国人"奴性、愚昧、为我、好伪、怯懦、无动"的劣根特性,视国人道德品格上的缺无、扭曲为中国积弱的"最大根源"。梁启超宣称:"道德者,行也,而非言也。"② "行道德"意在吹响近代偏重

---

① 赵法生:《内圣外王之道的重构与儒家的现代转型》,《开放时代》2011 年第 6 期。
② 梁启超著,吴松等点校:《饮冰室文集点校》,云南教育出版社 2001 年版,第 630 页。

第二章 破茧与启蒙：内圣之道的超越图景

私德的号角，亦使私德体现"为己之学"的良性向度，用来支撑国家公德的完美实现。细思其中，私德与公德的一字之差，象征主体从"明德修身"到意图"忘身于外"的转变，恰是代表主体由知入行、克服己我之征途。如果说梁启超倡公德与国家利益相统一、私德与"修身"和谐一致，都只是从形上的层面分析新民德体系具有的一体两面性，那么他在后续文章中对"修身"之学的演绎可谓具体、详实且有操作性。如《德育鉴》中梁启超将古人修身之法依照践履的顺序分为辨术、立志、知本、存养、省克、应用六类，以此类别划分修身言论，为指导人做功夫。在《节本明儒学案》中，梁启超专注于传播王学及其后学，倡导德育是其避开"心的科学"等智育内容的根本原因。相较而言，传统的修身之学关注生命的精神体悟，梁氏的"修身"则意图通过人格、精神的内在塑造，完成"心"的实际用途，实现国家层面的社会价值。

整合公德、私德论而言，"新民之道"通过民德的建构，落脚于对中国近现代化命脉的价值关怀与国家认同，其精髓在于未来对国民道德改造，建构"中国魂"。梁启超借近代"新民之道"的新理论形态，打造中国需要的"群之道"，来解决中国的根本性问题——人的近代化更新。这种更新着眼于开拓人的现实价值，通过"新民"来落实近代的"中国民主主义"。但仅仅依靠道德建构，不能满足国家局时的变革所需。所以，梁启超将民德置于首位的原因，在于"夫言群治者，必曰德、曰智、曰力，然智与力之成就甚易，惟德最难"[1]。在特殊的时代交替际会中，梁启超巧思中外哲理，开辟道德思维之先河，勤力道德论以成篇。

---

[1] 梁启超著，吴松等点校：《饮冰室文集点校》，云南教育出版社2001年版，第630页。

第三节　实质与升华：内圣之道的精神图景

传统儒学的伦理道德思想是梁启超提出文德（公德、私德）论的基础。出于对"武士道"的精神向往，梁启超举起新民应具武德的大旗，拓深对"内圣之学"的精神超越之道。"新民之道"与"武士道"的关联，都体现出对"道"的追求，但前者是追求道德的精神内化，后者通过道德的精神外化而实现。比较言之，"新民之道"着重于个人的内在道德修养，其作用在于更新国民的道德伦理体系，以期适应国家在过渡时期发展，所需要的道德个体，不论是公德还是私德都内附于个体的思想理念中，具有内隐性、文质彬彬的特点。"武士道"着重于个体应具有的尚武品质，这种品质具有极度的张力及外显性特色，它要求个体有血性的男儿气概，能破天入地打破常规，将自己视为重建国家的主体，并能永为国家立于世界的坚强砥柱。"新民之道"与"武士道"的共同作用在于，满足近代救亡与图存双重变奏下的国家文化建设所需，致力于重释"内圣之道"并将精髓沁入国魂，彰显"人能弘道"的精神特质。本小结主要探讨梁启超对内圣之道的精神诠释——武士道的现代性话题。

一　武士道的"衔接"与"赓续"

笔者从"衔接"及"赓续"两个面向，结合《新民说》《中国魂安在乎》连续性地讨论梁启超笔下的武士道。梁启超在撰写《论私德》之时，还编撰了《中国之武士道》。成书于1904年的《中国之武士道》，是编撰《国史稿》（又名《中国民族外竞史》）的附属品。梁启超何以径直用日本名词"武士道"来代表武人之精神？这

第二章 破茧与启蒙：内圣之道的超越图景

源于他对日本武士道的关注，与最初受日本兵营"祈战死"标语的启示。他认为，日本维新的成功，在于日本将"武士道"视为国魂。鉴于对中国魂何在的反思，及尚武精神对国家与民族重建的重要性，他强调："取日本输入通行之名词，名之曰：'中国之武士道'，以补精神教育之一缺点云尔。"① 他对精神之道的重视，从一而终。他认为"武士道"精神自孔孟皆有，"尚武"对于国人内化"自由意志"、外化大民族主义有不可磨灭之功，实为我国所需种种德性之首。梁启超之所以这样陈述，源于他意识到儒学传入日本，对日本立国维新运动起到的作用，及其后所做出的文化导向性输出。梁启超曾在《自由书》中感慨："中国历代诗歌皆言从军苦，日本之诗歌无不言从军乐。"② 可见，他期待的中国魂复归，是一种追求对"乐感"精神色彩的中国个体精神的群体叠加，"武士道"从这个角度被给予了个体及社会（群体）所需精神气质的趣味标准。在他后续所写的《新民说》中，尚武精神代表着正面的价值导向，"尚武者国民之元气，国家所恃之成立，而文明所赖以维持者也。"③ 这就说明，梁启超迫切召回的中国"武士道"，是为唱响简单而充满生机的生命弦律，是对将愁苦抛之脑外、置之死地而后生的绝美武德的歌颂。

从"衔接"日本武士道的面向而言。日本江户时代（1603—1867年）的武士道德以中国的儒教伦理为中心，而有"武士道""士道"的观念，武士因此被塑形为儒教下的"士君子"，必须遵从"五伦、五常"且以"天下为己任"，这使得武士在精神方面的修炼逐渐增加而有"文武兼备"的素质。④ 山县有朋在1878年发布的

---

① 梁启超著，吴松等点校：《饮冰室文集点校》，云南教育出版社2001年版，第2155页。
② 梁启超著，吴松等点校：《饮冰室文集点校》，云南教育出版社2001年版，第2155页。
③ 梁启超著，吴松等点校：《饮冰室文集点校》，云南教育出版社2001年版，第2155页。
④ 蔡振丰：《中国近代武士道理念的检讨》，《台湾东亚文明研究学刊》2010年第7卷第2期。

《军人训诫》中，认为武士道之忠勇精神的承担主体不再特指日本武士，而普遍化为日本人民。对于文化精神本身的传承，是否应与国家的政治意识形态挂钩，日本对武士道的改写方式亦然回应了这一问题。这种转化的实现，是为更好地突出日本尚武的历史文化传统，使"忠勇"等规范去除阶级烙印，用普适性将"武士道"推崇为日本所特有的固定的民族文化传统。1882 年 1 月明治天皇颁布的《军人勒谕》中，明确地以武士道中的五个支柱：忠节、礼仪、武勇、信义、素质为国民军人的根本，正式地将武士道带入国家的教育体制中①。"忠"成为日本人伦道德的至高点，"忠"与其他道德条目冲突时，定以国家的利益为先。1889 年新都乎道的《武士道》在美国出版，力图证明武士道是形成新时代的力量。这本著作全然呈现了日本生机勃勃的景象、慷慨激昂的民族精神，并感染了试图用人文精神重塑国家精神世界之人。1904 年日俄战争的胜利，展现了武士道与实践结合而产生出的社会效能，为日本的建设做好了铺垫。有学者指出：梁启超吸收福泽谕吉、井上哲次郎等人的明治武士道理论，并将其运用于建构中国武士道思想体系之中。② 梁启超在《中国之武士道》中表达的是，武士道精神并非起源于日本，日本尚武而国势日强，最初亦是受儒学文化的影响，将其运用于建构日本武士道思想体系之内。事实上，中华民族有着悠久的尚武传统，更有延续千年的武士道传统和武士道精神。梁启超言："中国民族之武，其最初之天性也；中国民族之不武，则第二之天性也。"③ "不武"可由时势、地势、人力等条件改造之。每一个炎黄子孙都应知道，世事虽变迁，但那种惊天动地、慷慨激昂的豪侠气概和勇武双全的人格并不能湮灭，它常存于中

---

① 赵法生：《内圣外王之道的重构与儒家的现代转型》，《开放时代》2011 年第 6 期。
② 孙宝山：《中国近现代哲学思潮及思想》，中国财富出版社 2014 年版，第 72 页。
③ 梁启超著，吴松等点校：《饮冰室文集点校》，云南教育出版社 2001 年版，第 2155 页。

华民族的骨血之中，终有一日会由沉默而爆发。面对西方和日本的嘲讽："中国之历史，不武之历史也，中国之民族，不武之民族也。"梁启超奋笔疾书，遂著成《中国之武士道》："取日本输入通行之名词，名之曰：'中国之武士道'，以补精神教育之一缺点云尔。"[①] 中国文化中"尚武"精神和"武德"的再现，是点亮未来光明的希望。只有文德、武德兼备的新民才有光鲜的人格，仅偏重文德难以避免人的心计、柔佞，兼顾武德之人就能栖身于光明磊落的阳光中。在文武兼备的社会之中，卑劣黑暗自然会被摒除。

从"赓续"中国之武士道的面向而言，"武士道"可谓梁启超对"精神教育"的有益延续及补充。梁启超早在1897年《论中国之将强》、1899年《论中国人种之将来》中，肯定中国有必强之道，驳斥当时的"中国必亡论"与"保全中国论"。他乐观地说："二十世纪，我中国人必为世界上最有势力之人种。"这是因为中国人种有四个特质："赋予自治力"；"有冒险独立之性质"；"长于学问，思想易发达"；"民人众多，物产沃衍，善经商而工价廉，将握全世界商工之大权"。这四种特质表明国民有着独立精神、爱国精神、善于治学、经商等优势。传统齐家治天下之道，是圣君将相对人间秩序的安排，他们先依托经济、知识、文化的高水平，再来教化革新庶民。相反，梁启超却认为国家由民众组成，一个国家的富强不能依赖于某位君主，而应取决于"新民"，新民所具的民心、民德、民智、民力的高低，是近代救亡图存的攻坚力量，他们的身份是平治天下的普通民众，但又是脱胎换骨具有乐感灵魂的新民。梁启超痛斥国民的奴性，却对祖国充满信心及浓郁情感。对他而言，更多的是采取文化治国之策略，具体用"新民之道"的精神理念，革新国民促其养成英锐不

[①] 梁启超著，吴松等点校：《饮冰室文集点校》，云南教育出版社2001年版，第2155页。

屈的精神、唤起尚武的民族天性，来抵御外敌重建国威。他对文化的革新精神秉持特有的"淬砺所固有、采补所本无"原则，这一原则贯彻始终。他进一步谈道："然则苟有新民，何患无新制度无新政府，无新国家？"① 新民之"新"在于新民是支撑新政府及新国家长存的生命主体，只有国民以焕然一新的整体风貌，去积极主动的化解危机，勇为社会国家进步的主力军，新国家的建立才指日可待。

1904年至1905年，梁启超将对新民公德、私德的讨论转向宣扬中国的"武士道"传统及精神，深入补充对"内圣之道"的超越追求。"武士"在中国限定为普通民众，他们承载着救国兴国的责任，其行事规范及原则涉及国家民族之大义，因此对其要求有一定的心性、品德及精神修炼，才能抵御近代的内忧外患。梁启超在中国传统之中找寻"尚武"的文化溯源，他认为："然孔子固非专以懦缓为教者也，见义不为谓之无勇，战阵无勇斥为非孝，曷尝不以刚强飘劲耸发民气哉？"② 他认为"武士道"精神自孔孟皆有，"尚武"对于国人内化自由意志、外化大民族主义有不可磨灭之功，实为我国所需种种德性之首。又表示："本编采集春秋战国以迄汉初，我先民之武德，是为子孙模范者，以列传体叙次之，加以评论，以发挥其精神"，我先民之武德，是为子孙模范者，以列传体叙次之，加以评论，以发挥其精神。"③ 若依"日本魂"为范本来唤回"中国魂"，汇聚践行道德的中华力量，国富民强便指日可待。这种更新着眼于开拓人的现实价值，通过"新民"来落实近代的中国民主主义，培育新民的同时建设新制度、新政府、新国家。

梁启超作为近代"新锐之精神"的倡导者，他对传统儒学的态

---

① 梁启超著，吴松等点校：《饮冰室文集点校》，云南教育出版社2001年版，第548页。
② 梁启超著，吴松等点校：《饮冰室文集点校》，云南教育出版社2001年版，第2155页。
③ 梁启超：《中国之武士道》，中国档案出版社2006年版，第1页。

度是延承并创新的。他从引进西方"进化论",到打破中国千年的恒"道"理念,建立"新民之道",突破了传统"内圣外王"的道学传统;接着,唤醒"中国之武士道"精神及传统,希望独立心性之新民主体受其感召,凭借己身的德才兼备,凝聚力量再重塑国魂、重建国家。梁启超将平治天下的主体置于普通民众,突破传统儒学的民本主义而后转向现代社会的民主、民政思想。他对于传统儒学的创新,助推了中国社会现代化的脚步,特别是对民初时期中国的社会发展起到了启蒙标杆的作用,值得后人反思与学习。

二 武士道与孔子之道

《中国之武士道》辑录了春秋战国至汉初,以"武德"冠名之武人之事迹。他们源自社会的不同阶层,身份及地位迥异,有侠客、有刺客,有君主、宰相等高官显贵,有地方官员、士兵,还有社会下层的普通人。梁启超在此书中,将古代的武德楷模展现于读者,弘扬中华民族的尚武精神,以便将中国之"武士道"传承于子孙后人。他阐释了"武士道"的内涵及深层道义,即武士道是一种精神,一种刚健昂扬、积极果敢,有原则、有坚持,不苟且、不委琐的生活态度。这样的精神和态度是一个国家和民族崛起和振兴所必需的。书中梁启超以"新史氏"的名义在每篇后作评论,他对隐匿不彰的古代武士精神追怀赞叹,字里行间激昂慷慨,古人的武士道精神让读者感同身受。梁启超将中国之"武士道"在春秋后消失于人间的缘由,归于封建专制政体及学术意识形态化的结果。自然,重新唤起"武士道"需从"道""政""学"思想上破解固化与淡忘。

杨度在《中国之武士道·叙》中将"武士道"定义为人道,梁启超也强调:"此其道与西洋各国所谓人道 Humanity 者,本无以异。

西人以此问题竞争战斗而死者史不可胜述，惟其名不如武士道之名有轻死尚侠之意焉。"① 这点明了中国之武士道精神最难能可贵之处在于"轻死尚侠"，舍弃己身求取社会、国家之公共福利，此点亦是人异于禽兽的区别。比较而言，"日本之所谓武士道者，实儒实佛，非儒非佛，几于参合融化，两取其长而别成一道矣"②。杨度指出，儒教重实，教人仁术，若两千年以来中国真正施行之，必为东方君子大国。然自汉以来，推崇儒教者多为口头虚假者，实则施行杨度的现世主义，不仅避谈国事、谋求声乐美色、喜好偷生畏死、不求当世之誉。为针对杨度现世主义的弊端，他将"至诚为我"作为"武士道"的特色。其阐释"至诚"的学说贴近与传统儒学中的"诚本论"，这一点使得梁启超深受启发。

蒋智由在《中国之武士道·序》中也强调："今日而慕人之有武士道也，亦犹之仰给五金石炭之材料于外国，而不知吾国固所至皆矿藏也，特不知开凿而取用之耳。"③ 谈及梁启超著书的缘由，"盖欲发吾宗之家宝以示子孙……而能振吾族于蕉瘁凌夷之中，复一跃而登于荣显之地位，以无贻祖宗之羞，其必有赖于是矣"。他还称颂道："此真侠之至大，纯而无私，公而不偏，而可为千古任侠者之模范焉。"④ 世界上必有奔赴公义之精神，是以舍弃私人恩怨为德的，此德以捐躯来报恩，他总结道："要之，所重乎武侠者，为大侠毋为小侠，为公武毋为私武。"⑤ 他还批评日本："然而日本之用武焉，博美名，享荣誉，握东洋之霸权，而巩固国家之基础，贻子孙以无疆之大业焉。而南洋各岛之土番，号为野蛮，名曰凶恶，而土地削夺，种族

---

① 梁启超：《中国之武士道》，中国档案出版社2006年版，第1页。
② 梁启超：《中国之武士道》，中国档案出版社2006年版，第4页。
③ 梁启超：《中国之武士道》，中国档案出版社2006年版，第17页。
④ 梁启超：《中国之武士道》，中国档案出版社2006年版，第17页。
⑤ 梁启超：《中国之武士道》，中国档案出版社2006年版，第18页。

第二章 破茧与启蒙：内圣之道的超越图景

衰耗，同一用力，而有若是其大不同者，无他，亦其用之之道有大小焉而已。"① 他还评价："昔孟子告齐宣王以好大勇无好小勇，吾亦欲以是言，进于吾人之前。夫是以拳拳焉，独置辨于此，而欲扩张我国人尚武之范围而大之。"② 提倡尚武之心，并加以善用之，扩张尚武精神的传播空间和范围。

梁启超沿着杨度、蒋智由的思路，重新梳理、更新儒学，为近代中国寻找出路。首先，他在杨度阐释"孔子之道"的基础上，论述了中国之武士道学说的意义。杨度言："孔子之道，专主现世主义，谆谆于子臣弟友之节，仁义礼智之道，经传所载，惟于身心性命家国天下之关系，反复言之。"③ 最让人痛心疾首的是，"孔子之道，不行于中国而行于日本，中国奉其名而日本行其实者，岂过言哉？"④ 事实上，日本之武士道杂糅了佛学、儒学及本土信仰。其中，儒学不言鬼神、不言灵魂与来世，佛学言彼岸世界、言涅槃重生，日本之武士道就以儒为正，辅以佛学，以报父母恩、众生恩、国家恩、佛法僧恩。梁启超认为：中国之武士道，应遥承孔子之道，即孔子所谓诚意正心，修身齐家治国平天下之道。他强调："中国之武士道，与霸国政治相终始。春秋时代，霸国初始，始形成武士道之一种风气。"⑤ 这种武士道信仰之美德，涵盖国家、朋友、职守、承诺、恩仇、名誉、道义范围，视这些声誉皆重于生命；武士道不仅是一种精神，亦重于体魄及武德的重建。

因此，梁启超将孔子作为中国武士道之典范。孔子主张的人格，具有文武并重的两面性。对自身而言，他有着敢为天下先的大

---

① 梁启超：《中国之武士道》，中国档案出版社2006年版，第19页。
② 梁启超：《中国之武士道》，中国档案出版社2006年版，第20页。
③ 梁启超：《中国之武士道》，中国档案出版社2006年版，第2页。
④ 梁启超：《中国之武士道》，中国档案出版社2006年版，第7页。
⑤ 梁启超：《中国之武士道》，中国档案出版社2006年版，第28页。

勇大谋，是文武并举治天下的圣人；他也是文质彬彬的君子，有着独特的武士气质及行武布道的愿望。孔子尚武的表现，在于对《武》乐做出"尽善矣，未尽美"的评论，可见，在孔子的思想境界中，尚武精神和仁爱之道可以是统一的，这是中国之武士道的真正意蕴及价值。梁启超在《论尚武》中就提出过孔子主张文武兼重的观点，他本人就是以身范险、不惧强齐，维护鲁国利益为终身之志的。如孔子作《春秋》的目的，即文饰太平，使诸夏夷狄得远近如一。

梁启超在《新民说·论尚武》讲："然孔子固非专以懦缓为教者也，见义不为，谓之无勇；战阵无勇斥为非孝，曷尝不以刚强剽劲耸发民气哉！"然而后世贱儒，"以任侠为大戒，以柔弱为善人"。[①] 孔子之道由于儒教之流失、国势之统一、霸者喜偃武修文及习俗传承偏失的原因，致使中国显现出柔懦。他在《中国之武士道·孔子》一文中说："天下之大勇，孰有过我孔子者乎？身处大敌之冲，事起仓卒之顷，而能底定于指顾之间，非大勇孰能与于斯？……《论语》《中庸》，多以知、仁、勇三达德并举，孔子之所以提倡尚武精神者至矣。"[②] 他举证孔子是尚武精神的楷模，武士道最实质的内核是尚武精神，梁启超对于尚武精神有三点提倡，其一，武德是崇尚英雄的一种内在表现，是一种个体爱国精神的外在表征，排除个体为获取一己之利谋害他人及社会、国家利益的动机及行为；其二，武德是一种集感性与理性为一体的智慧选择，它虽出发于个体的情感，但从理性的视角共同系于群体及国家、短期及长远之利益；其三，武德者轻视死亡重视生命荣誉，它本身是一种高尚的道德德性。

---

① 梁启超著，吴松等点校：《饮冰室文集点校》，云南教育出版社2001年版，第618页。
② 梁启超：《中国之武士道》，中国档案出版社2006年版，第3页。

三 武士道与"死生观"

梁启超在《余之死生观》开篇就强调:"我见我国若全世界过去之圣哲,皆有其不死者存;我见我国若全世界过去之豪杰,皆有其不死者存;我见我国若全世界过去亿兆垓无量数不可思议之人类,无论智愚贤不肖,皆有其不死者存;故知我与君皆有其不死者存。今愿与君研究'死学'。"①梁启超试图阐述的"死学",即精神界之死亡哲学。毫无疑问,梁启超关注"死学"问题的背后,与中国武士道精神一致,意在建构他的"新民之道"。"死学"具有一种先死后生、奉献小我的内涵,它源自国家主义的"动"的精神,以弘扬"尊重生命"的生命意识为目的。孔子讲"未知生,焉知死",其实是说中国传统文化不仅重视"生",也要正确地面对"死"。孟子指出:"可以死,可以无死,死伤勇。"一方面,强调个体不能在岁月蹉跎中消耗掉自己的生命,更不能失去生命的价值及意义。另一方面,"勇"不能成为鲁莽之死的代言,如果选择死亡,不要轻易地白白牺牲掉生命。当然,真正的勇者要受到道德的约束,生命源于父母,"身体发肤,受之父母,不敢毁伤"。儒家主张死亡的社会意义对梁启超的影响较深,他谈"死生观"而不是"生死观",透露出对他"死"的重视。他透过对死亡的剖析来追求生命的终极价值和志趣。

梁启超"死生观"的第一个方面是用死亡的意识来反思人生,用智慧勇敢的人生实践来拓展生命的无限性,从而赋予生命以无限的价值。梁启超指出:"综诸尊诸哲之异说,不外将生命分为两界:一曰物质界,二曰非物质界。物质界属么匿体,个人自私之;非物质

---

① 梁启超著,吴松等点校:《饮冰室文集点校》,云南教育出版社2001年版,第2226页。

界属于拓都体，人人公有之。"人皆重视仅限一次的生命，生命的价值体现在物质与精神的双重层面，物质生命与精神生命无法比较轻重，双方皆不可被替代。如果我们舍弃物质的我或舍弃精神的我，就违背了人性或人的本能需求，人就不能称之为人。人若无物质追求，就失去了生存条件的保障；人若无精神追求，生活就会毫无激情，灰暗不堪。所以从某种角度而言，更应尊重具有人格的我。梁启超将"择死"视为人生之天职或责任，人不能逃避这种大义。

梁启超"死生观"的第二个方面是尊重"尚武精神"，用强烈的死亡意识来透视武士道，做到"死而不朽"。生死观并不是武士道的全部，只是当时形势下为国家改造奠定基础。而全面地造就国民资格，需要从根本上改良野蛮的专制主义政治制度。

梁启超"死生观"的第三个方面是"不死者，吾辈之群体也"。梁启超言："吾辈皆是，吾辈皆不死。死者，吾辈之个体也；不死者，吾辈之群体也。"死是生命的结束，是人之为"物"之大限，所以，怎样对待死实际上是量度"人生价值的最终尺度"的问题。主动献身为使命及责任而死，需要绝对的勇气。从生命意义的角度来看，以死为尺度来论说人生之意义，揭示出不知死义即不知人的生命究竟为何物，从而也就不知道怎样生活，其理说得淋漓尽致。梁启超心底追求的"死"并非与"自由"的概念相悖，肉体虽灭亡但精神达到最大的升华与满足，死得其所便是最大的自由。如果说不能选择生，但能选择死的方式，况死的目的是为他人、国家全体之自由奉献自己的生命，这种"死"是对心灵的极大解放，是武士道学说的重要组成部分。

梁启超指出："若夫至今岿然不死者，我也；历千百年乃至千百劫而终不死者，我也。何以故？我有群体故。我之家不死，故我不死；我之国不死，故我不死；我之群不死，故我不死；我之世界不死，故我不死；乃至我之大园性海不死，故我不死。"① 他的"死生观"与今日我们讲的"生死观"不同，"死生观"的精髓是舍生取义，是对传统儒家仁义观和"杀身成仁""舍生取义"等生死观的延续。

---

① 梁启超著，吴松等点校：《饮冰室文集点校》，云南教育出版社2001年版，第2231页。

第三章

应世与化新：外王之道的现代图景

传统儒家将德性与理性融合为一，"内圣"为其人格目标，新儒家由此走上获得治世之才的必由之路。"内圣"是通过自我的德性修养成就自己，使自己成为具有圣人般高尚道德品性和人生追求的人；"外王"涉及的是社会事功领域，即在"内圣"修身养德的基础上，在世间成就王者伟业。"内圣外王"遵循儒家"本末一贯"之道，内圣为本，外王为末，本末一贯，合而为一。如果将其付诸社会生活实践，由"内圣"而"外王"，必将释放出巨大的精神和智慧力量，成就孔子所言"修己以安人"的辉煌事业。人的道德追求，可以经过修养和磨炼达到理想的道德境界。而"内圣"的道德境界最终也必然要通过"外王"的实践才能彰显其内在的非凡价值，"内圣外王之道"是儒家将心性道德修养推至社会生活的人生模式。

对梁启超而言，他成功地将"内圣"的自我品德修为延伸至"外王"事业的实践。在《儒家哲学》中，他称"外王"是经世济民的事业，需要将理想的人格扩大到全社会。如果我们从近代人文精神重建和维系社会秩序来考察梁启超的"外王"事业，进而探究梁启超的外王之道，那么我们可以将梁启超的思路划分为三个部分：第一，为学之道。在《西学书目表》序列中，梁启超既已表达："凡一切政皆出于学。"[①] 对"学"的定义，从狭义的范畴讲，"学"是要以自由为精神，以人格完善、意志培养为本，这就要学习宋明理学以"养心养气"。梁启超的"为学之道"至少包括了为学作史；学以明道，为学做人；学以致用三个向度。"为学"主要针对新外王的构想，涉及对自由、民主、科学等新思想的吸纳与融合。这就决定了"道"在近代的更化，需以内圣外王为轴心来统合"经世"与"致用"的双重效用，彰显出"道器"合一的时代特色。第二，为政之道。梁启超以"自由"为精神，认为应注重助民、听民，提出英雄。第三，为教之道。梁启超所倡外王之任，在于追求"新道"。整体看，梁启超建构的外王之道，呈现出为学、为政与为教相互支撑的态势，共同作用于治世济民的日常实践之中。

第一节　批判与醒世：为学之道

将内在的心性道德修养与外在的为学识理有机地结合起来，可说是梁启超内圣之道的最大特色。不过，梁启超认为涵养致知的修养之学与为学之道不单是对学理的反思，更应在具体的生活场景中得到实践和体验。换言之，梁启超所谓的"为学之道"，是价值层面的问题，关乎人生观、道德观与价值观。它也不限于认识论层面的学术研究，通过义理来讲明治心之道、新民之方也只是其中一个方面。梁启超意识到除新民之道外，"淬砺"及"采补"原则还应观照中国传统

[①] 梁启超著，吴松等点校：《饮冰室文集点校》，云南教育出版社2001年版，第141页。

学术与西学间的弥合，形成全新的学术文化系统。一方面学术世界的破旧立新，是改造腐化堕落旧世界、恢复重建现实世界的前提；另一方面人心风俗明于学术，若利用学术改造人之身心，利于打破人心僵化的现实困境。实际上，他所追求的学术精神，尝试通过民族式的国学话语，描绘"新道学"的世界，以此来重新诠释传统儒学之精义，解决因"学术碍而思想窒""专制政体陶铸"所造成的社会风化堕落等社会问题。最为核心的是梁启超从救济精神饥荒的立场，设定为学之道。为学之道是对为学与为道的统一，也是学问与德性的相互统一。

在中国传统语境中，为学之道有不同的旨向、维度和关注点，其内容包括治学理念、方法、目标、途径等。梁启超的为学之道还包含传统文化教育思想、成人之道等，集中体现在《南海康先生传》《科学精神与东西文化》《非唯》《趣味教育与教育趣味》《学问之趣味》《美术与生活》《敬业与乐业》《为学与做人》《教育应用的道德标准》《治国学的两条大路》《东南大学课毕告别辞》《国学入门书要目及其读法》《清代学术概论》《先秦政治思想史》《中国近三百年学术史》及《中国历史研究法》等文存中。学界过往对梁启超"为学"问题的研究，仅从其本人的人生哲学及价值观念来谈论"为学"。笔者指出，梁启超的为学之道，在于"更研哲理新知"，他对"学以治天下"有着打破传统思想束缚、追求与社会状况及发展相符的为学之道。他的为学之道追求"逆乎常纬，独辟新路"[1]，赋予"学"以"新锐之精神"。"逆乎常纬"是指兼收西方科学的教育方法，由浅入深，由窄及宽，循序改革，全盘更新；"独辟新路"是指秉持"新锐之精神"，开辟新目标，探寻新道路，开辟新天地。在具

---

[1] 万明华：《为学之道：中国先贤的核心学养》，北京大学出版社2019年版，第406页。

第三章 应世与化新：外王之道的现代图景

体的实践方法上，他提出"淬砺其所本有而新之""采补其所本无而新之"的道德转变方法；有"中西兼并，政艺并进"的人格思想改革之法；有"自新之谓也，新民之谓也"的学术素养之法；等等。笔者以"学以致用""为学作史""学以明道""为学做人"为线索，细腻地展现他对于为学之道的思考。

一 学以致用

学以致用，代表着中国学术的传统认识。在传统文化中，"学而优则仕"（《论语·子张》）的从政理想是学以致用的体现。好问学而致用于治国安邦，是古人追求学术精神的完满写照。董仲舒的大一统思想，柳宗元的习百家"圣人之道"，张载高唱的"为往圣继绝学"，都表达学问为治世服务的意愿。明末清初时，学术经世之风盛行，顾炎武提出"君子之为学，以明道也，以救世也"[1]，"明道"与"救世"无外乎是对学以致用最好的描绘。道咸年间，经世之学兴起，龚自珍及魏源等纷纷投入学以致用的阵营里。康有为承经世遗风，寓政治改革于学术体系之中，将经世致用的治学思路推向高潮，形成了学术与致用相系为一体的热闹局面。

然而，清末民初时学术殿堂上也荡漾起另一种声音，即还学术自由发展，将学术与致用分离开来。章太炎强调："求学之道有二：一是求是，一是应用"，"应用之学，先于求是。"[2] 王国维提出"视学术为目的"[3]，都是为学术独立发展作代言。这类追求学术独立性的想法是对乾嘉学派"实事求是，不主一家"的发扬，还学术自由，

---

[1] 顾炎武著、华忱之校注：《顾亭林文选》，四川人民出版社1998年版，第484页。
[2] 汤志钧编：《章太炎年谱长编》（全二册），中华书局1979年版，第620页。
[3] 王国维：《王国维遗书·静安文集续编》（第五册），上海古籍出版社1983年版，第95页。

为学术而作学术研究是其核心主张。

梁启超表现出更深的认识,他对"为学问而学问"及"学以致用"都有所感,事实上他更倾向于兼顾两者,贯通其优点的立场。前者是一种良好的治学品格和精神,后者是一种有效的治学方法。他在论及乾嘉学派时,强调:"读诸大师之传记及著述,见其'为学问而学问'……无形中受一种人格的观感,使吾辈奋兴向学","用此种研究法以治学,能使吾辈心细,读书得间;能使吾辈忠实,不欺饰;能使吾辈独立,不雷同;能使得吾辈虚受,不敢执一自是"。① 他对乾嘉学派的赞许,主要在于称赞其求真求是、虚心受教的治学精神。梁启超谈及所治之学究竟有用无用时,他表示难以言说,并做出以下结论:"其实就纯粹的学者之见地论之,只当问成为学不成为学,不必问有用与无用,非如此则学问不能独立,不能发达。夫清学派固能成为学者也,其在我国文化史上有价值者以此。"② 可见,成为学或不成为学,是他评价学术独立与否的标准。同样,追求以"学问为目的"的独立精神,是学者良好的治学态度和人格精神的深层体现。

对梁启超而言,求学之道,在于"为学问而学问",也在于"学以致用"。他在《中国历史研究法补编》中指出:"现在人很喜欢倡'为学问而学问'的高调。其实'学以致用'四字也不能轻……"③ 他追求学术之独立精神,也追求学术与致用相统一。当然,这种对学术的认识是他在追求学问途中的一种新的尝试,试图创新一种治学理念。一方面做学问要有求真求是的为学理念,另一方面要摆脱沉醉于纯象牙塔的羁绊,关注现实政治及国家命运。他说:"正统派所治之

---

① 梁启超著,朱维铮校订:《清代学术概论》,中华书局2016年版,第70页。
② 梁启超著,朱维铮校订:《清代学术概论》,中华书局2016年版,第71页。
③ 梁启超撰、汤志钧导读:《中国历史研究法》,上海古籍出版社1998年版,第153页。

学……试持以与现代世界诸学科比较，则大部分属于无用，此无可讳言也。"① 他理想中的学术已经憧憬了现代世界学科的想法，这样就不难理解，梁启超后来在《清代学术概论》中所讲："有为、启超皆抱启蒙期'致用'的观念，借经术以文饰其政论，颇失'为经学而治经学'之本意，故其业不昌，而转成为欧西思想输入之导引。"② 很明显，梁启超心中之学术，当以学术为目的而非手段，学术研究也应为现实服务。但他对学以致用的理解已经超越了传统的认识，学术被赋予了人格理想、政治功能、精神气质等内涵。比较典型的是，他将"学以致用"融入他对儒学道德观的具体研究中。在1903—1905年所写的《论私德》《德育鉴》等文，充分表达了其道德观的这一特质。在《论私德》一文中，他将晚清士林之风的败坏、革命党人缺乏道德，归咎于主流汉学在造就人才方面的不足。文中他列举历代史实，说明"学术"对于"人心""风俗"之影响，远大于君主的政策决断。为提升学术的文化效力，梁启超提出："故欲占其国文野强弱之程度如何，必于学术思想焉求之。"③ 这表明，他期盼的学以致用，不再局限于传统经世之用的层面，学术具有了拟人化的性格特质。它不仅可以传递出中华文化的精神与气质，转化为一种文化力量，还决定着国民事业未来发展的兴衰。

二 为学作史

梁启超的为学是近代儒家学说内部的一次深刻变革，是彻底对君权正统意识形态的一次反动，他举起"为学作史"的大旗来反对"以史倡学"，对"君统"为中心的封建君权开展了一系列的批判。

---

① 梁启超著，朱维铮校订：《清代学术概论》，中华书局2016年版，第71页。
② 梁启超著，朱维铮校订：《清代学术概论》，中华书局2016年版，第8页。
③ 梁启超著，吴松等点校：《饮冰室文集点校》，云南教育出版社2001年版，第215页。

其为学的目的在为民,这表明他在守护古典的同时,又打开了中国现代性的大门。传统为学的目的在于体悟成己成人之道,同样,成人之道也是梁启超为学思想的第一要义。从举措来看,梁启超通过群体原则与人道原则的融合,从更广阔的中外历史视角审视了为学的近代内容。梁启超以"欲知大道,必先为史"的行道智慧,从历史之进化视角,摆脱天命论的束缚,推行学术、政治、社会等方面的发展大势,"以学治天下"的宗旨体现在他的为学思想中。

梁启超批判"君之统"否定正统,将"国统"与"民统"的地位前。以民为统的为道意识因时代特性而萌发。1902年7月,梁启超在《新史学·论正统》中质疑:"然则正统当于何求之?统也者,在国非在君在,在众人非在一人也。"[1]他摒弃"正统"在《公羊传》中"君子居大正""王者大一统"的原意,寄"统"以浓浓的"国统"及"民众"意识。这种"国民性"正统论是对"历史性"正统论的质疑,用来否定王道权威,建构以"群"为首的意义世界。简单来讲,梁启超以近代民主主义者的眼光来看待正统论,有其独特的视角,他视"奴隶根性"为正统的本质,揭开了"正统"为君主专制制度服务的面纱。梁启超强调说:"史家之谬,未有过于论正统者也。言正统,以为天下不可一日无君也,于是乎有统;又以为天无二日、民无二王也,于是乎有正统。统之云者,殆谓天所立而民所宗也……一言蔽之曰,自为奴隶根性所束缚,而复以煽后人之奴隶根性而已。是不可以不辨。"[2]他还说:"《春秋》之大义非一,而通三统实为要端。通三统者,正以明天下为天下人只天下,而非一姓之所得私有。"[3]他认为,真正的《春秋》大义的基本精神就是"通

---

[1] 梁启超著,吴松等点校:《饮冰室文集点校》,云南教育出版社2001年版,第1643页。
[2] 梁启超著,吴松等点校:《饮冰室文集点校》,云南教育出版社2001年版,第1639页。
[3] 梁启超著,吴松等点校:《饮冰室文集点校》,云南教育出版社2001年版,第1643页。

三统者，正以明天下为天下人只天下，而非一姓之所得私有"这一原则。梁启超以为正统论为君主专制和家天下之恶习，则使人甚感快意。这证明了他已远远超脱了正统说的羁绊，站在更高的角度来审视封建文化中的那些糟粕了。[1] 更高的一层，梁启超肯定西方民主主义史学社会政治观，称赞"泰西之良史"在于将民置于首位，其统治有民统而无君统。在此种比较下，封建正统论之谬误与流弊、史之毒害与无用就显然了。

另外，梁启超提倡"为学作史"与封建史学决裂，"为君作史"的传统走向尽头。他在《新史学·论正统》里讲："中国史学家最大的错误，没有比强调'正统'这件事更为严重。强调'正统'的人，认为天下不可以一天没有君王，于是乎有'统'。又认为'天无二日，民无二主'，于是乎有'正统'。'统'的意义是：上天建立，人民尊崇；'正'的意思是：只有一家是'真'，其他的全都是'伪'。"[2] 在《中国近三百年学术史》中，他批判明以前的学术"大率借以表扬一家之宗旨，乃以史昌学，非为学作史"[3]，自当不可取用。谈到真正的"学问之道"，梁启超在《读书分月课程》中言："学问之道，未知门径者以为甚难，其实则易易耳。所难者莫如立身，学者不求义理之学以植其根柢，虽读尽古今书，只益其伪小人之具而已"，"故入学之始，必惟义理是务"。[4] 他要求人民循学问之道，求义理之学，从书籍中感悟先贤的智慧，吸收借鉴，为己所用。但他更强调对本国学术思想的发明，警惕喜爱崇尚古人的国人，滋生出一种崇拜外人、蔑视本族学问的可怕心理。他相信，学术与国族精神的

---

[1] 陈学凯：《正统论与革命观——中国传统政治文化的调节机制》，陕西人民出版社1998年版，第53页。
[2] 梁启超著，吴松等点校：《饮冰室文集点校》，云南教育出版社2001年版，第1639页。
[3] 朱维铮校注：《梁启超论清学史二种》，复旦大学出版社1985年版，第437页。
[4] 梁启超著，吴松等点校：《饮冰室文集点校》，云南教育出版社2001年版，第1698页。

追寻和国族认同的建立，密切不可分离。

因此，重新评价中国学术史，寻找与中国文化精神相一致的道德价值观，是有着现实意义的。梁启超认为，"一战"以后的时代精神将恢复人的自由意志，恢复道德。中国文化确实应得到重新评价，寻找与这种精神相一致的道德价值观。中国可以而且应该参与建设一个新的世界普遍历史；中国有责任代表我们的祖先重组和加强我们的传统，我们有责任参与并为世界作出贡献。① 而这一切，必先以重新审视中国学术史的价值为开辟时代先河的第一步。

三 学以明道

梁启超从理性精神出发，思考将"新道学"融入现实，他称："学问之道，不尚虚谈，而以创辟新法为尚。"② 梁之意图涵盖有三：一为破精英阶层的经学之风，使学风转向承载近现代国家建设的民众主体；二将"学以致道"融入科学精神，使"新民"具有近现代特性；三是延承儒家"以学治天下"的精神，建构以民本思想为基础的新世界。开创国魂是"道"的内在需求，亦是"为道"的现实价值，代表传统之"道"的近代超越。

首先，梁启超的学术思想经历了从古文经学向今文经学，再至"新道学"的演进转变过程。早在1890—1894年的万木草堂时期，梁启超偏向孔学、佛学、宋明学的研究；1897年10月—1898年3月主持湖南长沙时务学堂，他在孔学穷理、经世框架下订立学约，释"学"以"立志、养身、穷理、学文、乐群、经世、传教"等内容，以固守中学为前提，再扩大西方现代之学的视野；这两个时期他谈及西学却信守"今文经学"，与古文经学彻底决裂。1902年2月梁启超

---

① 皮明勇：《梁启超论儒家文化与民族主义》，《齐鲁学刊》1996年第3期。
② 梁启超著，吴松等点校：《饮冰室文集点校》，云南教育出版社2001年版，第2255页。

第三章 应世与化新：外王之道的现代图景

先后发表《近世文明初祖二大家之学说》及《保教非所以尊孔》，标志着他与康有为在学术观上的分道扬镳。前文中他大赞培根、笛卡尔"破学界之奴性"的理性精神，并称"有新学术，然后有新道德、新政治、新技艺、新器物；有是数者，然后有新国、新世界"，并提出"新之有道，必自学始"的"新道学"立论。[①] 在他看来，新民之道和学术关系紧密，学术是向新民之道前进的动力和保障。在《保教非所以尊孔》中，他认为孔子是自由的化身，应追求孔学所具自由美德的精神境界。同年4月他在《致南海先生书》中，宣告以创造新思想为己任；7月他又在《新民说·论进步》中倡导开新学风，寄托理性的学术精神将自由、丰盈的生命意识注入民心，宣称"凡一国之进步，必以学术思想为母，而风俗、政治皆其子孙也"[②]。

其次，梁启超深受"学"以成人思想的影响，志于"新道学"而渐入中道世界。《论语·述而》载："志于道，据于德，依于仁，游于艺。"就儒家而言，"道"是一种生命之学，它真正刻画的是既内在又超越、既静态又动态的人生之境，涵盖德、仁、艺三个层面。其中，"游于艺"表述的是与"道"相关之"学"，它关乎知识与艺术的应用，聚焦于传播生命的经验体悟、国家的精神力量，来振兴民族的文化复兴。正所谓撒播正道，培育人文素养，这才是儒家醇正的学艺观。梁启超洞悉"游于艺"之真谛，在《新史学·论正统》中对"道"释以中道即正道之意，即明确学以启人及学以明道的新内涵，使人富有独立自由的学术人格。另一层面，为道与为学、德性与学问被他视作新民实现理性人格的两条进路，这表现在他1902年所写《论中国学术思想变迁之大势》及《三十自述》中。文中他主张用进化色彩的自由观，反哺新民的人格学说，再将自由理念融入学术

---

① 梁启超著，吴松等点校：《饮冰室文集点校》，云南教育出版社2001年版，第391页。
② 梁启超著，吴松等点校：《饮冰室文集点校》，云南教育出版社2001年版，第584页。

观中，这种予以学术人格之道的做法，彻底埋葬了康有为的"今文学"三世说。梁启超的"新道学"与"道学""道德哲学"完全不同，应当区分对待。历史上的"道学"主要是探讨"理""气""太极""阴阳"等哲理含义，或者称为求道之学亦可，并不等同于"道德哲学"，"道德哲学"可与"道学"有某些观点的交集。梁启超生活的时代，旧的价值观崩塌，新的价值观尚未确立。梁启超的"新道学"以应对人心失准，对抗可能产生的普遍文化价值危机而生，除关乎道德人格的德育养成外，更强调"智育"的学术培养。

  梁启超在《德育鉴》中说："为道与为学两不相妨也。"① 这段话是对王阳明《传习录》中载："爱曰：'如事父一事，其间温清省之类，有许多节目，亦须讲求否？'曰：'如何不讲求？只是有个头脑，只就此心去人欲、存天理上讲求……'"的总结评析。梁启超指出，"日损之道"与"日益之学"是相辅相成的关系，"日益之学"为"日损之道"之应用，"日损之道"能生出"日益之学以为之应用"。② 他举例说明这两者之间的关系："如诚有爱国之心，自能思量某种科学是国家不可缺的，自不得不去研究之；又能思量某种事项是国家必当行的，自不得不去调查之。"③ 他通过这一类比，总结道："讲王学与谈时务"④ 不相妨碍。实际上，他的字里行间引申出"为学"与"为道"的新体用关系，"新道学"的树立，以道学为"体"并以科学为"用"。这种"体"是主体对世界的探知精神，是开新出学问的道德

---

  ① 梁启超著，彭树欣整理：《梁启超修身三书·德育鉴》，上海古籍出版社 2018 年版，第 98 页。
  ② 梁启超著，彭树欣整理：《梁启超修身三书·德育鉴》，上海古籍出版社 2018 年版，第 98 页。
  ③ 梁启超著，彭树欣整理：《梁启超修身三书·德育鉴》，上海古籍出版社 2018 年版，第 98 页。
  ④ 梁启超著，彭树欣整理：《梁启超修身三书·德育鉴》，上海古籍出版社 2018 年版，第 99 页。

第三章　应世与化新：外王之道的现代图景

实践；这里的"用"是指以科学立其"用"，是对"学之要"的最终探求。新体用关系的主张是他对中国需要的新型人格和学术体系的努力追求，至于如何将"体"与"用"结合起来，他提到一点："刻刻在学校习科学，刻刻提醒良知，一丝不放过，此学之要也。"① 若想真正从事好"道学"，正确的路径是阳明学的"致良知"，既能学习科学，又能够确立道德之本。

最后，1903 年梁启超在游历美国后专注于德育修身之道，好为公德与私德树其根本。梁启超认为，"学"既涉及"明心"亦关乎"尽性"，从而表现为明心和尽性、知人和成人的统一。为达成统一的双效，他在《近世第一大哲康德之学说》中号称"道学为哲学之本"，"不返诸吾人良知之自由……不足以建立真学术"②，首倡"良知之自由"为"一切学术人道之本。"③ 因而，他珍视良知本体论与修身工夫，细化归类古人修身之法，寄托学以致用的情怀来改造人心。被誉为"修身三书"的《德育鉴》(1905)、《节本明儒学案》(1905) 和《曾文正公嘉言钞》(1916) 正是他致力于弘扬阳明及其后学，沿袭这一情怀的真实写照。他提倡的修身之法关切于三点：其一，他自称"所钞录学说，惟在治心、治身之要"④，"新道学"的品质不仅在于"道德学"体系的建构，更在于其生动的实践性。其二，具体的工夫如"致良知""知行合一""慎独"等是"道问学"的基础方法。其三，"学术人道"显现出的人格精神，是抵御机械、利益世界的精神良药。

梁启超的文化观念虽跌宕起伏，却借以传统"德性之学"来改

---

① 梁启超著，彭树欣整理：《梁启超修身三书·德育鉴》，上海古籍出版社 2018 年版，第 99 页。
② 梁启超著，吴松等点校：《饮冰室文集点校》，云南教育出版社 2001 年版，第 442 页。
③ 梁启超著，吴松等点校：《饮冰室文集点校》，云南教育出版社 2001 年版，第 444 页。
④ 梁启超著，吴松等点校：《饮冰室文集点校》，云南教育出版社 2001 年版，第 2158 页。

造旧民，培育新民的民德为主线，经过不同时期的历史选择趋于保守。1905年清政府废除科举制，封建君权思想彻底瓦解，梁启超以国民性理论为基础，深化儒家"道问学""尊德性"的传统，保守而大胆地开拓利于近代社会进步的国性论。他的国性论肇始于1912年的《庸言·国性篇》，成型于《大中华》杂志上刊登的一系列文章，如《大中华·发刊辞》《复古思潮评议》等。民初时期有关"国性"的探讨有广泛的学术基础和社会影响，比如严复就曾指出"大凡一国存立，必以其国性为之基"[①]；章太炎也说："夫国无论文野，要能守其国性，则可以不殆"[②]；梁启超强调："国性分裂，则国亦随以分裂"[③]，人因人性而为人，国与人所立相通，若全盘否定"传统"，此乃自戕国性，极易引发社会危机。梁启超还界定了国性及其意义，国性为"一国之能立于天地的特性"[④]，表现为语言、文字、思想、宗教、习俗、礼文、法律等内容；其意义体现在"沟通全国人之德惠术智，使之相喻而相发，有以纲维全国人之情感爱欲，使之相亲而相扶"[⑤]。国性反映出人群因血统、地域文化长期相融所形成的情感、信念、理想等方面的价值共同体。

那么，国性所代表的中国价值共同体应如何存在？1920年自欧游归国的梁启超出版《欧游心影录》一书，文中充斥着他对传统文化的满腔自信，审视并质疑欧洲社会物化之后的各种流弊，宣扬优秀传统的决心稳如磐石。他提出"自己的人格"与"社会的人格"的概念，强调个人和社会间相互促进的关系。他宣称："社会的人格向

---

① 严复：《中国现代学术经典：严复卷》，河北教育出版社1996年版，第603页。
② 章太炎著、王小红选编：《章太炎儒学论集》，四川大学出版社2011年版，第1099页。
③ 梁启超著，吴松等点校：《饮冰室文集点校》，云南教育出版社2001年版，第2332页。
④ 梁启超著，吴松等点校：《饮冰室文集点校》，云南教育出版社2001年版，第550页。
⑤ 梁启超著，吴松等点校：《饮冰室文集点校》，云南教育出版社2001年版，第2742页。

上，唯一的方法，就是要自己的人格向上。"① 如果说"自己的人格"是"社会的人格"的内涵，那么"社会风气"是"社会的人格"的外显。他选取儒学中"风"的概念，借用"修德"来刮起社会新风，达到移风易俗的效果。1923年1月13日梁启超在东南大学告别演讲，点明"为学的首要，是救精神饥荒"，"救精神饥荒，在东方找材料"。② 其最根本的救治之道，就在于寻求东方先哲的智慧，汲取并创立新道学。在《儒家哲学》中，他指出研究儒家最好的名义："以'道学'二字为宜……道学只是做人的学问，与儒家内容最吻合。"③ 东方先哲的主要精神是追求精神生活的绝对自由。

总之，"新道学"是满足国民精神需求的法宝，求"学"之核心在于健全新民之人格与国格，这是梁启超描绘"新道学"的真实希图，也代表近代"学以明道"的新风尚。另外，"学以明道"与"新民之道"遥相呼应，共同打造追求外王之道的新境界。

四　为学做人

先秦儒家的为学之道，既是"为己之学""内圣之学"，也是"成人之学""外王之学"，是以人性不足为基点，以道德修养为内容的德性圆满之道。④ 1922年12月28日梁启超以《为学与做人》为题，为苏州学生联合会公开讲演时提出了三个疑问。一是，你为什么进学校？二是，你为什么要求学问？三是，你想学什么？这些问题的答案，他归结为："为的是学做人。"⑤ 他将传统儒学的学以成人思想

---

① 梁启超著，吴松等点校：《饮冰室文集点校》，云南教育出版社2001年版，第3345页。
② 梁启超著，吴松等点校：《饮冰室文集点校》，云南教育出版社2001年版，第3369页。
③ 梁启超：《儒家哲学》，中华书局2015年版，第5页。
④ 梁启超在《治国学的两条大路》中将国学分为两类即"两条大路"——一是"文献的学问"；二是"德性的学问"。"德性的学问"是身心性命之学，他也称之为德性学、人生观或人生哲学，这类学问应用内省和躬行的方法进行研究。
⑤ 梁启超著，吴松等点校：《饮冰室文集点校》，云南教育出版社2001年版，第3333页。

发挥在这里，希望通过"学"来确立"人之所以为人"之道。

梁启超提出以"智、仁、勇"三达德为核心的"成人"教育理念，因为智、仁、勇是人类普通道德的标准，教育也应分为知育、情育、意育三方面。"知育要教人不惑，情育要教到人不忧，意育要教到人不惧。"① 这些观点是对孔子"知、仁、勇"三达德的承继发扬。梁启超认为，儒家智、仁、勇三者为天下之达德，不论在何时何国何派，都是适用的。他将"智、仁、勇"看作儒家道术的范围，这一思域超越了西方哲学，毕竟西方哲学"爱智慧"不过为三德之一。可见，梁启超对"三达德"的学问与功夫是极为重视的。至于如何实现"智、仁、勇"这三个方面，梁启超认为，首先要知道中国哲学的人生观。他强调："'仁'之一字，儒家人生观的全体大用都包在里头……'仁'到底是什么？很难用言语说明。勉强下个解释，可以说是：'普遍人格之实现'。"② 他对于"普遍人格"非常看重，"人格不是单独一个人可以表见的，要从人和人的关系上看出来"，"总而言之，要彼我交感互发，成为一体，然后我的人格才能实现。"③ 个人的人格养成不是最终的归宿，他提出人格主义，并称："讲道这个主义，当然要归宿到普遍人格。"④ 再者，我们有"仁"的人生观，便不会忧得失；一个人要意志力坚强，才能不惑。

意志如何坚强呢？梁启超提出有两件事情要做：一要"心地光明"⑤。他推赞孟子的"浩然之气，至大至刚，行有不慊于心，则馁矣"（《孟子·公孙丑章句上》），强调一个人要保持坚毅的勇气，其行为举止应以道义为先，否则良心惴惴不安就会气馁心虚。若浩然之

---

① 梁启超著，吴松等点校：《饮冰室文集点校》，云南教育出版社2001年版，第3333页。
② 梁启超著，吴松等点校：《饮冰室文集点校》，云南教育出版社2001年版，第3334页。
③ 梁启超著，吴松等点校：《饮冰室文集点校》，云南教育出版社2001年版，第3334页。
④ 梁启超著，吴松等点校：《饮冰室文集点校》，云南教育出版社2001年版，第3334页。
⑤ 梁启超著，吴松等点校：《饮冰室文集点校》，云南教育出版社2001年版，第3335页。

气流于心中,则为人刚强,自能抵御淫邪之气。二要"不为劣等欲望所牵制"①。梁启超还引用孔子所言:"和而不流,强哉矫;中立而不倚,强哉矫;国有道,不变塞焉,强哉矫;国无道,至死不变,强哉矫。"(《礼记·中庸》)警示个人不要做自己情欲的奴隶,否则会成为无自由,畏首畏尾的可怜之人。他教育学生要顶天立地,做到勇于担当责任,安稳做好一世之人。最终能否成人,是梁启超对"为学"是否成功的判断标准。他还重视躬行学问,认为孔子一生处处知行一贯,"知识之扩大,在人的努力的自为,从不像西人之知识方法而求知识。"②他坚守中国传统知行合一,躬行学问之法,让为学做人落于实践而非空谈。他总结道:"王阳明曰:'知而不行,是谓不知'。所以说这类学问,必须自证,必须躬行,这却是西人始终未看得的一点。"③

第二节 治道与治世:为政之道

梁启超的政治主张繁杂多变,但其政治哲学中的为政之道有着自身的逻辑性。从西方进化论中"公例"的概念传入中国开始,"群"或"强权"的政治概念就出现在梁启超的政治论述中。政治秩序的形成,政治思想及活动的展开,都在一些基本的前提假定和核心政治理念的指导下进行。梁启超撰写的《先秦政治思想史》,是中国政治思想史领域的开创之作。书中他关怀的是生活世界中的人间烟火,如人间秩序的建立,它又包括政治秩序、文化秩序、人伦秩序、日常生活秩序等外王事业。梁启超的为政智慧,为执政者提供了可依循的为政之道。

---

① 梁启超著,吴松等点校:《饮冰室文集点校》,云南教育出版社2001年版,第3335页。
② 梁启超著,吴松等点校:《饮冰室文集点校》,云南教育出版社2001年版,第3335页。
③ 梁启超著,吴松等点校:《饮冰室文集点校》,云南教育出版社2001年版,第3335页。

一 助民保民

"救国救种"是近代开篇的首要历史任务,梁启超提出的为政之道,是以"自由"为精神,以"仁政"为核心,以助民、保民为宗旨,赋予民众自由、民主、平等权利的执政智慧。梁启超在《自由书》中说:"民权自由者,天下之公理也。"① 并以美国成功独立为大国为例,称其"殆所谓本来无一物者;而其一片独立之精神,遂以胚胎孕育今日之新世界"②。以美国为代表的新世界的建立,依赖"独立之精神"的确立,这激发了梁启超对自由的渴求。他认为,自由本身就有着不可侵犯的内涵,自由是公理存在、人生幸福的基本前提,自由和独立等价。自由是不可抛弃的,轻易地放弃自由是罪首,因为"苟无放弃自由者,则必无侵人自由者"③。国民非但不能放弃自由,更要坚守自由,才能换来民之权利、国之权利,否则"民之无权,国之无权……于民贼乎何尤?"④

中国今日之祸端,在于奴隶根性未除,政府当以"自由之政"为理念,可治国救民,更为进化民众。他举例说:"故善治国者,必先进化其民,非有孟的斯鸠、卢梭,则法国不能成革命之功;非有亚丹·斯密之徒,则英国不能行平税之政。"⑤ 那么,如何"进化其民"?梁启超认为:"精神上之学问者何?民权自由是也。人民一知民权自由之理,则其操纵驾驭、苟且粉饰之术,将无所用……"⑥ 他视"民权自由"为精神之学问,通过给国人普及民权自由及平等理念,号召使国人重视并维护自身自由,推动社会变革,建立新的国家

---

① 梁启超著,吴松等点校:《饮冰室文集点校》,云南教育出版社2001年版,第2253页。
② 梁启超著,吴松等点校:《饮冰室文集点校》,云南教育出版社2001年版,第2252页。
③ 梁启超著,吴松等点校:《饮冰室文集点校》,云南教育出版社2001年版,第2264页。
④ 梁启超著,吴松等点校:《饮冰室文集点校》,云南教育出版社2001年版,第2265页。
⑤ 梁启超著,吴松等点校:《饮冰室文集点校》,云南教育出版社2001年版,第2255页。
⑥ 梁启超著,吴松等点校:《饮冰室文集点校》,云南教育出版社2001年版,第2253页。

秩序。当然，自由亦并非能滥用，他指出："无一人能滥用其自由"①，得文明之自由，国家才能真正立于世界。

当然，"自由"与"强权"是一对政治矛盾体，强权"乃上位施于下位，无道之举动也"②。梁启超指出，世界之中，优胜劣汰，强权实天演之第一大公例，"欲得自由权者，无他道焉，惟当先自求为强者而已"③。唯有强者，才能御外安内、获得真正的自由和强盛。所以，"欲自由其一国，不可不先强其国"④。国家的强盛，需要借助良好的为政理念。梁启超提出以"助民"与"保民"为宗旨，施行"自由之政"。"自由之政"汲取了西方的契约论精神，是对传统"为政爱人"观念的提升，规定了为政者需遵守的义务。为政者需要施行德政，维护国民的自由、权利；否则，人民就有权推翻它。梁启超谈政府义务有二："一曰助人民自营力所不逮，二曰防人民自由权之被侵而已。"⑤

"助民"与"保民"反映出"仁政"的性质，这是有着重要意义的。梁启超认为，治世之道的精髓，不是压制，而是重视"助民"与"保民"。他强调："中国先哲言仁政，泰西近儒倡自由，此两者其形质同而精神迥异，其精神异而正鹄仍同。何也？仁政必言保民，必言牧民。"⑥他通过中西学的比较，认为"仁政"与"自由"之精神的实质相通，即两者都重视国民的权利，执政者施行仁政当以发挥自由精神为首要选择。另外，他还主张"放任干涉相结合"的手段，以民主思想强力保证仁政的具体实现。"助民"与"保民"涵盖了保障民之经济权利、政治权利、文化权利等范围，而且政府还应有制定

---

① 梁启超著，吴松等点校：《饮冰室文集点校》，云南教育出版社2001年版，第846页。
② 梁启超著，吴松等点校：《饮冰室文集点校》，云南教育出版社2001年版，第2269页。
③ 梁启超著，吴松等点校：《饮冰室文集点校》，云南教育出版社2001年版，第2269页。
④ 梁启超著，吴松等点校：《饮冰室文集点校》，云南教育出版社2001年版，第2269页。
⑤ 梁启超著，吴松等点校：《饮冰室文集点校》，云南教育出版社2001年版，第844页。
⑥ 梁启超著，吴松等点校：《饮冰室文集点校》，云南教育出版社2001年版，第846页。

法律，发展教育事业，整备机关，协调经济发展等举措。

在现代社会中，仅靠仁政的执政理念是不够的，"仁政"还要为"公益"服务，"仁政"与"自由"也是相互统一的关系。梁启超提出："政治之正鹄，在公益而已。今议自由为公益之本，昔以仁政为公益之门。"① 这里的"公益之本""公益之门"是内容与形式的关系，自由是仁政的外在表现，仁政是自由的实际内容。要使民能够生存，就要对其施行仁政。将仁政布施于民，人民自然获得参政、自由议政的权利。这时，出现了一个生态链条：人民—民族—国家之间，因个人的自由、参政权利的实现，民族、国家的权利实现自然得到了保障。这里不排除，当政治上层建筑阻碍经济发展，国家会出现落后、社会动荡的情况，有必要的时候就要变革。但梁启超也提到，"公益之道不一，要以能发达与内界而竞争于外界为归"②。简单来讲，为政之道，在于使国家发达于内，竞争于外，只要把握住这一点，就把握住自由之政的真正价值。

二 以德为政

《新民说》的政论文章里，包括了西方政治思想的公德、权利、义务、自由等观念，以及达尔文主义的优胜劣败、进步等内容。事实上，梁启超先于《新民说》之前，就开始讨论个人与社群、自由与权利、群体与国家利益的关系，涉猎的内容和空间跨度都较广泛。在成书比较晚的《先秦政治思想史》中，梁启超不仅梳理了各人物流派的思想脉络，还立足于中国传统文化，挖掘与西方政治价值契合、共鸣的精神价值。在他看来，做到如此，就等于具备了适应于中国本身的平等（民本思想）、自由（自由意志）的政治文明标准。晚清和

---

① 梁启超著，吴松等点校：《饮冰室文集点校》，云南教育出版社2001年版，第846页。
② 梁启超著，吴松等点校：《饮冰室文集点校》，云南教育出版社2001年版，第844页。

第三章 应世与化新：外王之道的现代图景

先秦虽有不同的政治、社会背景及时代文化，然其相同之处在于：这两个时代传统的"士"或现代的"知识分子"都面对了原有的政治、社会及文化秩序的崩落及瓦解，身处于价值失序氛围中的他们，盼望能从繁芜的问题中找到破解之道。梁启超抱此心态，用触类比较的思维，将"哲学突破时代"的先秦与晚清的"转型时代"接榫。通过情境的对照比较，对问题抽丝剥茧、抓住核心，再有针对性地化解，这是他对为政之道的探寻思路。笔者从原则、核心要义及实质三层面，来具体描述他的为政之道。

为政之道的首要原则：面对利时，仁与义并存。梁启超反对政府权力的极度扩张，《新民说·论权利思想》之中对此多有阐述。他在谈到儒家"仁"与"义"的观念时，曾指出为政者的"仁政"若过于积极地保护人民，则人的惰性及权利会丧失。他说道："大抵中国善言仁，而泰西善言义。仁者人也。我利人，人亦利我，是所重者常在人也。"① "夫出吾仁以仁人者，虽非侵人自由，而待仁于人者，则是放弃自由也。"② 这里，梁启超预设出"我利人，人利我"的"仁"之理想社会。

为政之道的核心要义在人治主义。古人云："为政之要，惟在得人"，这句话的精髓被梁启超吸收致用。梁启超讲道："儒家谓社会由人类同情心所结合，而同情心以各人本身最近之环圈为出发点，顺等差以渐推及远。故欲建设伦理的政治，以各人分内的互让及协作，使同情心于可能的范围内尽量发展，求相对的自由与相对的平等之实现及调和。又以为良好的政治，须建设于良好的民众基础之上，而民众之本质，要从物质精神两方面不断的保育，方能向上。故结果殆将政治与教育同视，而于经济上之分配亦甚注意。吾名之曰：'人治主

---

① 梁启超著，吴松等点校：《饮冰室文集点校》，云南教育出版社2001年版，第569页。
② 梁启超著，吴松等点校：《饮冰室文集点校》，云南教育出版社2001年版，第569页。

义'或'德治主义'或'礼治主义'。"①"人治主义"并非梁启超提出的一个概念，他将"人治主义"的目标设定为全民、全面化的德性政治，并践行"多数人治"。传统儒家对王权政治的推崇不再适用于近代之后，梁启超便将挽救的手段落实在"人治主义"上。历史证明，人治的主体必然只能落在全民的身上。所以，德性政治的基本意思是，政治的治理需要道德的完善，以抵御治理格局中的弊端及问题。

于是，"多数人治"就等于民众人格的养成之治。梁启超引入儒家君子的人格意识，希望把大多数民众养成君子，使之有独立参与政治的能力，从而改变传统之人被压抑的政治角色。新的政治角色要求作为主体的政治民众，多数需要具备现代化的政治道德、政治能力及习惯，需要主体恪守"仁、义、德、礼"等规范来实现。让每个民众争做政治主体，参与政治互动，梁启超的这种观点有现代性的原则体系。这一将道德主体与政治主体视为统一的想法，与传统儒家德政不分有着溯源关联。究竟道德的养成最终能否使每一个人成为政治主体，梁启超并未展开论述，但他对"人治主义"的阐述，影响了现代新儒家的熊十力、徐复观。

为政之道的实质在"以德为政"。"以德为政"要求为政者实施德政，这就要求为政者本人有着较高的道德素养，否则难以保证德政实现。最终，要治理好国家，首要前提在"官德"二字。落实官德要做到两点：一是"淬砺"儒学良善的道德品行，如恭、谦、信、敏、惠等条目。如此美德的培养，有助于为政者在操作政治权力时，规避牟取私利、欺瞒民众、公饱私囊等腐败现象，从而稳固政权及保护政道。二是"采补"梁启超西方的进取、冒险等道德精神。这样可克服为政者工作滞待、优柔寡断、滥权自大等现象，维护社会公共

---

① 梁启超：《先秦政治思想史》，岳麓书社2010年版，第76—77页。

第三章 应世与化新：外王之道的现代图景

环境的稳定发展。

为政之道的理想落脚点在于"仁政"的实现。梁启超论述传统"仁政"，但他对"仁政"的洞悉与认识却远超于传统。"仁政"的表论早现于他的《读〈春秋〉界说》《读〈孟子〉界说》《论中国学术思想变迁之大势》等文，但以辛亥革命为界，他的"仁政"思想在《孔子》《先秦政治思想史》中更趋于成熟。他深刻地揭示出："儒家言道言政，皆植本于'仁'。"① 儒家"仁政"的特色有"贤能政治""王道政治"等不同表达。中国两千多年之古代政论，助君主获得天赐神授的权利，"君师合一""治教合一"的观念都渲染出"君道至上"的政治深意。而且，中国数千年来的实际情形是，施政者有权，而受政者无权。

梁启超为"仁政"穿上现代新装，使它超越传统变得更为精致。他提出对传统儒学"君主皆仁"的疑问，认为其对此不能做出圆满的解答。他认为，"仁政"的实现是施政者、受政者和教育者共同努力的结果，"国家利益与国民利益既有多方，施政者能一一悉取而调和之，使随时随地各得所欲，此最善也"②。他并不认为儒学只与君道权力绑定，认为孟子的保民思想有着积极的意义。他说："孟子言仁政，言保民，今世学者汲欧美政论之流，或疑其奖励国民依赖根性，非知治本，吾以为此苛论也……孟子言政，其所予政府权限并不大。消极的保护人民生计之安全，积极的导引人民道德之向上，曷尝于民政有所障耶？"③ 甚至，他极力主张限制统治者权利，赋民以权，对于中国古代思想中的民权精神加以褒奖，称"吾中国所谓天帝化身者，人民也……然则中国古代思想，其形质则神权也，其精神则民

---

① 梁启超：《先秦政治思想史》，岳麓书社2010年版，第80页。
② 梁启超著，吴松等点校：《饮冰室文集点校》，云南教育出版社2001年版，第746页。
③ 梁启超著，吴松等点校：《饮冰室文集点校》，云南教育出版社2001年版，第108页。

权也"①。因此,梁启超心中的"仁政",既承认民是受政的客体,也是政治的主体。

三 善治之策

梁启超将建立在人类良知之上的国家之策称为"为政"。他在《说群序》中强调:"善治国者,知君之与民同为一群之中之一人,因以知夫一群之中所以然之理,所常行之事,使其群合而不离,萃而不涣。"② 笔者将他提出的国家之策统称为"善治之策",概括为以下几类。

1. 为政主体是君子而非小人,君子当以遵从民意为行为准则

儒家主张由"君子"来提升"小人"人格的做法,深受梁启超的爱戴。他指出:"一切政治由'君子'出,此儒家唯一的标识,遍征诸儒书而可信者也"③,"夫天下人皆成为'君子',则儒家'全民政治'实现之时矣"④。如何能够使人人有士君子之行?他屡次谈道:"人格者,通彼我而始得名者也。故必人格共动互发,乃能驯致人格之完成。"⑤ 这是儒家"君子之道"在为政上的体现,梁启超更多的是从本国的文化背景历史脉络来思考善治。梁启超在《论自修之事及其难易》中,借传统阴阳之学分析西国兴盛的原因:"圣人于《泰》之《象》释之曰:'君子道长'。'泰'之为卦,阴阳相半,君子之道,独何以能长也?盖当泰之时,气数与阴阳不相下,然君子于我职分,自强不息,日进一日,则气数不复足道,故曰裁成辅相以左右民……西国之所以兴,亦不是过已。"⑥ 所谓的"君子道长",实质

---

① 梁启超著,吴松等点校:《饮冰室文集点校》,云南教育出版社2001年版,第219页。
② 梁启超:《饮冰室合集·典藏版·全40册》,中华书局2015年版,第136页。
③ 梁启超:《先秦政治思想史》,岳麓书社2010年版,第215页。
④ 梁启超:《先秦政治思想史》,岳麓书社2010年版,第215页。
⑤ 梁启超:《先秦政治思想史》,岳麓书社2010年版,第216页。
⑥ 梁启超著,吴松等点校:《饮冰室文集点校》,云南教育出版社2001年版,第2263页。

第三章 应世与化新：外王之道的现代图景

上就是提倡中华文化中的君子人格精神。儒家有着"人人有士君子之行"的志气，所谓的"仁政"围着着"以民为本"的思路展开，包括"贵民""保民""教民"等内涵。梁启超继承贤民治国的思想，肯定民在为政中具有重要作用，鼓励为政应有的政治道德。

梁启超更多思考的是汲取传统民政思想，开拓创新出善治之策。在《自由书·保全支那》中，他这样评价孟子："孟子所言民政者，谓保民也，牧民也，故曰'若保赤子'，曰'天生民而立之君，使司牧之'。保民者，以民为婴也；牧民者，以民为畜也"，"民也者，贵独立者也，重权利者也，非可以干预者也。惟国亦然"。① 在他的思想逻辑中，"美林肯之言政治也，标三介词以櫽栝之曰：of people；by the people；and forther people，译言政为民政，政以为民，政由民出也……我国学说，于 of，for 之义，盖详哉言之，独于 By 义则概乎未之有闻"②。如果近代中国限定于儒者所言仁政，施虐于民，施善于民，而忽略"国者人民之国""国政者为人民而立""国事者当由民自处置"这三个西哲要义，便是儒家政治之失。梁启超通过对儒家民政和泰西之学"民有、民治、民享"的比较，阐发民权思想应有的新内涵。最核心的一点要重知民意，并予以实现，"无参政权的民本主义……我国政治论之最大缺点"③。此外，他提出政治秩序的基础确立在"道德"而不是"霸权"，建立在"吸引"而非"让人屈服"。

至于如何使民成为君子，梁启超提出"世界英雄"的设想，鼓励民众成为千万个英雄，而不是单独的个体的民。他指出："世有望治者乎？愿勿望诸一二人，而望千万人。"④ "二十世纪以后将无英

---

① 梁启超著，吴松等点校：《饮冰室文集点校》，云南教育出版社 2001 年版，第 2275 页。
② 梁启超：《先秦政治思想史》，岳麓书社 2010 年版，第 6 页。
③ 梁启超：《先秦政治思想史》，岳麓书社 2010 年版，第 6 页。
④ 梁启超著，吴松等点校：《饮冰室文集点校》，云南教育出版社 2001 年版，第 2255 页。

雄，何以故？人人皆英雄故。"①他将人人成为英雄的原因归于"教育之普及""分业之精繁"，无论是艺术、学问还是政治，各行各业有各自专长所属的英雄。于是乎，英雄这一"常人奉于非常人之徽号"②便可不复见，这就说明，"世界之无英雄，实世界进步之征验也"③。梁启超这种"人人皆英雄"的为政主张，映射出对世界的向往。他对未来预期："恃英雄也，其人存则其政举，其人亡则其政息，即世界藉英雄而始成立之说也。故必到人民不依赖英雄之境界，然后为真文明，然后以之立国而国可立，以之平天下而天下可平。"④

2. 为政之术是"放任"与"干涉"协作

梁启超称："古今言治术者不外两大主义：一曰干涉，二曰放任"⑤，这两大主义，前者依靠政府之力监管治理；后者散见于个人自择、自治或自进的民间活动。两者的本质区别是秩序与自由的差异。他通过梳理泰西数千年历史，说明政治界与生计界普遍存在放任主义和干涉主义。通过分析历史的时代发展，他提出："十九世纪之下半，为干涉主义与放任主义竞争时代；二十世纪，又将为干涉主义全胜时代。"⑥他之所以做出这样的断言，是基于政治界中国家与人民的利益关系："畴昔国家恃人民而存立，宁牺牲凡百之利益以为人民者，今则谓人民恃国家而存立，宁牺牲凡百之利益以为国家矣。"⑦所以，自今以往，帝国主义将会盛行。而生计界中，干涉主义将于20世纪蓬勃发展，原因在于"社会主义者，其外形若纯主放任，其

---

① 梁启超著，吴松等点校：《饮冰室文集点校》，云南教育出版社2001年版，第2301页。
② 梁启超著，吴松等点校：《饮冰室文集点校》，云南教育出版社2001年版，第2302页。
③ 梁启超著，吴松等点校：《饮冰室文集点校》，云南教育出版社2001年版，第2302页。
④ 梁启超著，吴松等点校：《饮冰室文集点校》，云南教育出版社2001年版，第2302页。
⑤ 梁启超著，吴松等点校：《饮冰室文集点校》，云南教育出版社2001年版，第2305页。
⑥ 梁启超著，吴松等点校：《饮冰室文集点校》，云南教育出版社2001年版，第2305页。
⑦ 梁启超著，吴松等点校：《饮冰室文集点校》，云南教育出版社2001年版，第2305页。

内质则实主干涉者也,将合人群使如一机器然,有总机以纽结而旋掣之,而于不平等中求平等……"① 他客观分析现实并预期未来之后,根据中国的实际,提出为政之术应求取"放任"与"干涉"之间的中间之道。"今日中国之弊,在宜干涉者而放任;宜放任者而干涉。"② 这一主张意图通过干涉与放任相结合的手段,来平衡中国政治与经济的发展。

当然,梁启超也考虑到其他因素,如为政之术究竟如何对"放任"与"干涉"拿捏得当。具体有两种情况,第一种是当"民智未开,群力未团"③ 时,政府可以干涉或驱策,社会将繁荣增长,技术会驱速前进。第二种是当人类文明发达、社会容纳的自由张力足够时,政府施以"放任"是最合适的。如果为政之术与国家的具体环境相违背时,干涉就会变成阻碍,自由也会造成重创,所谓的良善治理也会酿成恶果。因此,他的"放任"与"干涉"之术,是因时而变、互助共存的一种智慧。

3. 为政之策是"行善"

梁启超言:"善其制裁者,则政治也。"④ 他从政治的概念出发,理解国家所立之目的,认为政治是"国家自身之生存发展"和"国民全体之生存发达"⑤ 的需要。他珍视政治与国家,提出"人民苟离国家、政治以外,而欲各自以独力生出制裁、秩序以保障其生命,其道无由,此人民生命所以不能不全系于政治焉者一也"⑥。真正的政治是为使国家之目的得以实现,否则政治不能被称为政治。而政治为

---

① 梁启超著,吴松等点校:《饮冰室文集点校》,云南教育出版社2001年版,第2306页。
② 梁启超著,吴松等点校:《饮冰室文集点校》,云南教育出版社2001年版,第2305页。
③ 梁启超著,吴松等点校:《饮冰室文集点校》,云南教育出版社2001年版,第474页。
④ 梁启超著,吴松等点校:《饮冰室文集点校》,云南教育出版社2001年版,第850页。
⑤ 梁启超著,吴松等点校:《饮冰室文集点校》,云南教育出版社2001年版,第745页。
⑥ 梁启超著,吴松等点校:《饮冰室文集点校》,云南教育出版社2001年版,第850—851页。

物，不能自我实现，因此"行之也必以人"①。"行"也有着特定的行为标准，"既采用以国利民福为前提之主义以行政治，则其必为良政治而非恶政治，可断言也"②。可见，政治者所"行"必当推行善治，如此才能得国民之认可。他也指出："政治无绝对之美，而政策各有所宜"③，判定政治的美与恶，无法用单一的标准决定。与政治相关联的政治策略不同，虽各有自身的特点，是可以判断是非得失的。判断之道在于以下几点：第一，当先问政策之是否可以实行。第二，当问其政策之是否必要且有益，及其必要与有益之程度何如。第三，当问其政策所收获者与其所牺牲者之相偿率如何。第四，当问其政策系统之组织何如。④ 通过判断政策是否适宜，可进一步推断出当时政治的良或恶。

第三节 教化与风化：为教之道

民国初年的孔教运动在遍地开花之时，也遭遇了巨大的质疑。梁启超为学、为政的事业，还是通过为教事业的发挥而扩展的。为教事业是梁启超倡明学术、移风易俗和立政治民的支撑，他本人向来也以教育事业为其荣耀。儒家原本标榜内圣外王，以治国平天下为己任，以"人需"释儒是正确的。"人心风俗"的整顿，此时，智识者将视线移至为道世界的心性养成，圣人的"道"情结表征为隐性含于现实中。同时，从超验领域到道德革新，实现古典教化的近代转化，成

---

① 梁启超著，吴松等点校：《饮冰室文集点校》，云南教育出版社2001年版，第852页。
② 梁启超著，吴松等点校：《饮冰室文集点校》，云南教育出版社2001年版，第853页。
③ 梁启超著，吴松等点校：《饮冰室文集点校》，云南教育出版社2001年版，第747页。
④ 梁启超著，吴松等点校：《饮冰室文集点校》，云南教育出版社2001年版，第747—749页。

为人心所向与社会风化的共同旨趣。

一 孔学教化

在中国古代，儒学亦称儒教或孔教。近代基督教为实现中国的本土发展，将儒学与宗教论相结合，肆意宣传其合理性。这刺激了康有为等人对"孔教"一词的重视，赋予了孔教制度化宗教的色彩。参照西方基督教改造儒学，构造出中国的孔教体系，是近代儒学开篇的一大特色。康有为所著的《性学篇》《新学伪经考》《春秋董氏学》《孔子改制考》是近代孔教思想体系的形成标志。孔教体系的形成，有两个目的：一是改革中国的政治、经济制度，达到保国的目的；二是转化儒学的旧形态，化儒学为孔教，达到保教的目的。有学者指出，康有为将所有思想归于孔子的做法并不乐观，有漠视和曲解传统经典之嫌。[①] 康有为的孔教观念是梁启超思考的原点素材，也是他反思近代中学发展的切入点。

1896 年梁启超的《西学书目表后序》一文，是为强调中西学并重而作，其内容并非像国内学者提出他在此文中将孔教视作宗教看待[②]。在该文中，他批判了当时西学者提出"中国之弱，由于教之不善，经之无用"[③] 的错误认识，剖析了社会盲目崇尚西学为本末的窘迫之状，并无有关他的宗教之言论。他质疑道："问其于西政富强之本末，有所得乎？无有也。之人也，上之可以为洋行买办，下之可以为通事之西奴。"[④] 他从中学的角度说明了孔教与诸子学间

[①] 范玉秋：《清末民初孔教运动研究》，中国海洋大学出版社 2006 年版，第 29 页。
[②] 范玉秋提出，在梁启超的视野之中，孔教被明确地作为宗教看待，其对孔教之理解明显是承袭其师康有为而来。参见范玉秋《清末民初孔教运动研究》，中国海洋大学出版社 2006 年版，第 29 页。
[③] 梁启超著，吴松等点校：《饮冰室文集点校》，云南教育出版社 2001 年版，第 144 页。
[④] 梁启超著，吴松等点校：《饮冰室文集点校》，云南教育出版社 2001 年版，第 144 页。

的关系，力图改变中学无用论，主张新的本末关系。他例举"两汉之间，儒者通经……盖六经之文，无一字不可见于用，教之所以昌也"等历史现象，警示道："然此辈既舍此无以为学，此道即离此无以图存。"① 在他的理解中，孔教其实指向中国之学，并推崇中学之用，他指出："然则孔教之至善，六经之致用，固非吾自祖其教之言也。不此之务，乃弃其固有之实学，而抱帖括、考据、词章之俗陋，谓吾中国之学已尽于是，以此与彼中新学相遇，安得而不为人弱也！"② 他还强调："吾请语学者以经学。一当知孔子之为教主；二当知六经皆孔子所作……十二当知宋学末流，束身自好，有乘孔子兼善天下之义。"③

1897年8月，梁启超在《知新报》刊发《复友人论保教书》，指出："孔子既创教立法，以治万世"④，历史上"自魏文侯师子夏，而魏有六艺之博士，是为孔教得国力第一关键，则子夏之为之也。以秦皇之无道，而博士具员以七十人，大儒伏生、叔孙通，皆官其职。太史公推原其故，以为李斯知六艺之归，斯为丞相，故能如是，为孔教得国力第二关键……及武帝用董子之言，表章六艺，罢黜百家，其不在六艺之科者绝勿进，于是天下之士，靡然向风，班孟坚以为'禄利之路'，然禄利者，国力之谓也，于是而孔教之根址乃定，此为孔教得国力第三关键"⑤。显然，梁启超所言之孔教，是传统意义上的儒学之教，他所下的总结："夫天下无不教而治之民，故天下无无教而立之国"⑥ 是注重儒学教化的写照。孔教是独立于西方宗教之

---

① 梁启超著，吴松等点校：《饮冰室文集点校》，云南教育出版社2001年版，第144页。
② 梁启超著，吴松等点校：《饮冰室文集点校》，云南教育出版社2001年版，第145页。
③ 梁启超著，吴松等点校：《饮冰室文集点校》，云南教育出版社2001年版，第145页。
④ 梁启超著，吴松等点校：《饮冰室文集点校》，云南教育出版社2001年版，第191页。
⑤ 梁启超著，吴松等点校：《饮冰室文集点校》，云南教育出版社2001年版，第191页。
⑥ 梁启超著，吴松等点校：《饮冰室文集点校》，云南教育出版社2001年版，第191页。

第三章　应世与化新：外王之道的现代图景

外的文化体系，不论如何比较，孔教的教义都在中国之学的范围之内。康有为、梁启超并非将西方宗教思想融入孔学之中；相反，保持中国的文化认同，保全中国的政治独立，相信孔教比西学、西教更为优越，才是此二人点燃孔教的初衷。梁启超对于西学、西教的态度是参照、对比、比较，进行中西文化比较后，辨析优劣进而阐释适合于中国近代实际发展的理论思想。

梁启超对于宗教的看法尽显在1902年10月发表的《论宗教家与哲学家之长短得失》一文中。首先他对宗教与哲学进行比较，对于哲学，他提出："唯物派只能造出学问，唯心派时亦能造出人物。"[1]"吾国之王学，唯心派也，苟学此而有得者，则其人必发强刚毅，而任事必加勇猛，观明末儒者之风节可见也"[2]。对于宗教，他指出："吾畴昔论学，最不喜宗教，以其偏于迷信而为真理障也"，"言穷理则宗教家不如哲学家，言治事则哲学家不如宗教家"[3]。他通过对两者长短优劣的比较，分析宗教思想何以宜于治事，将其归结为五因："无宗教思想，则无统一"，"无宗教思想，则无希望"，"无宗教思想，则无解脱"，"无宗教思想，则无忌惮"，"无宗教思想，则无魄力"[4]。其后，文中转向分析"宗教得而哲学失乎？"，他认为宗教家所言可以立身，可以治事但不能讲学，原因在于："宗教与迷信相为缘故，一有迷信，则真理必掩于半面。"[5]所以，他在文中未多言宗教学，因为他自觉"今以之立身以之治事"的关注点更为重要，而

---

[1] 梁启超著，吴松等点校：《饮冰室文集点校》，云南教育出版社2001年版，第1339页。
[2] 梁启超著，吴松等点校：《饮冰室文集点校》，云南教育出版社2001年版，第1340页。
[3] 梁启超著，吴松等点校：《饮冰室文集点校》，云南教育出版社2001年版，第1399页。
[4] 梁启超著，吴松等点校：《饮冰室文集点校》，云南教育出版社2001年版，第1340—1341页。
[5] 梁启超著，吴松等点校：《饮冰室文集点校》，云南教育出版社2001年版，第1342页。

立身治事更应当"视其至诚所感所寄之程度何如"①。同时，他阐述了不能迷信宗教，谈论宗教有着必不可少的前提，即"至诚"。为此，他说："凡迷信宗教者必至诚，而至诚不必尽出于迷信宗教。至诚之发，有诚于善者，亦有诚于恶者……其善焉者，如至诚于孝而割股，至诚于忠而漆身，至诚于国、至诚于道而流血成仁……故天地间有一无二之人物，天地间可一不可再之事业，罔不出于至诚，知此义者，可以论宗教矣。"② 本书并非如学界所说，梁启超在此文中是狂热的宗教论者。他置身于现实里热议的话题，客观地对宗教家与哲学家进行评述，将落脚点置于"立身"与"治事"两点之上。

1902年2月《新民丛报》第二号刊发了梁启超《保教非所以尊孔论》一文，此文主旨为驳斥保教派的"保教"之说，再立论他的个人主张。有学者指出：梁启超在近代语境中对孔子、孔教疏离，又对孔子、孔教难以忘情。③ 笔者认为，梁启超首先驳斥的是当时保教派提出的保教理论，不是单纯的"保教"这一概念。其次，他认为孔教必定要保，但需要保留的是孔子及孔教的真实面貌及内涵真谛。明晰于此，便能较清晰地掌握梁启超对传统文化的态度。实际上，梁启超认为其保教派的保教之说严重束缚了国民思想。他在文中批驳保教党，重塑孔子与孔教的自由形象。

梁启超提出："吾之所以忠于孔教者，则别有在矣。"④ 那么，什么是梁启超心中真正的孔子和孔教呢？笔者透过"孔教不必保"的逻辑思路来详细阐发。"孔教不必保"的要点有三：一曰教非人力所

---

① 梁启超著，吴松等点校：《饮冰室文集点校》，云南教育出版社2001年版，第1342页。
② 梁启超著，吴松等点校：《饮冰室文集点校》，云南教育出版社2001年版，第1342页。
③ 梁启超提出，孔教"不当"保与孔教"不必"保的驳斥思路是相互矛盾的。参见李里峰《"东方主义"与自我认同——梁启超中西文化观的再阐释》，《福建论坛》（人文社会科学版）2005年第1期。
④ 梁启超著，吴松等点校：《饮冰室文集点校》，云南教育出版社2001年版，第1348页。

能保；二曰孔教非宗教；三曰孔教无可亡之理。这三个要点被梁启超解释为以下几点：其一，国家的成长、维系与发展离不开人，宗教"保人而非保于人者"的观念与国家所立之本相违背，保教之说是背离人民的狂妄之言。其二，孔子是思想家不是宗教家，"孔子实于将来世界德育之林，占一最重要之位置"①，孔教未有"他教之流弊"。其三，他宣称："世界若无政治、无教育、无哲学，则孔教亡。"② 既然"政""学""教"无法灭亡，孔教之光大是顺理成章的事情。梁启超的这些看法，一方面为驳斥当下保教派的保教之言，另一方面为彰显孔教本身的价值，不限制于眼下而在于将来世界。另外，他提出"当采群教之所长以光大孔教"③，这就可以理解他为何在不同的文章中，讨论不同群教的目标了。但有一点，光大孔教的教义理论，还是固守于中国国学的层面，限于本书选题，笔者对此并未展开论述。

梁启超的"孔教"非指儒学的宗教化或西学的宗教化，而特指孔学的思想教化体系。他通过比较宗教的特点来强调孔子非宗教家，现实的宗教是"以灵魂为根据，以礼拜为仪式，以脱离尘世为目的，以涅槃天国为究竟，以来世祸福为法门"④，而"孔子则不然。其所教者，专在世界国家之事，伦理道德之原，无迷信，无礼拜，不禁怀疑，不仇外道"⑤。通过这种对比，说明了孔教异于群教的本质。因此，梁启超反对以康有为保教派欲设教会、立教堂、定礼拜、著信仰规条的章程，讥讽其为诬蔑圣人孔子。梁启超还原孔子思想之自由本色，批判保教立孔教为国教的做法，重新阐述了孔子的自由思想及孔教的真实意图。对于推崇孔子的自由之理，为"使国民品性趋于高

---

① 梁启超著，吴松等点校：《饮冰室文集点校》，云南教育出版社2001年版，第1347页。
② 梁启超著，吴松等点校：《饮冰室文集点校》，云南教育出版社2001年版，第1348页。
③ 梁启超著，吴松等点校：《饮冰室文集点校》，云南教育出版社2001年版，第1348页。
④ 梁启超著，吴松等点校：《饮冰室文集点校》，云南教育出版社2001年版，第1344页。
⑤ 梁启超著，吴松等点校：《饮冰室文集点校》，云南教育出版社2001年版，第1344页。

尚""使国家团体归于统一",做到这两点的关键是"画定政治与宗教之权限"①。显然,他对于宗教的态度是限制及理性的评价并非盲从狂热的。若不能明晰权限界限,会造成的隐患是"教争乃起,而政争亦将随之而起,是为吾国民分裂之厉阶也"②。

梁启超大篇幅对孔教的立论,实质是强调"中学",关注"教"之本身。康有为作《教学通义》时说:"礼教伦理,德行也;事物制作,道艺也。后圣所谓教,教此也;所谓学,学此也。"③显然,他对"教""道"与"学"的分析,与梁启超的个人认识是相通的。梁启超除了捍卫"教""道""学"外,还心系"天下"。可以说,他作为知识分子致力于"孔学教化",还立有"为政"之目标。整体来说,梁启超对孔教的各种论述及评价,核心的本质在"教化"二字。他追求的为教之道,立场在于固守中学之本末,精髓在于还原孔教自由之本质,方法在于依赖教化成就天下之治。1913年梁启超拟定《进步党拟中华民国宪法草案》,提议"中华民国以孔子教为风化大本,但一切宗教不害公安者,人民得自由信奉"④。此议案虽最终未定,但足见他对孔教风化的重视。

二 人伦风化

清末时期,孔学思想遭到质疑,其独尊地位摇摇欲坠,类似于"崇拜天与鬼神"等批判性话语频出。具体的批判内容,如世人认为孔儒只言天、人、物三大领域,其偏蔽谬论众多,或言孔教束缚身心,造成了中国的积贫积弱。戊戌维新时期,康有为借孔子之名重塑

---

① 梁启超著,吴松等点校:《饮冰室文集点校》,云南教育出版社2001年版,第1345页。
② 梁启超著,吴松等点校:《饮冰室文集点校》,云南教育出版社2001年版,第1346页。
③ 康有为撰,姜义华、张荣华编校:《康有为全集》(全十二册),中国人民大学出版社2007年版,第20页。
④ 梁启超著,吴松等点校:《饮冰室文集点校》,云南教育出版社2001年版,第2521页。

孔儒思想，有名的著作有《新学伪经考》及《孔子改制考》。梁启超对《新学伪经考》的评价有二：第一，清学正统派之立脚点根本动摇；第二，一切古书皆须重新检查估价。①《孔子改制考》是康有为以真经之全部分为孔子托古之作，故梁启超称之为"火山大喷发"。戊戌维新时期，康、梁倡孔教，尊孔子，内容上对孔子与儒学重塑，都未能保住孔儒独尊的地位。但不置可否的是，梁启超对孔教的推崇，对当时的人伦风化起到了一定的推助作用。

这种作用体现在人伦精神自由风化的层面。1902年，梁启超在《保教非所以尊孔论》中指出："教也者，保人而非保于人者也。以优胜劣败之公例推至，使其教而良也，其必能战胜外道……其中自有所谓一种烟士披里纯Inspiration者，以嘘吸人之脑识，使之不得不从我，岂其恃人保之？使其否也，则如波斯之火教，印度之婆罗门教……虽一时藉人力以达于极盛，其终不能存于此文明世界。"② 他将"Inspiration"的内在精神，看作教存于文明世界的根本，"教"有良善的精神之髓，可谓教有"不必保之说"③。他将"孔子之精神"与"自由"挂钩，"自由精神"是孔子的新形象。《新民说·论自由》一节中，他继续发挥此义，不再把孔子看成是圣人，而是自由的化身。在《国民十大元气论·论独立》他又讲："夫世界之所以长不灭而日进化者，赖有造新风气之人而已。"④ 这类人为人之上等，即"跳出旧风气而后造新风气者"⑤。独立与自由是相统一的关系，

---

① 梁启超：《饮冰室专集：全13册》（第五册），北京日报出版社2020年版，第392页。
② 梁启超著，吴松等点校：《饮冰室文集点校》，云南教育出版社2001年版，第1343页。
③ 梁启超著，吴松等点校：《饮冰室文集点校》，云南教育出版社2001年版，第1343页。
④ 梁启超著，吴松等点校：《饮冰室文集点校》，云南教育出版社2001年版，第659页。
⑤ 梁启超著，吴松等点校：《饮冰室文集点校》，云南教育出版社2001年版，第659页。

"独立者，孕育世界之原料也"①。独立与自由风气的形成是一种无形的催生精神生命力的力量，"教化者，气习俗之所由生也"②。

中国自古有国风的文化熏陶之论，国风的美或恶与历史王朝的繁盛或衰败有着紧密的关系。古代真正的美善教化者，是有着"修己以安人"般天下情怀的儒家士人。梁启超强调了以儒学为核心的孔教，其人伦风化及移风易俗的绝对作用。他考量的是，近代中国道德滑坡与精神空虚的境况下，良好的国风和国民精神道德的形成，会化作国家发展的人文之力。梁启超提出，历史中的孔教是随时推移逐渐发展的。当然，孔教本身源自传统却也并非亘古不变，孔教所教者为"人之何以为人也，人群之何以为群也，国家之何以为国也"的学问③，其内容会随时代迁移而有所变，但其中的普遍真理与精神实质是"万世不变"。什么是不变的呢？梁启超指出，孔教的万世不易之道是"人格教育"④。在他看来，孔子教义的首要作用是"养成人格之教"⑤，孔子教义充满着德育与人格教育的历史功能。他还说，理想的人格用英文表述为 Gentleman，吾国人翻译为"君子"或"士君子"，"吾国所谓君子者，其模范永足为国人所践履"。真正做到践履者，足可使吾国人自立并自达于天下间。当然，君子之楷模非孔子一人所创，而孔子实为典范，"既以言教，且以身教"⑥。他对于君子人格之志的理解并不落入俗套，而是追求"使人人有士君子之行"⑦ 的可能。

梁启超在注重为教之道的同时，还把"孔学"与"道""教

---

① 梁启超著，吴松等点校：《饮冰室文集点校》，云南教育出版社2001年版，第659页。
② 梁启超：《饮冰室合集·典藏版·全40册》，中华书局2015年版，第2607页。
③ 梁启超著，吴松等点校：《饮冰室文集点校》，云南教育出版社2001年版，第1347页。
④ 梁启超著，吴松等点校：《饮冰室文集点校》，云南教育出版社2001年版，第1347页。
⑤ 梁启超著，吴松等点校：《饮冰室文集点校》，云南教育出版社2001年版，第2665页。
⑥ 梁启超著，吴松等点校：《饮冰室文集点校》，云南教育出版社2001年版，第2566页。
⑦ 梁启超著，吴松等点校：《饮冰室文集点校》，云南教育出版社2001年版，第2566页。

化""社会风化"联系起来,在一定程度上反映出他对外王之道的现实要求。更深入而言,为教之道作为外王之道的一部分,折射出"学""教""政"与"道"间的功能集合,共同作用于中国特色的儒家哲学。

第四章

演进与化生:"家国天下"与"新世界主义"

从内圣外王到家国天下,是传统儒学治国理念的核心逻辑,传统儒家倡导以天下的胸怀观国、以家国的情怀处理天下事物。《庄子·天下篇》有言:"是故内圣外王之道,暗而不明,郁而不发,天下之人,各为其所欲焉,以自为方。""天下之人"通过内修的济世功用,释放个人理想,进而实现有着王道理想的国家社会。《大学》经文只说本末,不言内外;后归结修身为本,修身总摄诚正格致以立本,由身而推之家国天下,皆与吾身相系属为一体。①"内圣外王"是一种"修、齐、治、平","家国天下"是一种精练概括,用以描绘人生境界、道德学识与社会政治理想之间,互相契合而成的内圣外王之道。

"家国天下"意识是传统伦理的重要维度,它连接着传统的修齐治平,连接着近代社会、国家、世界的问题,也与其未来中国现代化

---

① 梁启超:《饮冰室合集》(全十二册),中华书局1989年版,第56页。

蓝图紧密相连。近代个体命运与民族意识及国家存亡相连，亟须新的世界视野刺激国人麻痹的神经，来唤醒人自觉走向人为之道，创造新的现代世界。梁启超守护着这个道，形成了一个"家国天下"之现代图景，即"新世界主义"。学界也不乏有人将此图景称为"新天下主义"①②，但笔者认为"新世界主义"更为贴切，更能展现梁启超构建的文化蓝图。

如此定义的原因，要回到梁启超对先秦政治学说的全新阐释之中。梁启超在《先秦政治思想史》中这样描述："中国的晋和楚，当春秋时划然两国，秦汉以后，便一点便宜界限痕迹都没有。可见彼我学说之异同，影响于历史上事实者甚大。我们所以能化合成恁么大的一个民族，很受这种世界主义政治论之赐。而近二三十年来，我们摹仿人家的国家主义，所以不能成功，原因亦由于此。所以这派学说，在从前适用，在将来也会适用，在现在真算最不适用了。"③ 回归先秦时期的圣人之学，跨越欧洲近世，再到梁启超生活的"当代"，梁启超在此所述的"世界主义"具有时空跨越性、延展性。它不仅是一种凝聚民族精神、跨越国界、强大国家的精神力量，更是一种能超越狭隘国家主义的世界情怀。具备这样的精神与情怀，顺理成章地就能破解民族精神的时代困境。对近代中国与梁启超而言，探寻一种与中国传统内在思想脉络，以及与世界状况相一致的民族精神的表达，即新世界主义，成为必须解决的时代课题。

---

① 第一次世界大战以后，晚年梁启超对国家主义的反思和对中国天下主义传统的阐扬，以及他寄予中华"世界国家"之普世文明的新天下主义，正是我们今日建构新世界秩序原理之弥足珍贵的思想遗产。

② 高力克：《世界国家与普世文明——梁启超的新天下主义》，《天津社会科学》2015年6月。

③ 梁启超：《先秦政治思想史》，岳麓书社2010年版，第229页。

第一节 矛盾与统一:"新世界主义"的社会图景

如前所述,梁启超立足于文化民族主义立场,从心灵图景、道德图景、精神图景等方面补充内圣之道,推行为学、为政、为教等方面共同发展之大势。在具体建构内圣外王之道后,梁启超继将"个人—家—国—天下"体系变为"个人—群体(社会)—国家—世界"模式,并建构了近代中国原创性的理论体系,尤其是饱含新世界主义的国家构建理论。对他而言,民族国家完全不同于古典中国宗藩体系的"天下"秩序,他广泛吸纳西学,寻求忧患时期的救国之术。他敏锐地认识到,中国这一东亚文明古国正在走向一个开放的世界历史进程。相对于儒家"家国天下"传统,梁启超的国家建构强调个人与群体、群体与国家、国家与世界的关系。笔者分小节分述梁启超建构的社会图景、国家图景、世界图景。

一 群体化之内理

中国近代儒学的生长,就是在矛盾冲突中不断跌爬滚打,试图冲出书斋面向现实,企图为现代变革、政治斗争、文化发展提供方法与准则。现实的复杂性、矛盾性,环境的多变性,决定了近代儒学本身的琐碎与多变。梁启超在中国近代博引古今、包罗中西之时,也不免出现时代局限性的特色。他紧扣近代中国思想的主流问题,融入自己对社会现状的独到理解,解决儒学体系中遇到的基本问题。比如"独"与"群"的问题,被他作为儒学近代发展中所遇基本问题的典型。

第四章 演进与化生:"家国天下"与"新世界主义"

"独"与"群"的概念在近代是相互对立的,并非如辩证唯物主义哲学讲的两者相互统一,"独"代表个性、人的主观精神和主体意识。"独"反映出的个性、独立精神的张扬,是区别于古代思想的特质。人心的独立、人性的自力及人精神的自足,都是为了完善人本身,因为人是决定近代中国存亡与续延的根本因素。"群"从概念上讲,人之众即为群,梁启超说:"启超问治天下之道于南海先生,先生曰:'以群为体,以变为用,斯二义立,虽治千万年之天下可已。'启超既略述所闻,作《变法通议》。又思发明群义,则理奥例赜,苦不克达。"[1] 群可谓是衡量万物贫贱与高贵的标准。在进化论的指导下,合群是生物生存、互相竞争的必要条件,是生物演化发展的自然法则。"群"在近代的时代意义,与"物竞天择"的近代世界观密切关联。但由于近代哲人喜爱讴歌独立个性,弘扬自由、平等意识,其中也有利己的成分;又极力推崇群体,宣扬仁爱与利他,这形成了中国近代特有的"独"与"群"、独立与合群之间的矛盾。"独"与"群"是中国近代哲学的基本矛盾,它渗透、反映在中国近代哲学的各个领域和方面:如个人的主观精神与宇宙的绝对精神;个人主义与利群主义;个人自由与团体自由。[2] 有时"独"被极端夸大,有时"群"又显得机械、单一。

梁启超以社会进化论为依据,进一步提出"以群为体,以变为用"的治道策略。在梁启超的视界里,"群"与"独"关系的矛盾与冲突,体现在概念及社会角色层面,亦体现在道德伦理、社会治理层面。他从对立的视角认识两者,"独"指人人只知自己,不知有天下。"独"与近代"公私之辨"中的"私"相关,群、独与公、私的概念形成对比,群对应公,而独对应私。梁启超说:"君私其府,

---

[1] 梁启超著,吴松等点校:《饮冰室文集点校》,云南教育出版社2001年版,第128页。
[2] 魏义霞:《独·群:中国近代哲学内在矛盾浅析》,《中国哲学史》1994年第4期。

官私其爵,农私其畴,工私其业,商私其价,身私其利,家私其肥……以故为民四万万,则为国亦四万万,夫是之谓无国。"① "夫是之谓无国"是梁启超对民、社会、政治的批判,若各行各业、各种职业、各种身份之人都崇尚私利,那么国将无国,个人何以立身?戊戌维新变法发生前,梁启超并未真正用西方民主法治来批判封建君主专制,但在《天演论》《仁学》的影响下,他的思想发生了更深层次的转变。最大的变化,除批判君权专制外,他将"群"之义提升到治理国家的高度。

为此,梁启超自创"群术"一词,将"群"从单一的概念,提升到治国之术的方法层面上。他强调说:"以群术治群,群乃成;以独术治群,群乃败;己群之败,它群之利也","善治国者,知君之与民,同为一群之中之一人,因以知夫一群之中所以然之理,所常行之事,使其群合而不离,萃而不涣,夫是之谓群术"。② 梁启超从儒家"道"与"术"的角度,去思考与"群术"目标一致的治理之术,用以验证"善群"之合理性与紧迫性。梁启超的"群"带有浓郁的儒家政治色彩,是为现代化国家建设提供思想理论。他强调说:"我有大我,有小我;彼亦有大彼,有小彼。何谓大我?我之群体是也。何谓小我?我之个体是也。"③ "我"的意识功能除赋予"小我"与"大我"不同的精神外,"大我"在社群政治秩序中为建立一套政治规则,以确保"群术"理念的充分实现。

从统一的视角看,梁启超将"群"视为家族、民族、社会、国家存在的基本观念,"群"是"大我"的统一集合。他并不主张效仿西方的群治之策,言"有国群,有天下群。泰西之治,其以施之国

---

① 梁启超著,吴松等点校:《饮冰室文集点校》,云南教育出版社2001年版,第128页。
② 梁启超著,吴松等点校:《饮冰室文集点校》,云南教育出版社2001年版,第128页。
③ 梁启超著,吴松等点校:《饮冰室文集点校》,云南教育出版社2001年版,第2231页。

第四章 演进与化生:"家国天下"与"新世界主义"

群则至矣,其以施之天下群则犹未也"①,中国之治,当以考虑"天下群"为优先,合群定然对于家、国的生存发展有重要的作用。人是群体化生存的动物,随着家庭、家族、部落、国家、天下的逐步建立,个人的命运、前途及发展与群体、国家的命运息息相关。由此,他借"善群"论述了人的本质问题:"人而不群,禽兽悉择。"② "善群"蕴含着人应具有的社会及未来的观念,维护社会公德的意识和守卫国家的观念,以及个人愿为群体、国家利益而牺牲的勇气与魄力。所以,他以"大我不死"和"群体不死"为志向,形成了在近代转型时期的社会信仰,即"我之家不死,故我不死;我之国不死,故我不死;我之群不死,故我不死;我之世界不死,故我不死"③。"小我"的存在须以"大我"为归属,"小我"会死,但"大我"不死意味着"国不死""群不死""世界不死",即"社会不朽论",其实是对人生三不朽的引申。他讲:"天下之有列国也,己群与他群所由分也,据乱世之治群多以独,太平世之治群必以群;以独术与独术相遇,犹可以自存,以独术与群术相遇,其亡可翘足而待也。"④ "群体"观念在他的思想中根深蒂固,这个"根"展现出儒家"家天下"的治国理念,生长出来的"叶"是近代国家的新群体面貌。

如何在时代变迁中,从审视的视角,将传统儒学中的群己、家天下的观念,发挥最大的继承价值呢?在传统政治制度中,君王为了维系自身统治,建立起人治主义的权利统治模式,这种模式造成治道与政道的疏离。君王的统治暗含对人权的剥夺,甚至人性的扭曲,也造成了个人与群体关系的隔阂。梁启超分析了传统的群己之道衍生出的

---

① 梁启超著,吴松等点校:《饮冰室文集点校》,云南教育出版社2001年版,第128页。
② 梁启超著,吴松等点校:《饮冰室文集点校》,云南教育出版社2001年版,第553—554页。
③ 梁启超著,吴松等点校:《饮冰室文集点校》,云南教育出版社2001年版,第2231页。
④ 梁启超著,吴松等点校:《饮冰室文集点校》,云南教育出版社2001年版,第128页。

弊端，其根源在于封建专制制度，在此制度下，人民的民主权利无法伸张，群治难以获得良好的效果。因此，在1902年《新民议·叙论》篇中，梁启超深入剖析中国政治的弊端，用跳出传统群己观念的思维，创新探索了"群"与世界的关系，表达出群体须顺应世界，否则会被"天行大圈所淘汰"。他谈道："吾思之，吾重思之，今日中国群治之现象，殆无一不当从根柢处摧陷廓清，除旧而布新者也。天演物竞之理，民族之不适应于时势者，则不能自存……由于自满自惰，墨守旧习，至今阅三千余年，而所谓家族之组织，国家之组织，村落之组织，社会之组织，乃至风俗、礼节、学术、思想、道德、法律、宗教一切现象，仍岿然与三千年无以异。夫此等旧组织、旧现象，在前此进化初级时代，何尝不为群治之大效？而乌知夫顺应于昔日者，不能顺应于今时；顺应于本群者，不能顺应于世界，驯至今日，千疮百孔，为天行大圈所淘汰，无所往而不败矣。"① 从具体内容上看，梁启超思想中的"群"被赋予时代内涵，不同于传统社会各类组织，现代性的公民群体组织应蕴含其中，在这些不同层次的群体中，国家是最重要、最核心的主体。"群"既是高度自治的公民社会，也是现代的民族国家。从哲学层次上看，"群"则是从自己到家庭，到社会，再到国家和世界的统一体，遵循了儒家传统的模式。

二 社会化之外显

西方近代社会学传入中国后，被翻译为"群学"。从某种角度说，近代中国的群学是西方社会学在本土发展后的衍生物。严复认为，西人所追求的"近之可以保身治生，远之可以利民经国"的东

---

① 梁启超著，吴松等点校：《饮冰室文集点校》，云南教育出版社2001年版，第652页。

第四章 演进与化生:"家国天下"与"新世界主义"

西,就是达尔文的学说和斯宾塞的"群学"。① 梁启超接受了"群"的概念,开展了有关"群"的论述,相关的著作有《说群序》《论小说与群治的关系》《论佛教与群治的关系》《论近世国民竞争之大势及中国前途》《新民说·论合群》《论佛教与群治之关系》《中国史叙论》及《新史学》等。

梁启超先将"群"提高到天下最高公理的位置,在1896年《变法通议·论学会》篇中声称:"道莫善于群,莫不善于独。"② 他提出,宇宙万物皆由"群"而运作,日月星辰、山川大地,由物到人群、国家,群力愈强,合群愈固,群体愈能在进化过程中存续发展。受严复"合群竞争"观念的影响,梁启超所要求的"群",更加注重不同群体之间开展的"外竞",他强调:"群之道,群形质为下,群心智为上。"显然,梁启超认识到"群心""群智"不局限于单纯的爱国情感,还兼顾社会、国家层面的整体发展,方可称为"群心智为上"。当然,"群德"亦是梁启超思考的一个重要的方面,他借斯宾塞之言,在《新民说·论私德》中点明:"凡群者皆一之积也,所以为群之德,自其一之德而已定。群者谓之拓都,一者谓之么匿。拓都之性情形制,么匿为之;么匿之所本无者,不能从拓都而成有;么匿之所同具者,不能以拓都而忽亡。"③ 说明团体中人公共道德的重要性。个体之间存在一种凝聚"群体"精神的内在联系体,将来这种内在联系体会外化为不同民族及国家竞争的支持力。假如群体的心性、意志笃定,团结一致且众志成城的社会效能将不可估量。

在梁启超的"群说"中,"群"的外壳形态是国家,内部形态是

---

① 康有为撰,姜义华、张荣华编校:《康有为全集》(全十二册),中国人民大学出版社2007年版,第20页。
② 梁启超著,吴松等点校:《饮冰室文集点校》,云南教育出版社2001年版,第38页。
③ 梁启超著,吴松等点校:《饮冰室文集点校》,云南教育出版社2001年版,第622页。

凝聚的国家精神。戊戌维新变法之前，梁启超分析了国民不能合群的原因，具体包括缺乏公共观念、对外界说不分明、缺乏规则以及人与人之间的嫉妒之心。人的公共观念、人伦观、道德观、是非观等，是否良善、积极、富有道义精神，是己与群、群与群共同营造国家美好发展的关键。"合群"是梁启超构建国家的思想核心，其目标指向"以国为重"，描绘的是发挥群体精神的内在导向作用。梁启超提出的"群"包含了三层精神要义：其一，群心聚力，为民族主义精神提供源泉，方使一国立于世界的独立精神。梁启超在《新民说·释新民之义》中说："凡一国之能立于世界，必有其国民独具之特质，上自道德法律，下至风俗习惯、文学、美术，皆有一种独立之精神，祖父传之，子孙继之，然后群乃结，国乃成。斯实民族主义之根柢源泉也。"[①] 其二，身负报国之责任，使国立于天地的私德面向。梁启超在《新民说·论公德》中说："父母之于子也，生之育之，保之教至，故为子者有报父母恩之义务。人人尽此义务，则子愈多者，父母愈顺，家族愈昌；反是，则为家之索矣。故子而逋父母之负者，谓之不孝，此私德上第一大义，尽人能知者也。群之于人也，国家之于国民也，其恩与父母同。盖无群无国，则吾性命财产无所讬，智慧能力无所附，而此身将不可以一日立于天地。故报群报国之义务，有血气者所同具也。苟放弃此责任者，无论其私德上为善人、为恶人，而皆为群与国之蟊贼⋯⋯则凡独善其身以自足者，实与不孝同科。案公德以审判之，虽谓其对于本群而犯大逆不道之罪，亦不为过。"[②] 其三，视国事如己事，发扬公德之大义的面向。正如他所述："我国民中无一人视国事如己事者，皆公德之大义未有发明故也。且论者亦知道德所由起乎？道德之立，所以利群也。

---

① 梁启超著，吴松等点校：《饮冰室文集点校》，云南教育出版社2001年版，第550页。
② 梁启超著，吴松等点校：《饮冰室文集点校》，云南教育出版社2001年版，第555页。

第四章 演进与化生:"家国天下"与"新世界主义"

故因其群文野之差等,而其所适宜之道德,亦往往不同,而要之以能固其群、善其群、进其群者为归。"① "合群"才能将中国人紧密聚合,形成有组织、具备凝聚力的政治实体。梁启超用进化论的思维,搭建起以群为基础的国家宏观架构,推动"群"由单一概念,转化为立体的"群体"内涵,这回应了他最初提出的"以群为体,以变为用"治道之策。

显然,良好群体精神的表征,是处理好个人、群体、国家利益之间的关系,是形成人心自由、幸福生活、国家富强的关键所在,更有益于形成良好的社会风气。康有为曾指出:"思开风气、开知识,非合大群不可,且必合大群而后力厚也。"② 此后,他在建立这种"群体"精神内在联系体的过程中,形成以公德、群、社会、国家、利人、利他为共同体的一方,及以私德、独、个人、国民的另一方,两条不同的国家建构方向昭然若揭,但其最终的目的相同,即通过协同合作开创新风,来重塑国民并重建国家。以《新民说》为开端,梁启超对现代国家的展望,已然从"天下主义"的传统,转向"世界主义"的理想。传统儒学"修身齐家治国平天下",被赋予了现代性意义,延续传统之时,得以创新性发展。身指的是现代公民,天下转变为世界的概念,家指的是现代家庭,国是具有现代指向的国家。现代国家的建立,需要对传统儒学进行创造性转化与创新性发展,个人主义、国家主义和世界主义三者之间需达到整体统一的现代性高度。从这个角度讲,延续"修身齐家治国平天下"的传统理想,将其合理地运用到现代,需要以全世界为政治对象,完成一种"超国家"的设想。

---

① 梁启超著,吴松等点校:《饮冰室文集点校》,云南教育出版社2001年版,第555页。
② 康有为著,楼宇烈编:《康南海自编年谱》,中华书局1992年版,第29页。

第二节 开拓与演进:"新世界主义"的国家图景

迫于国家的存亡与富强的近代课题,士人寄希望在无序的环境中,帮助国人脱离宗族社会、摆脱内忧外患,建立有序的世界,这也成为晚清士人共同的价值共识。只有对国家制度、国家观念进行更新,近代中国政治的转型才有可能。清末伊始,梁启超主要思考如何改变传统文化观念之上的"天下观",形成"民族国家"观念在现代国家体系中的应用。梁启超笔下的中国现代国家,源于对近代文化民族主义的挖掘。在政治认同上,他主张从"天下"到"国家"的政治观念革新;在文化认同上,他注重保护中国之"国性"并坚守民族文化精神。这些就是对近代中国民族化解民族危机与文化危机的回应,也是对中国将立于世界之林所追求富强、文明目标的期许。

一 潜藏的逻辑矛盾

近代空间上在"世界"之内的中国,文化上实则在"世界"之外。在西潮的荡击下,中国必"立国于世界",才能由内而外应对世界格局的急剧变化。随之,近代"天下"向外转化成了"世界"与"中国",向内转化成了"国家"与"社会"。[1]"世界"在这里的内涵,更多地并不显示为国土、疆域上的地理与思维意识上的拓展,而在于一种遍及全人类的理性与道德信念,尤其突出中国

---

[1] 罗志田:《探索主体性:近代天下崩解后国家与文化的紧张——兼及"中国本位文化"的争论》,《社会科学战线》2018 年第 1 期。

第四章　演进与化生："家国天下"与"新世界主义"

传统意义上的"天下"与"世界"之间的一种微妙关联。"世界"观念取代"天下",在时间上继起并在空间上扩张。一旦进入"世界"成为国家民族追求的方向,就意味着放弃自己原有的"天下"秩序,而且要反过来获取既存外在秩序的承认和接受。[1]

从近代的情形看来,"家国天下"的断裂意味着,我们要寻找一个超越现有民族国家的文化体系,来承载并发展当下的国家意识。从内部来看,需要重新审视家长式的等级意识及亲情伦理,呼唤被现代性所忽视和否定的情感、良知、道德等人性需求。这归因于人类之间的亲近感、归属感及其他情感需求是不能被抛弃的,人类最根本利益的一致性恰恰体现在这些基本的需求满足上。从外部来看,以"现代"和"世界"为时空衣冠的西方,自成体系,咄咄逼人,并非让人自由出入。民族、国家以及国族国家观念的引入,让中国人对人类社会的认知发生了不小的转变。许纪霖指出:"传统的天下与自我皆有互相矛盾的双重性,现实层面的自我与天下,须经过家国的中介方得以相通,而精神层面的自我与天下这对大小宇宙,却可以绕过家国的中介获得直接的同一性。"[2]

从近代伊始,华夏文明体系逐渐崩溃,国家观念兴起,天下观念改变,其中梁启超起到了重要的启蒙传播作用。传统的天下与自我间的矛盾渐以消散,形成了两条潜在的逻辑矛盾。一是个人与家的冲突激化,国与国的矛盾凸显,家、国、天下之间的一致性消失,个人无法从"修身、齐家、治国"的逻辑上获得生命价值的实现,个人应如何定位己身并保持与国家及世界的步调、形成主体能

---

[1] 罗志田:《走向世界的近代中国——近代国人世界观的思想谱系》,《文化纵横》2010年第3期。
[2] 许纪霖:《现代中国的家国天下与自我认同》,《复旦学报》(社会科学版) 2015年第57卷第5期。

适应于客观环境的叠变，是人存在的基本逻辑前提。二是家、国、天下之间的一致性虽被破坏，但社会、国家、世界之间的一致性凸显，社会、国家、世界的关系在重置后如何统一、为个人的发展及人生意义的实现提供良好的空间，是客体世界存在与发展的基本逻辑。为妥善处理好这两条逻辑矛盾，梁启超对"家、国、天下"的现代理解，衍生出两条新的发展思路，一是人的主体化的演进；二是社会、国家及世界的客体化的演进。

二 主体化演进

栖居于家庭中的人，在近代需要新的家庭观念、国家观念及世界观。中国近代家国天下连续体的断裂，首先断裂的是身与家的勾连，其次断裂的是家与国的勾连、国与天下的勾连。[①] 近代之人作为主体，为冲出家庭、社会所造成的重重羁绊，而不断地进行自我的角色重置；为完善个人的人性成长，重置人在家庭、国家、世界中的角色作用，以求达到符合现代化发展中的人的价值标准。人经历的这一过程，就是人的主体化演进的过程。

从家庭的存在来讲，中国历史上崇尚的是儿孙满堂、四世同堂的大家族。太平天国运动以基督教教义为思想基础，提出废除家庭制度，这对封建大家族造成了定向的打击。在自然经济瓦解、多年战争的刺激下，大家庭在近代的维持日益艰难，小家庭形式反而显得更为合理。西方观念的不断传入，导致了近代士人"去家化"观念的加深。康有为提出"去家界"，谭嗣同认为应"冲决网罗"，辛亥革命的家庭革命、毁家运动，渐使传统之家褪去了原有的特色。这表明，"修、齐、治、平"的传统自修路径丧失，相伴的人

---

① 郭清香：《国家主义与世界主义的纠缠——基于近代人生意义问题的讨论》，《中国人民大学学报》2019 年第 33 卷第 4 期。

第四章　演进与化生："家国天下"与"新世界主义"

生导向及价值标准的根基被毁，传统"家"观念的破坏，"身"在家庭中的价值失去了可依赖的载体。所以，传统家、国、天下的观念一一被打破，个人的人生处境是"身—家—国—天下"递推模式断裂后的首要问题。梁启超从儒家传统中寻觅有关"个人""群体""国家"方面的资源，弥补传统模式断裂后中国面临的种种危机。尤在竞争的国际社会进化过程中，"若曰并国界而破之，无论其事之不可成，即成矣，而竞争绝，毋乃文明亦与之俱绝乎？"[1] 竞争、强权是社会进化的根本性原理，国界破之，则无中国文明可言。

梁启超提出通过新民之道、武士道重塑中国国民的道德精神，但个人在"社会、国家、天下"框架内人生的价值定位却近乎没有，现在需要树立起立足于自由、平等的人际关系这一原理的、以新的家族、社会、国家为核心的新观念，来取代旧式的，以服务于以君权为特征的"家国天下"模式。具体地讲，个人的人生意义当如何确定？从逻辑上看有三条道路供选择：一是个人从封建之家中释放出来，通过获取自身利益的最大化，实现自我的满足或权利的获取。二是建立个人与国家的直接关联，将人生意义建立在奉献己身、为国贡献的价值上。三是个人将人生意义建立在天下这一基础之上。梁启超选择了第二、第三条道路，即从国家的角度来确定人生的意义，或从社会、人类、世界的视角来确定人生的贡献价值。

为此，梁启超从人的思想入手，对"身、国、世界"设计了新的规划。他说："国家思想者何？一曰对于一身而知有国家，二曰对于朝廷而知有国家，三曰对于外族而知有国家，四曰对于世界而知有国家。"[2] 传统文化之中，身与家、国、天下具有一致性，人可以通过修身及人性的完善，来实现家、国、天下和谐圆满的发展。梁启超

---

[1] 梁启超著，吴松等点校：《饮冰室文集点校》，云南教育出版社2001年版，第557页。
[2] 梁启超著，吴松等点校：《饮冰室文集点校》，云南教育出版社2001年版，第556页。

对国家思想者的定义，设置了近代之人的思想、地位、眼界及价值的定位。人在处于朝廷、外族、世界的关系中，需要围绕国家思想而展开活动，"以一国之民，治一国之事，定一国之法，谋一国之利，捍一国之患"①。在梁启超的心中，个人是独立于外界秩序的"国民"，国民要承担国之兴亡的大任。于是，"身"兼具了三类身份，一类是个人，另一类则是国民，以往家庭、朝廷的身份意义被消解，还有一类是世界一员。如此，"身"的不同身份使其有了国家主义的情怀、世界主义的情怀。中国近代长达百年的时间里，国家及世界意识的崛起绝非偶然，来势汹汹不可抵挡。中国人从胸怀天下回退到心系国土，从重建意义世界退回人生意义的追溯，一边坚守民族国家的立场，另一边向往世界的广阔视野，只为顺应着社会大势、时代大局，确立正确的国家发展方向。在清末前后十几年间，近代学者对国家主义或是世界主义的选择，都脱离不了对人生意义获取途径的思考。

梁启超身处历史变迁之中，顺势而昌盛的道理了然于心，他对爱国主义、国家主义和世界主义的理解是深刻的。他本人也凭借爱国之心，推动近代中国在风云变幻中的发展。他强调说："国者何？积民而成也。国政者何？民自治其事业。爱国者何？民自爱其身也。故民权兴则国权立，民权灭则国权亡。"②民从"爱其身"做起，最终的目标在于建立民权，实现国权。国民肩负"爱其身"的责任，在于参与国事、民定国法、谋求国家利益、捍卫国家命脉，成为一个真正的好国民。而近代国人的社会责任、形象塑造都要符合国家、世界及人类发展的现代需要。所以，梁启超强调国家主义与世界主义的统一。他说："我国人向来不认国家为人类最高团体，而谓必须有更高级之团体焉，为一切国家所宗主，即所谓天下……此种广博的世界主

---

① 梁启超著，吴松等点校：《饮冰室文集点校》，云南教育出版社2001年版，第810页。
② 梁启超：《饮冰室合集·典藏版·全40册》，中华书局2015年版，第277页。

第四章 演进与化生:"家国天下"与"新世界主义"

义,实我数千年来政治论之中坚。"① 他对于国人的要求,不仅是新民而且是世界之人,国人人生意义的追求,是为贡献国家也是为奉献世界。

那么,国家主义和世界主义的关系究竟如何?梁启超在《欧游心影录》中指出:"我们须知世界大同为期尚早,国家一时断不能消灭。"② "我们的爱国,一面不能知有国家不知有个人,一面不能知有国家不知有世界……将国内各个人的天赋能力尽量发挥,向世界人类全体文明大大的有所贡献。"③ 近代"个人—群体—国家—世界"的框架中,群治、国家治理和立于世界则是不同阶段的目标,最终的目标在于维护国家独立,建设现代国家,未来能屹立于世界之林。个人自我人生意义的获得必须落实在实现目标之上,否则都是虚幻、不切实际的。梁启超在《儒家哲学》中指出:"中国哲学以研究人类为出发点,最重要的是人之所以为人之道。"④ 人生的意义和价值的探讨是古今中外的一个显学。成为一个真正的人,首先需要拥有独立的自觉意识,有清晰的头脑;也需要有更高层次的追求,健康愉悦的心灵、超脱的精神自由和情趣;更要有回避私心的利他之心、造福国家利于人类的品质。如同他总结的:"人生最大的目的,要向人类全体有所贡献。为什么呢?因为人类全体,才是'自我'的极量。我要发展'自我',就必须向这条路努力前进。"⑤ "一个人不是把自己的国家弄到富强便了,却是要叫自己国家有功于人类全体,不然,那国家便算白设了。"⑥

---

① 梁启超:《饮冰室合集集外文》,北京大学出版社 2005 年版,第 742 页。
② 梁启超:《饮冰室合集:典藏版:全 40 册》,中华书局 2015 年版,第 5706 页。
③ 梁启超:《饮冰室合集:典藏版:全 40 册》,中华书局 2015 年版,第 5707 页。
④ 梁启超:《儒家哲学》,中华书局 2015 年版,第 3 页。
⑤ 梁启超:《饮冰室合集:典藏版:全 40 册》,中华书局 2015 年版,第 5721 页。
⑥ 梁启超:《饮冰室合集:典藏版:全 40 册》,中华书局 2015 年版,第 5721 页。

如何使"家国天下"成为"国家"这一问题，梁启超也进行了详细论述。近代以后，由于西方列强经济的入侵与政治的渗透，中国传统自给自足的农业经济受到严重挑战，封建专制权威遭到严重破坏，王朝体系出现了本质的危机。鸦片战争后，中国被纳入了世界资本主义体系，但问题是，中国不是以一个独立自主的富强国家，而是以被侵略的落后国家的身份被迫进入世界体系，这就使一直以讲究礼仪道德的天朝失去往日"协和万邦""宾服蛮荒"的威严，中国是"天下"中心的神话被打破了。"天下观"所反映的狭隘的世界地域观念和"夷夏观"所承载的民族虚骄意识在现实面前被撞得粉碎。长期的自我封闭使清政府既不了解世界，也不懂得国际法则，只知道以传统王朝时代的"以夷制夷"怀柔羁縻之术来应付列强。这不仅使清朝中国在国际交往中明显处于劣势，而且受入侵和不平等条约的束缚，国家主权也不完整，成了世界体系中一个边缘化的半殖民地国家。西方国家从器物到制度的先进，中国王朝体系的危机和国家地位的边缘化，促使有识之士重新审视文明至上的"天下观"，认为"保国保种"首要是建立现代民族国家，而思考现代国家的诸问题，建设富强的新中国要求从根本上更新国家观念。

由此，近代知识界和思想界维护国家独立和主权的意识逐渐萌生并渐趋强烈，促使了"天下观"向近代国家观的转变。姚莹、魏源、郑观应、薛福成等都先后开始"睁眼看世界"，"四海万国俱在目中，足破数千年茫昧"。1898年张之洞指出"保教必先保国"。梁启超等更是认为中国人历来没有"国家意识"，从而无法形成现代西方人所具有的强烈民族主义和爱国主义，中国人需有自己的主体意识，并实行民族主义于中国，中国才有出路。正是在这种背景下，梁启超也加入对传统"天下观"于"王朝观"进行反思和批判的行列之中。在国人的观念里，国家与王朝混为一谈，致使人民对国家和朝廷的认识

第四章 演进与化生:"家国天下"与"新世界主义"

严重错位,人应有的国家观念难以培育,爱国精神严重变味。

三 客体化演进

论及社会、国家、世界的客体化的演进过程,需要先从"天下"本义的衍变谈起。近代国家意识逐渐崛起,"天下"之本意延伸出两条不同的演进线索,一条是近代中国从"天下"转变为"国家";另一条是从"天下"转变为世界。这双重的叠变联系紧密且相辅相成,同样体现在梁启超的思想变化之中。

先讨论梁启超对"天下"转变为"国家"的认识。《新民说》中有着与儒家天下国家观的烙印,比如他对公德、私德的洞悉认识,对自由民权的培育等。梁启超敏锐地发现中国人国家观念的阙如,往往误认国家为天下者,是由于中国地理平原磅礴之势而自趋于统一,以及先秦诸子反对国家主义的天下统一学说。"天下"是一个以儒家伦理为基础和以中华帝国为中心的古代文明体系,它不同于欧洲近代兴起的民族国家,后者以主权领土为基本特征。西学入侵导致的中西文明的冲突,本质上即"天下"与"国家"的冲突。"近代中国思想史的大部分时期,是一个使'天下'成为'国家'的过程。"[①] 由"天下"而"国家",表征着中国由前民族时代向民族时代的认同转型,这正是梁启超新民说的思想主题。[②]

梁启超从古代社会的发展历程中,深入分析并认识"国家"的现实,寄希望于世界之未来。他讲:"吾国夙巍然屹立于大东,环列皆小蛮夷……我民常视其国为天下。"[③] 他强调:"自秦以后二千余

---

① [美]列文森:《儒教中国及其现代命运》,郑大华、任菁译,中国社会科学出版社2000年版,第87页。
② 高克力:《启蒙先知:严复、梁启超的思想革命》,东方出版社2019年版,第201—202页。
③ 梁启超著,吴松等点校:《饮冰室文集点校》,云南教育出版社2001年版,第550页。

年,中间惟三国、南北朝三百年间稍为分裂,自余则皆四海一家"①,"环其外者……无一足及中国"②,与葱岭以外各国"彼此不相接、不相知"③。这些历史地理环境使中国人"视其国如天下",乃至于"知有天下而不知有国家""知有一己而不知有国家"。④ 此后,他把对传统"天下"观念中"道"的精神追求,融入自己的国家观中。在1899年12月,梁启超在《清议报》发表《国民十大元气论》,强调作为文明之精神的"国民之元气"。受福泽谕吉著作《文明论之概略》的影响,梁启超将福泽强调的"文明之精神"写进副标题。然而,两人对于文明建构的落脚点不同,福泽谓"日本有政府而无国民""知有家而不知有国",梁启超则持有中国"知天下""知有一己"的主张,这种不同的表明梁启超面临的课题是创造"国民"以建设"国民国家"。⑤ 所以,维新变法失败后,梁启超受严复《原强》篇中达尔文主义生物进化论、斯宾塞的社会达尔文理论的影响,大张旗鼓地宣称民族主义,主张具有天赋权利、个性充分发展的近代新民思想,改变中国积弱、民心世风衰微的窘状。在梁启超的心中,晚清时期的中国并不是一个国家,原因在于"以严格的国家学衡之,虽谓我国自始未成国焉可耳"⑥。

比较地看,西方在建立"国家群"方面有优势,却没有"天下群"的文化基因,将来真正的世界主义国家不能没有本根文化的存在。梁启超从《易》《礼》《春秋》《论语》抽取变革的理论依据,

---

① 梁启超著,吴松等点校:《饮冰室文集点校》,云南教育出版社2001年版,第558—559页。
② 梁启超著,吴松等点校:《饮冰室文集点校》,云南教育出版社2001年版,第559页。
③ 梁启超著,吴松等点校:《饮冰室文集点校》,云南教育出版社2001年版,第559页。
④ 梁启超著,吴松等点校:《饮冰室文集点校》,云南教育出版社2001年版,第558页。
⑤ [日]石川祯浩:《中国近代历史的表与里》,袁广泉译,北京大学出版社2015年版,第102页。
⑥ 梁启超著,吴松等点校:《饮冰室文集点校》,云南教育出版社2001年版,第2412页。

第四章 演进与化生："家国天下"与"新世界主义"

借用西学为改革提供新哲学思维，反对现代与传统的对立，使得"群治"呈现出一种"世界文化"的理想。但在两千余年封建君主专制政体影响下，君王的独断独行只会瓦解群力，然而，中国将来的太平之治必以合群意识来实现。如同他在《释革》中所说："中国数年以前，仁人志士之所奔走所呼号，则曰改革而已。比年外患日益剧，内腐日益甚，民智程度亦渐增进，浸润于达哲之理想，逼迫于世界之大势，于是咸知非变革不足以救中国。"① 为应对世界局势之变，他对于改革如此定义："夫淘汰也，变革也，岂惟政治上为然耳，凡群治中一切万事万物莫不有焉。"这样，"群治"与世界之未来便形成"同命运，共呼吸"的大势。最终，国家应成为目前一切关怀的基点，对"世界"则是一种对未来的展望与期盼。民国成立不久之际，梁启超草成《中国立国大方针》，第一节的标题就叫"世界的国家"。他感叹时势之迁进、岁月之不同，对中国在世界竞争警醒国民："然则今日世界作何趋势，我国在世界现居何等位置，将来所以顺应之以谋决胜于外竞者，其道何由？此我国民所当常目在之而无敢荒豫者也。"②

第三节 旨向与境界："新世界主义"的世界图景

"天下观"是中国传统文化的核心价值观念，隶属于中国传统天道、天命、天理的观念，是一个完整的价值体系。两千多年的中国传统文化并无政治学意义上的国家观念，仅有个人安身立命的"天朝

---

① 梁启超著，吴松等点校：《饮冰室文集点校》，云南教育出版社2001年版，第2242页。
② 梁启超著，吴松等点校：《饮冰室文集点校》，云南教育出版社2001年版，第2412—2413页。

上国"。因"天下观"有爱固守的文化习性，人们已然适应封建国家及其国家制度，一直安于传统的生存模式。

鸦片战争后，洋务时期，官绅开通者，略知中国之外有世界，然而对世界仅有模糊的感受。维新运动时期，翻译类外国书籍渐有并开始流传，国人对世界事件了解仍较少。到戊戌维新运动以后，赴海外者增多，办刊介绍世界大势及外国大事记，这种文化信息传递，开阔了国人眼界，使国人逐渐养成一种新的"世界观"，以代替过去以中国为中心的"天下观"。民国肇始，梁启超的核心关切依旧在对国家的建构问题上，但其"世界的国家"已不同于世纪之初新民说之民族国家式的"国家"，而具有"天下"与"国家"相融合的世界化的国家之义。① 他对"天下"真正的理解，在近代由"天下"转向"国家"，再拓展为面向"世界"的转变。梁启超的国家观是从政治利益冲突的角度来思考国与国之间的关系。他的新"世界"观包含两个重要方面：一是打破华夏中心的文化观，将自己融入世界体系中；二是从文化传播与弘扬的角度，把中国文化提升到世界文化共识的层面。

一 "新世界主义"之理想

在中国文化浓郁的世界主义情怀中，表现最为充分的便是天下观念与大同理想。《礼记·礼运》载："大道之行也，天下为公。选贤与能，讲信修睦……矜寡孤独废弃者，皆有所养。"就是对人类社会的美好描述。所谓"大道"，指放之四海而皆准的真理；所谓"天下为公"，指天下间的精神与物质应以奉公为首而不得徇私。传统文化设定了终极目标之后，还提出了实现目标的捷径："物格而后知至，知至而后意

---

① 高克力：《世界国家与普世文明——梁启超的新天下主义》，《天津社会科学》2015年第6期。

第四章 演进与化生:"家国天下"与"新世界主义"

诚,意诚而后心正,心正而后身修,身修而后家齐,家齐而后国治,国治而后天下平。"《礼记·大学》传统的人文理想与治理天下的现实,并非互相割裂,而是举旗并重、协同并进的关系。天下主义与大同理想历史久远,代代相传。张载的"横渠四句教";陆王心学的"心同理同""天地万物"等理念;王阳明"大人者,以天地万物为一体者也,其视天下犹一家,中国犹一人焉"①的提法,都看重中国与世界的一体性,展现出一种宏大的世界主义情怀。限于古人对世界地理的认知,他们的世界主义情怀常用天下一词来表达,古人的天下意识与世界观念相协调。顾炎武讲:"易姓改号,谓之亡国。仁义充塞,而至於率兽食人,人将相食,谓之亡天下。"《日知录·正始》这表明,文化存亡是国家及民族兴衰的要素,当人的仁义之心被蒙蔽,亡天下之日则不远矣。"亡天下"的意识与近代世界观交织在一起,使"天下兴亡,匹夫有责"成为近代世界主义的宣言。

近代中国文化与世界主义的联系表现在:第一,"世界一家"的观念出现,超越了传统"天下一家"的说法。"家"脱离了家族单位的狭小意义,蜕变为全人类命运的共同体。"世界大同,天下一家"变成近代中国开篇的文化标语。梁启超对"天下一家"提出了两点看法:一是"天下一家"的意思是世界被理解为构成地球的所有领域。因此,它涉及的政体与国家截然不同。二是"天下"隐含某些世界观,如"世界""四象"②。张君劢说:"海尔德之人类史观,康德主张长久和平,赖思基有超国家组织学说而反对狭义的国家主义。

---

① (明)王守仁撰,吴光、钱明、董平、姚延福编校:《王阳明全集》(全二册),上海古籍出版社1992年版,第968页。
② Wang Mingming, "All Under Heaven (Tianxia) Cosmological Perspectives and Political Ontologies in Pre-modern China", *Hua: Journal of Ethnographic Theory*, 2012, 2 (1), pp. 337–338.

可见大同观念为东西两房之共同愿望。"① 康有为将世界主义定义为大同，提出："无邦国，无帝王，人人相亲，人人平等，天下为公，是为大同。"② 这些将大同定义为世界主义的现象，在近代屡见不鲜。第二，近代中国与西方对世界主义的认识，达成了国家是世界，世界即国家的共识。国家与世界具有同一性，也表现在谭嗣同勾勒的蓝图中。他说："地球之治也，以有天下而无国也。"③ 第三，梁启超强调个人思想、国家思想与世界思想的一致性。他在《中国立国大方针》中说："能建设一完全之国家，以立于平和之世界，夫然后可以为世界之主人"④，"我国数千年教义习惯，由国家等而下之，则地方思想、宗族思想、个人思想甚发达焉；由国家等而上之，则世界思想甚发达焉。吾国人称禹域为天下，纯是世界思想"⑤。他将"国家"与"世界"联系起来，中国古代"天下一家"的观念在近代上升到世界一家的高度。这显然是西方世界主义与中国古代"天下"观结合的产物。他用"中国之中国""亚洲之中国"和"世界之中国"⑥ 的表述，分述中华文明的"上世史""中世史"和"近世史"三个历史演进阶段，突出强调"世界之中国，即中国民族合同全亚洲民族，与西人交涉竞争之时代也……将嬗代兴起之时代也"⑦。梁启超此话的应有之义是，中国已经是世界之一分子，历史发展的大势不可逆，"近世史者，不过将来史之楔子而已"⑧。早在《自由书》中，梁启

----

① 张君劢：《政制与法制》，清华大学出版社2008年版，第11页。
② 康有为：《大同书》，中州古籍出版社1998年版，第108页。
③ 蔡尚思、方行编：《谭嗣同全集（增订本）》（全二册），中华书局1981年版，第367页。
④ 梁启超著，吴松等点校：《饮冰室文集点校》，云南教育出版社2001年版，第2415页。
⑤ 梁启超著，吴松等点校：《饮冰室文集点校》，云南教育出版社2001年版，第2412页。
⑥ 梁启超著，吴松等点校：《饮冰室文集点校》，云南教育出版社2001年版，第1626—1627页。
⑦ 梁启超著，吴松等点校：《饮冰室文集点校》，云南教育出版社2001年版，第1627页。
⑧ 梁启超著，吴松等点校：《饮冰室文集点校》，云南教育出版社2001年版，第1627页。

第四章 演进与化生:"家国天下"与"新世界主义"

超就对将来做出预判:"有世界主义,有国家主义。无义战、非攻者,世界主义也;尚武敌忾者,国家主义也。世界主义,属于理想;国家主义,属于事实。世界主义,属于将来;国家主义,属于现在。"[①] 中国走出地域,步入世界,是时代兴起文化发展的必然趋势。

从时间线索来看,梁启超对"世界主义"的理解和认识,存在从"民族主义"到"国家主义"再到"新世界主义"的变化轨迹,也蕴含从"天下"到"国家"再到"世界"思维格局的变化。在时间节点上,从19世纪90年代到戊戌维新运动时期,是梁启超受天下大同思潮影响的时期。梁启超最初对世界主义的概念萌发,在外观上与"天下大同"的理想类似,但根本的区别在于,"天下大同"里的"天下"概念,是建立在"朝贡体系"疆域内的"天下"。"天下大同"与时俱进的同时,呈现的是一种进行时态,一种要求中国对内民主、对外独立,能以一己之力立于世界抵御外敌的愿图。更为重要的是,随着世界化进程的推进,理应推行协同和平等的价值理念。梁启超继承了康有为"大同"理想,对于全人类的普遍关注,也受到谭嗣同"地球之治"的影响。梁启超的大同主义以他的"三世六别说"为标志,在其师康有为"三世大同说"的基础上,提出民族国家处于升平世,天下大同会出现在太平世,在太平世时将形成天下大同的局面,这是人类社会发展的终极理想。在戊戌变法失败后,梁启超告别大同主义,转向民权共和、君主立宪等国家主义的主张。比较独特的一点,他在宣传国家主义时聚焦现代国家之构建,并不回避世界主义的思考。所以,在梁启超内心中初绘的世界主义,承载着中国传统儒学的色彩。

特殊的是,梁启超在《新民说·论国家思想》中曾论及世界主

[①] 梁启超著,吴松等点校:《饮冰室文集点校》,云南教育出版社2001年版,第2274页。

义，有学者对此指出他批判世界主义，并不赞同世界主义。我们谨慎回归经典文献，细细读来，他所讲道："所谓对于世界而知有国家者何也？宗教家之论，动言天国，言大同，言一切众生，所谓博爱主义，世界主义，抑岂不至德而深仁也哉？虽然，此等主义，其脱离理想界而入于现实界也，果可期乎？……今世学者，非不知此主义为之美也，然以其为心界之美，而非历史上之美，故定案以国家为最上之团体，而不以世界为最上之团体，盖有由也。"①的确，与国家主义相比，世界主义是后于国家主义的，因为"对于世界而知有国家"②。破旧立新，改变中国积弱成疾的现状，应当以构建现代国家的现实需要为前提。若国不立于世界之林，何谈世界主义情怀呢？

梁启超强调："今世界以国家为本位。凡一切人类动作皆以国家分子之资格而动作者也。"③可见，他的思想底色有着强烈的理性精神，他对世界主义的论述与近代中国及世界的变化紧密相关，同时与中国及世界文明的进程密切相关。此时梁启超笔下的世界主义，更多的是19世纪欧洲盛行的世界主义，这类世界主义描述跨国的、人类的博爱，宣扬普遍主义的人性伦理。从本质上说，西方的世界主义是超越国家的共同体。如此，便不难理解，梁启超在《新民说》中对世界主义的论调，为什么表现出鄙弃的缘由。有学者认为梁启超对世界主义的认识前后矛盾，由质疑反对"世界主义"转而支持。实际上，梁启超反对的世界主义是宗教家宣扬的世界主义，批判的是西方本土世界主义对外的文化侵蚀。他说："宗教家之论，动言天国，言大同，言一切众生。所谓博爱主义，世界主义，抑岂不至德而深仁也

---

① 梁启超著，吴松等点校：《饮冰室文集点校》，云南教育出版社2001年版，第557页。
② 梁启超著，吴松等点校：《饮冰室文集点校》，云南教育出版社2001年版，第556页。
③ 梁启超著，吴松等点校：《饮冰室文集点校》，云南教育出版社2001年版，第2413页。

第四章　演进与化生:"家国天下"与"新世界主义"

哉? 虽然,此等主义,其脱离理想界而入于现实界也,果可期乎!"①迫于现实世界的压力,他主张先树立国家观念,再追求未来的全人类世界主义。笔者指出,他抨击的对象特指宗教家的"世界主义",是为自己的"世界主义"立论。很明显,梁启超认为宗教家的言论脱离了现实的理想,再想积极入世,最终是一种虚无缥缈的幻想。他用假设的方式,设想了宗教家脱离国家观念的恶劣后果,"大同以后,不转瞬而必复以他事起竞争于天国中,而彼时则已返为部民之竞争,是率天下人而复归于野蛮也"②。

为规避天下人堕入野蛮的世道,梁启超提出国家本位的思想,称"国也者,私爱之本位,而博爱之极点"③。这种对"国"的大胆追求,并非对世界观的否定,先树立国家思想再论世界理想,是竞争的必然选择。事实上,法国大革命之后,"科学万能的梦想"取代了封建传统、文化规范、希腊哲学和基督教。战争使梁启超认识到国际合作与和平共处的重要性,他开始重新评价中国的传统思想,认为"世界主义将从现在起启动"④。正如杜维明所说,儒家理想是"把自我的培养和家庭的调节看作根,把国家的治理和世界的和平看作枝"⑤。

梁启超对于"世界主义"的真实理想,可以从立足点、内涵及预期的角度来讨论。从立足点来讲,梁启超认为"世界主义"离不开传统"天下"的文化基础。他在《中国立国大方针·世界的国家》中说:"故有国家者,恒兢兢焉内策而外应,若恐不及。然则今日世

---

① 梁启超著,吴松等点校:《饮冰室文集点校》,云南教育出版社2001年版,第557页。
② 梁启超著,吴松等点校:《饮冰室文集点校》,云南教育出版社2001年版,第557页。
③ 梁启超著,吴松等点校:《饮冰室文集点校》,云南教育出版社2001年版,第558页。
④ Guoqi Xu, "The Year 1919 and the Question of 'what is China?'", *International Politics*, 2017 (55), p. 756.
⑤ William Theodore De Bary, *The Trouble with Confucianism*, London, England: Harvard University Press, 1991, pp. 97–98.

界作何趋势？我国在世界现居何等位置？将来所以顺应之以谋决胜于外竞者，其道何由？"①为此，他提出了四点要义：今世界以国家为本位；今世界惟大国为能生存；今世界以平和为职，志传有之；今世界惟占优胜于生计界者为能安荣。②古人的"天下"充满了世界思想，梁启超在古人的基础上，积极看待未来的世界主义，他的"世界主义"有着浓郁的文化元素，立于国家与民族的存亡而展望未来。显然，梁启超的"世界主义"与"国家主义"并不是冲突与矛盾的关系，而是递进与时间发展的关系。中国人很早就崇尚个人主义和世界主义，而国家思想薄弱。国家思想重要性的明晰，有利于个人形成良好的价值观念，为将来成为世界公民做好准备。

1920年远赴欧洲游历之后，梁启超反思国家主义，继而追求一种更加积极的新世界主义。面向现代世界中的中国，他寄盼的新世界主义与西方的世界主义不同，新世界主义的内核根植于传统儒家思想，具有浓厚的政治文化底蕴，如他所述，"中国自春秋战国以来其政治思想有大特色三：曰世界主义，曰平民主义或民本主义，曰社会主义"③。中国特有的"新世界主义"承继过去、立足现实、展望未来，不仅有利于治疗诸国竞争的"病态"问题，还能在未来引领中华民族的发展。在学术研究晚期，梁启超在《欧游心影录》下篇《中国人之自觉》中论及国际联盟，称其是"世界主义和国家主义调和的发轫"④。在他欧游的过程中，梁启超的个人思想经过维新、救国、革命之后，从世界交往的高度，重新思考在世界文明发展进程中国家与世界、国家主义与世界主义的关系。

---

① 梁启超著，吴松等点校：《饮冰室文集点校》，云南教育出版社2001年版，第2412—2413页。
② 梁启超著，吴松等点校：《饮冰室文集点校》，云南教育出版社2001年版，第2413—2416页。
③ 梁启超：《先秦政治思想史》，岳麓书社2010年版，第3页。
④ 梁启超著，吴松等点校：《饮冰室文集点校》，云南教育出版社2001年版，第3486页。

第四章　演进与化生:"家国天下"与"新世界主义"

梁启超如此强调:"国家与国家相互之间,从此加一层密度了。我们是要在这现状之下,建设一种'世界主义的国家'。怎么叫做'世界主义的国家'? 国是要爱的,不能拿顽固褊狭的旧思想当是爱国,因为今世国家不是这样能够发达出来。我们的爱国,一面不能知有国家,不知有个人;一面不能知有国家,不知有世界。我们是要托庇在这国家底下,将国内各个人的天赋能力,尽量发挥,向世界人类全体文明,大大的有所贡献。将来,各国的趋势都是如此,我们提倡这主义的作用,也是为此。"① 显然,梁启超从爱国的立场,批判单一狭隘的旧思想,重新审视了个人与国家、世界之间的命运关联。追求世界人类全体文明,是个人面向世界发展的责任意识,全人类每一分子都应自觉发挥天赋能力,对国家及人类文明的发展有所贡献。此时,他所谓"世界主义的国家",所内涵的就是新世界主义,饱含世界情怀的爱国热忱,不仅超越了顽固偏狭的自私自利,也试图在国家和世界之间创造出一个完美的平衡世界。

梁启超在《欧游心影录》中还指出:"我们向来并不认为国家为人类最高团体,所谓'修身齐家治国平天下'。身(个人)是单位的基本,天下(世界)是团体的极量,家(家族)、国(国家)不过是团体组织里头的一种过程。"② 中国自古就有"全人类大团体"③的理想,这个大团体包括了个人、家族、国家与世界,每一个小团体都不是孤立的,是可以携手共赢、服务于全人类大团体的存在。

从"世界主义"的内涵来讲,梁启超指出,与西方盛行的国家主义相比,中国文化中的世界主义似乎更高明些,他的"世界主义"立足于传统文化,又超越于民族及国家的利益立场,可命名为中国的

---

① 梁启超著,吴松等点校:《饮冰室文集点校》,云南教育出版社2001年版,第3486页。
② 梁启超著,吴松等点校:《饮冰室文集点校》,云南教育出版社2001年版,第3558页。
③ 梁启超著,吴松等点校:《饮冰室文集点校》,云南教育出版社2001年版,第3558页。

世界主义。在《先秦政治思想史》中,梁启超说:"先秦政治学说,可以说是纯属世界主义。像欧洲近世最流行的国家主义,据我们先辈的眼光看来,觉得很褊狭可鄙。所以孔子、墨子、孟子诸人,周游列国,谁采用我的政策,我便帮助他,从没听见他们有什么祖国的观念。因为他们觉得自己是世界上一个人,并没有专属于那一国。又如秦国的政治家,从由余、百里奚起到商鞅、张仪、范雎、李斯止,没有一个是秦国国籍……"① 这段话既已表明他的"新世界主义"最终的目标为世界之人能共同治理,又对当代中国治理提供了新的思路。第一,这反映了梁启超晚年对传统文化的情感及新的价值观念的判断。第二,建立民主政治是中西世界主义的共识。第三,反对战争、实现永久和平是中西世界主义的共同期盼与追求。② 进入民国以后,中国须步入世界化进程的趋势就愈益明显了,迎难而上才是国家进步发展的唯一出路。

因此,梁启超对"世界主义"的未来预期是"建设一种'世界主义的国家'"③。在梁启超的脑海中,世界主义与大同理想是类同的概念,新世界主义是大同理想与世界主义的结合体,所催生出的"世界大同"的理想,实质是"超国家"的世界主义。梁启超对"新世界主义"探索亦是对传统"天下"的发展,不仅戒骄戒躁、克服对自身文化的优越感,在历经民族精神洗礼后,积极审视文化主体发展。中国现代政治模式的后续发展,可以在梁启超的思想中找到前身的缩影,而中国现代化政治模式建立的思想起点,可以说是以新世界主义的视角拉开了帷幕。梁启超以儒家哲学为基石,吸收了中国和谐的"天下大同"观念,为建构一种中西交融的"世界主义的国家"

---

① 梁启超著,吴松等点校:《饮冰室文集点校》,云南教育出版社2001年版,第3072页。
② 马克锋:《中国近代文化思与辨》,人民日报出版社2014年版,第47—50页。
③ 梁启超著,吴松等点校:《饮冰室文集点校》,云南教育出版社2001年版,第3486页。

第四章　演进与化生:"家国天下"与"新世界主义"

而继承开新儒家文化。"世界大同"也成为"天下大同"在近代的新指称。

如何完成世界主义国家的建设呢？他认为首先是要爱国。但爱国要有新的方式，不能用顽固褊狭的旧思想来谈爱国，否则世界主义的国家建设将无从谈起。他指出，真正的爱国要"知有个人""知有国家""知有世界"，这就对个人提出了认识上的要求。个人不仅要有独立的自觉意识，还要能为国家稳定与世界发展的贡献己身。接着，他这样强调："将国内各个人的天赋能力，尽量发挥，向世界人类全体文明，大大的有所贡献……提倡这主义的作用，也是为此。"① 他描绘的世界主义是一种"国家互助的精神"②，将国家相互之间互帮互助的观念输入人心，共同打造世界人类的全体文明。他对未来的世界文明的期望，定位于世界大同的实现。之所以目前追求"世界主义的国家"，是因为"世界大同为期尚早，国家一时断不能消灭"。③ 在这个世界大同的场景中，人生而平等，无性别种族差异；无公私财产制度的区别，社会分工公平；每个个体都为人全社会的公益而奋斗。他对"天下"的理解并非停留在其表面，而是紧扣其内涵意蕴。他强调："其所谓天下者，是否即天下且勿论，要之其着眼恒在当时意识所及之全人类。"④ 这表明，以全人类为基础的同类意识是实现"世界大同"的根本推动力。

与中国传统"天下观"及西方自古以来的"世界主义"相比，梁启超的"世界主义"贯之以"新世界主义"之名。归其缘由，无论是一元论的中国传统"天下观"还是二元论的西方现代世界主义，

---

① 梁启超著，吴松等点校:《饮冰室文集点校》，云南教育出版社2001年版，第3486页。
② 梁启超著，吴松等点校:《饮冰室文集点校》，云南教育出版社2001年版，第3558页。
③ 梁启超著，吴松等点校:《饮冰室文集点校》，云南教育出版社2001年版，第3486页。
④ 梁启超:《先秦政治思想史》，岳麓书社2010年版，第4页。

从哲学思维方式上说都是独断论的，落实在文明观上都是文明中心论、文化霸权论或同化论的，即以某一种文明作为世界的中心，前者是以大一统的华夏文明为中心（华夏中心主义），而后者则是以一种超越基于某一民族国家文明而扩张形成的帝国文明的共同体文明为中心（共同体中心主义）。① 梁启超的"新世界主义"是一种超越于传统与西方的世界观，它的确立以现代化所忽略和否定的"道德情感""人类良知""文化自觉"等为核心内容。"新世界主义"不仅是一种新的世界理想，而且是一套有着中华民族话语体系的、为世界各国所共享的文化价值规范。"新世界主义"的影响在于，它作为各民族及各国建构世界新秩序和共建世界文化的基础，有利于促进现代人类之间的情感交流，有益于形成人们共通的道德精神目标和利益共识的价值观念，建立起真正的"新世界主义"文化格局。

二 "新世界主义"之实践

"新世界主义"是梁启超所设想的最美好的社会愿景，如何实现这种理想社会是一个重要话题。这一问题对他而言，等价于要将中国建设成为"世界主义的国家"②。他对"世界主义的国家"的设想，包含了"个人""天下""国家"及"世界"四个层面，多层面的思维逻辑所构想的图景是一幅国家文化彼此独立共存又平等对话的图景。如他所总结的："中国人则自有文化以来……其政治论常以全人类为其对象……政治之为物，绝不认为专为全人类中某一区域某一部分人之利益而存在。"③ 他的这一认识是在"一战"结束后访问欧洲的实地考察中的感悟。"世界主义的国家"的提法是为强调国家与个

---

① 李智：《新世界主义：中国文化对外传播的新理念》，《新视野》2018 年第 1 期。
② 梁启超著，吴松等点校：《饮冰室文集点校》，云南教育出版社 2001 年版，第 3486 页。
③ 梁启超：《先秦政治思想史》，岳麓书社 2010 年版，第 4 页。

第四章 演进与化生:"家国天下"与"新世界主义"

人、国家与世界的平衡,深化国家与国家紧密关系而设定的。比较来看,康有为在《大同书》里设想了一个没有政治和国界的未来世界,一个人人和谐平等的世界。梁启超透过"一战"看到:"全世界人类所怀抱正义人道永久平和之高尚信条,将藉一战而完全表现。"① 他设想的世界中,政治统治者不应简单地关心自己国家的强盛,还应关心整个世界的命运。他批评西方民族主义过于狭隘,主张西方应借鉴中国传统的"天下为公"思想,将关注范围扩大到民族之外,落脚于世界的整体范围。

为实现世界范围的"新世界主义",梁启超指明了"新世界主义"的实践观、目标及策略。"新世界主义"的实践观,本质上讲是一种"人格主义"实践观。这一实践观是他本人生平做学问和为人处世的原则,也是他对于中国未来发展的理论展望。在《王阳明知行合一之教》中,他将"人格"推至宇宙和实践观的新高度,声称:"人格与宇宙无二无别",要通过"彼我交感成一体"的"我"之人格,共同完成"普遍人格之实现"。他将"普遍人格"实现的途径,归功于知行合一。他对"知行合一"的理解,视小我和自然界的生命为一体,生命的体验绝不是冥想而是践行,唯有践行才能品味"真生命"的滋味。很明显,梁启超的"人格"精神可以通过实践达到"致用",解决在现世中的矛盾问题,而这种"人格"精神的传递可以带来新思潮、新主张,更可以形成新的"世界文化",从而最终成为理想中的新世界。梁启超认为,尽管儒家的"超国家主义"有其弊端,但在民族帝国主义的现代世界中,植根于儒家思想的中国的"世界主义"将有利于治疗诸国竞争的"病态"问题。这是梁启超寄希望于人格的自我完善,从而实现世界文化革新的最终目的。

---

① 梁启超著,夏晓红辑:《饮冰室合集》集外文(上、中、下),北京大学出版社2005年版,第737页。

"新世界主义"的实践目标是建立起新的世界文化秩序,而这种文化秩序的核心,是中国特有的、被世界认可的文化精神。当然,这一目标的实现不是一蹴而就的。国家首先要以中立平衡为目标,在各帝国主义之间求取生存之道,再将自身更好地融入世界之中。梁启超深信"弱国无外交",中国故步自封的心理不再应景,敞开心扉的同时强大自己,才能确保国家独立于世界。他思考"新世界主义"的核心问题是,一个国家的文化在世界国际的影响是什么?为此,他赋予了中国民族文化以全球化的意义,这确实是中国现代文化的一种彰显和信心的强化。笔者认为,梁启超的新"国家主义"包含了国际层面,但它不是侵略或肤浅的世界主义,而是寻求一种植入人心的道德原则,并延伸到其他民族。简单来讲,梁启超的国家观念是世界的状态,他对世界的理解不再是传统儒家"天道"或"天理"的道德秩序。相反,对中国来说,世界是一个由原始力量和生存斗争决定的物质世界。他为这个残酷的世界提供了一个新兴的道德共同体。世界是物质的,没有道德价值和伦理内涵,但"新世界主义"是人文主义的,提供道德价值和正义原则。因此,他对新"天下主义"的实践认识,充满着积极乐观的进取精神和勇气,也充斥着理性分析和客观的价值选择。

三 "仁"之境界追求

民初共和肇建,梁启超渴望以寻文化"本根"的方式激发新民的爱国主义情感,特视"道"为新民精神信仰之本。梁启超在1912年《中国道德之大原》中曾言:"吾以为道德最高之本体,固一切人类社会所从同也。"[①] 他释"道"为道德之本体,代指"统"中不变

---

① 梁启超著,吴松等点校:《饮冰室文集点校》,云南教育出版社2001年版,第2336页。

第四章 演进与化生:"家国天下"与"新世界主义"

之精髓,是适于四海而皆准的标准。的确,大道为本的哲学思想,表意出"道"的生命情感和理想追求,是延续人类社会文化命脉的生命动力。梁启超为赞扬"道",特在1915年《大中华·发刊辞》中视"道"极具善美精神,此精神象征着中国不亡的国性。文中指出,国性富有"道"的生命力及创造性之外,还随"道"的精神传播而嗣续、发扬。为重建儒家精神本世界,梁启超提出"旧民"的改造应与确立国性并举,根据主体道德实践产生的社会价值,再来权衡新民道德践行的效果。

不论孔子所言:"大道者,所以变化而凝成万物者也。"(《大戴礼记·哀公问五义》)或是《礼记·中庸》谈:"成己,仁也;成物,知也。性之德也,合内外之道也。"都蕴含着大道哲思及成己、成物的哲理。一方面,"己"固守"仁"的道德本体,外延出具有德性的物质世界,是为内外相合之道,成己成物则是此道的一个面向;另一方面,德性指向人格,若以心为据,德性可与德行融通成就万物。梁启超汲取此双方面之传统精义,指出道德的践行须以德性为前提,只因德性之学是通往理想境界的秘匙。所以,他在建构形上世界时,汲取儒家的成己成物观,推敲其在近代的特殊内涵,用于重铸形上之精神世界。这也就意味着,新民通过道德良知来支撑客观世界,再将仁爱哲学推向中国乃至世界,此为梁启超"新世界主义"的宗旨。

如果说梁启超考察欧洲战场前关注中国内在发展之道,1920年《欧游心影录》的发表则标志着他倾心于中国外在的超越之道,以求用本国文化精神为世界文明作导航。文中梁启超引用蒲陀罗(Boutreu,柏格森之师)之言:"一个国民,最要紧的是把本国文化,发挥光大",勉励国人迈入文化自觉、文化自信之途,借此弘扬中国文化的世界精神。不仅这样,他还借《中庸》所言"唯天下至诚为能尽其性",指出"尽性主义"能使"各人的天赋良能发挥到十分圆满"①的状态。"尽性主义"与"天赋良能"分别是人类的自由意志和道德价值的核心范畴,亦是梁启超建构"道德本体"的形上要素,二者的作用在于抵御五四运动后泛起的科学万能论,否定自由放任主义及个人主义思潮。梁启超认为,近代人的精神迷失,是过于强调物化导致物性压制人性的结果,他从柏格森、倭铿的生命哲学中体会到生命流淌、律动的创化奥秘,倾注于建构新儒学的哲学体系。

  近代(现代)化的过程都涉及人与天(自然)、人与人、人与世界等关系,在这些关系中,儒家的价值原则都具有现实的规范意义,涵盖理想与现实层面。如孔子的"四海之内皆兄弟""不患寡而患不均";孟子的"恒产恒心";墨子的"兼爱""寝兵"都是中华文化的精华,儒家的价值原则在处理个体与全体关系上,体现了不同于西方文明的另一种思路。"近代西洋学者,许多都想输入些东方文明,令他们得些调剂……以前西洋文明,总不免将理想、实际分为两橛,唯心、唯物各走极端宗教家偏重来生,唯心派哲学高谈玄妙,离人生问题都是很远。科学一个反动,唯物派席卷天下,把高尚的理想又丢掉了……孔、老、墨三位大圣,虽然学派各殊,'求理想与实用一致',却是他们共同的归着点。"②近代化的西方过于功利化,即使家庭中的父子夫妇关系都以物质利益为首,导致了人与人、个人与群体之间关系紧张、对立、冲突剧烈。与此不同的是,东方文明"如孔子的'尽性赞化'、'自强不息',老子的'各归其根',墨子的'上同于天',都是看出有个'大的自我'、'灵的自我'、和这'小的自我'、'肉的自我'同体,想要因小通大,推肉合灵。我们若是跟着三圣所走的路,求'现代的理想与实用一致',我想不知有多少境界

---

① 梁启超著,吴松等点校:《饮冰室文集点校》,云南教育出版社2001年版,第3488页。
② 梁启超著,吴松等点校:《饮冰室文集点校》,云南教育出版社2001年版,第3496页。

可以辟得出来哩"①。比较东西方文明，东方文明自孔孟思孟学派就有"内圣外王"的传统，由内圣开出新外王，将内圣（理想）与外王（实用）统一，是规避西方文明极端追求唯物、唯心或科学弊病的最优价值选择。近代的科学固然神力无敌，但科学的文明若离开了传统的内圣之学，则将流弊无穷："科学在其领域内之成就，直夺天工，吾无间然。然人类如只要科学，而废返己之学，则其流弊将不可言。"② 梁启超以传统价值重构"内圣外王之学"，构造现代天下秩序，这一主张与新世界主义的提出一脉相承。这无疑影响了现代新儒家的思想发展，新儒家要求以儒学为本位，熊十力明确揭橥了这一立场："创新必依据其所本有，否则空不能创。"③

梁启超在《先秦政治思想史》中传达出儒学体系的形上架构：其一，儒家以人类心力为万能，以道为人类不断努力所创造，故曰："人能弘道，非道弘人"；④ 其二，儒家以宇宙为"未济"的，刻刻正在进行途中，故加以人工，正所以"弘道"；⑤ 其三，儒家之理想的政治，则欲人人将其同类意识扩充到极量，以完成所谓"仁"的世界⑥。可见，梁启超清晰地刻画了儒家的本体论、人生哲学及政治哲学的关系和方向，除定位各自的地位及价值外，更将"道"作为伦理精神的象征，代表中国文化中的最高范畴。而道的德性面向，被梁启超释为深植于人性之中的良善，可促成道德自觉的养成，内化为情感再约束不良行为的产生。为完成"仁"的世界，梁启超还在《儒家哲学》中专设"心体问题"一节，刻意强调儒家的心道之路。

---

① 梁启超著，吴松等点校：《饮冰室文集点校》，云南教育出版社2001年版，第3496页。
② 本店编辑部编著：《中国本位文化讨论集》，台北帕米尔书店1980年版，第165页。
③ 熊十力：《明心篇》，台北：学生书局1979年版，第200页。
④ 梁启超：《先秦政治思想史》，岳麓书社2010年版，第117页。
⑤ 梁启超：《先秦政治思想史》，岳麓书社2010年版，第178页。
⑥ 梁启超：《先秦政治思想史》，岳麓书社2010年版，第85页。

例如，他先视"仁"为心灵的起点，再借儒家的天下观勾画出未来的蓝图，实现蓝图的关键"在力行、在实践"①。梁启超认为儒家这种行大于知的认识论，能给予心体以创造性，助人完成身与心的彻底解放，达到心性理想化的状态。这一状态可表述为，成己重在学但不束缚于学；成人重在承认物欲但不陷溺其中；成物重在重视心的创造力。成己、成人、成物共同表达着生命本身的灵动。

心若一味求知而缺失德性，人易陷入支离破碎的事物之中，难以成己、成人，更难触及意义世界的建构，成物的现实渴求只能变为泡影。所以，意义世界才是梁启超追溯德性的归宿地，它亦然被梁启超刻画为一个关照体用的道术世界，他声称："道术交修，所谓'六通四辟大小精粗其运无乎不在'。"②梁启超列举"'平天下'、'天下国家可均'是道，用'所恶于上毋以使下，所恶于下毋以事上'的'挈矩'方法造成他便是术"③的实例，深刻阐明道、术间难以绝对割裂的特质。对内而言，"道术交修"是梁启超对儒学的内在精神及其特质的综合写照，只为成就一个"仁"的世界，在此世界中，他将仁心推至世俗，成物意识被发挥得淋漓尽致。这种兼内固外、由己推物的手法，使"道"的外在表象更切实际且易操作，利于创化新的世界。

对外而言，梁启超所体悟及追求之道，囊括己我、社群、国家、世界层面的文化整合，打造以"仁"为核心的世界主义理想。梁启超的仁道学说，便奠立于成己、成人、成物的这种关系确认之上。梁启超对近代中国的价值秩序重构，是以"仁"为心灵的起点、以新民为历史主体、以成己与成物能在社会领域实现为目的。成己与成物

---

① 梁启超：《儒家哲学》，中华书局2015年版，第20页。
② 梁启超：《儒家哲学》，中华书局2015年版，第6页。
③ 梁启超：《儒家哲学》，中华书局2015年版，第5页。

第四章 演进与化生:"家国天下"与"新世界主义"

的过程同时表现为意义和意义世界的生成过程①,也存于仁的整个存在过程之中。

梁启超对儒家之仁爱世界的理解,是一种认识世界与认识自我统一,变革世界与成就自我统一的共同进化的历史过程。他指出:"儒家从这一方面看得至深且切,而又能躬行实践,'无终食之间违仁',这种精神……是全世界唯一无二的至宝。"② 他强调:"国者积民而成体者也,国能保其独立之威严,必其国民先富于独立之性质。"③ 面对中西学的交织与对垒、世界格局的极剧变化,梁启超试图在传统"文化认同"与现代"西学价值"间寻求适合中国之路。为此,他专注中西学贯通之要害,取其共同精髓重构新道统,即通过凝聚群心,使新民步入"新道学"之途,来完成"仁"的世界秩序。为达成此等志愿,他顺应历史不同的阶段性特点,提出了不同的道之主张,其内容涉及政治、人生、学术、文化等层面,最终形成将科学包涵在德性统绪之内的新思想。

---

① 杨国荣:《成己与成物:意义世界的生成》,人民出版社2010年版,第29页。
② 梁启超著,吴松等点校:《饮冰室文集点校》,云南教育出版社2001年版,第3346页。
③ 梁启超著,吴松等点校:《饮冰室文集点校》,云南教育出版社2001年版,第714页。

第五章

对话与超越:"新世界主义"的现代指向

古今中外的世界主义,作为共同的思想关注点,从不同的文化立场,彰显不同的价值内核。中外学者立于各自的国度,通过各自的语境,分别表达了对世界主义的不同阐述,其中难免涉及政治、种族、宗教信仰的话语隐喻。众所周知,发源于西方的世界主义,一路贯彻普世原则,强调个体对世界共同体所负有的义务和责任,并旗帜鲜明地要求建立一种保障普遍人权和世界主义的社会秩序。[1] 然而,最真实的世界主义理应抛弃自私化的外壳,保留最纯真的文化内核,即主张世界是一个共同体,人人互利互助,破除民族、国家、地域的限制,达到自由平等的仁爱之境。在思想激荡、观念冲突的决战时刻,中国文化的自主选择必然面临中西方世界主义相互对立的时代回应。这一时代的回应和选择深刻体现在梁启超新世界主义的图景中。本章将从中西方比较的视角,对比过去、现在与未来,深刻剖析梁启超新

---

[1] 侯毅、吴昊:《论中国"天下观"与西方"世界主义"》,《海南师范大学学报》(社会科学版) 2018 年第 31 卷第 1 期。

世界主义图景的现代指向与超越。

第一节 比较与冲突：对比西方的"世界主义"

西方的"世界主义"，从词根上来看，"cosmopolitanism"直译后指的是"世界公民主义"，强调人类的活动应不受国界限制，甚至强调人应当在全世界范围内享有政治参与的权利。[①] 世界公民和城邦的概念，体现了西方对于世界主义的理解。人是世界之人，世界主义主张关怀全体人类，以实现博爱主义为目的，体现的是一种大一统思想。世界公民是生活在世界城邦中的一员，当所有国家推行普遍的法治，建立共同的公民体制之时，就可能建立起一个世界共和国。所以，世界主义可以理解为世界城邦主义或世界公民主义。那么，这种观念的设想的真实的目的是什么呢？

一 西方世界主义的弊端

西方世界主义的历史演变可以划分为三个阶段：古希腊阶段的"前历史"时期，启蒙时期康德的"高涨"时期，以及20世纪以来全球化时代的"巅峰期"[②]。西方世界主义的"前历史"时期，要回溯到古希腊时期的城邦哲学，它是以哲学的世界主义现身的。公元前8世纪至前6世纪，希腊城邦逐渐形成，多个城邦各自独立从政。良好的商业航海气氛和城邦政治，逐渐孕育了古希腊人的世界主义观

[①] 孙明哲、刘恒之：《梁启超解决中西方文化冲突的实践策略——以梁启超对"世界主义"思考与应用为案例》，《湖南工程学院学报》（社会科学版）2013年第23卷第3期。

[②] 王宁、吴维忆：《全球化、世界主义与文化研究的中国学派——王宁访谈录》，《文化研究》2019年第4期。

念。地理位置的城邦物质概念抽象发展为世界的空间概念，世界主义填充了城邦的所在空间。这一过程并非一蹴而就，历久而弥新。历经时空的变迁，西方世界主义与非世界主义相对立而产生，在时代跳跃的律动中，最终定格在普世主义的传统内核中。

古典世界主义认为，人类虽处于不同文化传统下，却有着共同的理性，生活在世界共同体中的公民，相互平等及彼此尊重，并承担各自的责任和义务。一开始对于古典哲学家柏拉图和亚里士多德而言，城邦的实现与世界主义理想并无统一性。他们提出，理想的政治文化是城邦文化，城邦内公民肩负的职责，不仅在于效忠城邦制度、保卫城邦安全、维护城邦司法机构，更在于将个体善的追求与城邦的命运紧密结合。城邦范围内的善，并非与城邦之外的人休戚与共、协同发展。事与愿违，古典时代对城邦的重视，限制了对城邦之外非同胞的关爱，即使在古希腊文明的巅峰时期，雅典社会把"异邦"的野蛮人视为"奴隶"。古典时代对"异邦"的重视，理解为非世界主义更为合适。公元前431年至前404年，雅典和斯巴达的战争冲突以两败俱伤而结束。智识者们在战争与冲突的哲学反思中，催生了自然法理论的产生与发展。城邦内的公民正义原则不能成为城邦之间共同利益的评判标准。至此，世界主义精神突破狭隘的城邦权力逐利，朝向更为广阔的国际秩序视野。依托自然法建立国际秩序，成为西方世界主义格局的另一种选择。在之后的历史沉淀中，西方世界主义发展脉络，清晰地形成了两条理路，一条是开启了哲学世界主义的理论，从乌托邦走向更为细化的形而上学理论；另一条是随着亚历山大东征、希腊化时代开启和罗马帝国扩张，世界主义从乌托邦想象转向世界国家和普遍法律的现实理论建构。

从第一条理路来看。公元前3世纪斯多葛学派盛行，到公元2世纪的罗马时期结束，绵延了500年的时间。代表人物斯多葛最先提出

第五章　对话与超越:"新世界主义"的现代指向

了"世界大同主义"的观念,主张"人人皆是兄弟"①。宇宙像一个城邦,城邦内的世界公民素昧蒙面,却基于理性互帮互助,建立善的世界城邦。理想化的"世界大同主义"有着强烈的乌托邦色彩。公元1世纪中期基督教产生,继承了古罗马帝国精神,将普世作为基本原则。基督教的基本精神是上帝主宰世界,世界中的人都是神的子女,是人类家庭的共同成员。正是普世主义,基督教才有成为世界性宗教的可能。在宗教神学的加持下,普世主义成为基督教信仰的重要组成部分。教父居普良在《论教会合一》中的经典名言:"教会之外无拯救"②,反向点明了基督教普世主义的基本原则。

颇具讽刺意味的是,理想与现实的碰撞迫使乌托邦式的普世主义转变为现实的邪恶入侵。公元前27年罗马帝国兴起,以军事武力征服扩张,控制地中海沿岸国家,建立新的世界帝国。在以武力征服的国度中,凝聚出一种帝国精神,即武力开疆扩土、权力扩张、建立大一统的帝国。在历史长河的积淀中,古罗马帝国精神一路影响着西方国家的兴衰沉浮。"此外,欧洲的统一、区域性整合、全球化走向、政治或军事联盟、甚至普世性观念等,亦可能会曲折复杂地露出这种古罗马帝国精神的印痕。"③古罗马帝国精神引领的世界板块扩张中,隐藏着征服的野心,以及掠夺的血腥,这种精神特质在中西方文化的传承中的底色差异注定着未来价值导向的差异。1486年哥伦布向西班牙国王提出,从大西洋向西航行到达中国和印度。西方的世界从想象走进了真实的世界,这也意味着伴随全球化时代的开启,西方的世

---

① 侯毅、吴昊:《论中国"天下观"与西方"世界主义"》,《海南师范大学学报》(社会科学版)2018年第31卷第1期。
② [美]威利斯顿·沃克著,朱代强校:《基督教史》,孙善玲、段琦、朱代强译,中国社会科学出版社1991年版,第83页。
③ [加]许志伟:《基督教思想评论》(第一辑),上海人民出版社2004年版,第13—14页。

界主义从思想的入侵，变成经济上行动的侵略。

尽管"普世"在学理上是一个理性的概念，指涉的是一种先验的全人类幸福标准。"普世"的现实本质在于维护摇摇欲坠的西方理性主义霸权，其内核是隐蔽的帝国主义暴行。世界主义的理想从生发初始，就与符合人性的价值观念针锋相对，表面看似平等公利，而内在却包藏自私的祸心，侵害多数人的生存权益，所以在相当长的历史时期，世界主义的忠实者屈指可数。相对于世界主义，群体主义、民族主义和种族主义反而在世界范围的影响力更甚。西方世界主义认为，观照全体人类的利益，理应建构一种宣扬普世平等、自由博爱的世界体系，达到和谐共存的理想世界发展状态。世界主义理念中，自古就流淌着"普世"原则的血脉，在西方对外的经济扩张和侵略中，发挥着争霸一方的作用。世界主义遵从"普世"的原则，在历史沉淀中逐渐系统化，并发展为普世主义思想。后续在现代化发展过程中，西方世界主义成为强势国家扩张的工具，输出和平、合作、友爱、人权等虚假价值，被弱势国家抵触与鄙弃，难以达成世界主义的认同方案。

从第二条理路来看。中世纪神学昌盛，教权压倒皇权，神权统治一切，自然法消隐不见。一直到16、17世纪，神圣罗马帝国衰退，教会神权消降，自然法发展的壁垒被打破。近代复兴之路需要新的统摄力量冲破神学束缚，重构自然知识理论体系，带来新的国家氛围。鉴于当时欧洲国家间的敌对态势，自然法在国际战争中起到评价的作用，例如战争是否为正义之战，其依据并非教皇等权威的主观意志，而是自然法及其他的一系列国际新法律。自然法来源于事物的本来属性，国家及公民的行动需要受到约束，这种约束是朝向世界正义面向的。从伯罗奔尼撒战争到威斯特伐利亚体系的建立，西方自然法理论在上千年的历史演进中，为国际秩序的现实生发和未来发展，提供了丰硕的思想基础和价值指导。其思想理论成果主要包括以下三个方面。第一，世界主义的精神追求。第二，超越正义的价值坚守。第三，理性和平的政治追求。[①]

18世纪欧洲文明崛起，思想家从自然法中提炼出文明优势理论，将欧洲文明秩序放大为世界秩序。康德将西方世界主义推向"高涨"，最为典型的是，1795年康德在《论永久和平》中阐述了世界主义思想，世界人民之间友好平等相处，公民既属于国家又属于世界。在此基础上，他提出了"世界政府"，超越国家进而实现人类永久和平的构想。康德的世界主义是一种世界政府、世界公民主义，更是一种关怀整体人类的博爱主义，这种博爱是普世主义的表现，源于古希腊的斯多葛学派的血脉。康德主张从世界政府层面来考察人类，包括适用于人类的社会自然环境、政治制度、道德法律规范等，从现实层面实现对人类的普遍博爱，跨越理想与现实的沟壑。在政治层面，康德认为地球上的民族进入了一个共同体，可以建立普遍适用世界主义的法律。在世界范围，不同国家应建立共和的公民体制，深化世界公民的权利，形成以自有国家的联盟制度，作为普世基础的国际法。普世适用的政治制度是世界公民参与普遍活动的有效制度保障，每个世代的个体成员都应完善自身作出贡献，不断完善人类的发展。康德提出的世界政府、世界公民、国际法等概念，成为古典世界主义的重要贡献。由自然法生发的世界主义，主张将整个世界视为一个共同体，世界之人平等友善，有着追求美好生活的资格。

19世纪时期，国际秩序在欧洲和基督教的蓝图中得以发展。20世纪初始，随着欧美列强的海外殖民活动，国际秩序的建立演变为现代殖民侵略和扩张，区域性的国际体系变为全球性的国际体系。自

[①] 肖红春：《自然法理论的历史嬗变及其对构建人类命运共同体的价值启示》，《社会主义核心价值观研究》2022年第8卷第5期。

此，欧洲体系成为占统治地位的国际秩序范式，美洲体系、东亚太平洋体系，在本质上依旧是欧洲范式在非欧地区的应用。① 普世主义在欧洲板块的征途中，充满强制专横的色彩，其实质不过是欧洲文化的普世主义，阻碍世界多元民族文化的特色发展，无法客观呈现文明样态的多样性。理想的普世愿望是积极的，然而种种普世原则和主义不可否认地或存在某种意识形态倾向，或被投射上霸权主义和帝国主义的色彩。

二 西方世界主义的走势

西方世界主义的"巅峰期"要回溯到 20 世纪 80 年代之后。从时代背景看，20 世纪 90 年代是喧嚣的时代，资本在世界市场的迅速扩张，整个世界不可回避地卷入全球化浪潮，世界主义需要不断更新，适应不断变化的时代。那时，西方世界主义的古典文献研究和时代性阐发，成为学界关注的热点。在传统古典文献中，寻求一种"世界主义生活"的现代体验，这一复古的思想浪潮起到了积极性的作用。复古思想浪潮的掀起有两个主要原因，其一，是对全球化的一种反思和对抗；其二，是对文化多元主义流弊的一种矫正。② 传统的世界主义思想是精英式的、以西方意识形态为核心的。③ 在世界主义的后续发展中，西方世界主义从全球化进程、全球格局、国际关系的高度，尝试为世界发展的不平衡格局指明破解之法。可以说，20 世纪 90 年代是西方"新世界主义"思想形成的分水岭。④ 这一分水岭

---

① 肖红春：《自然法理论的历史嬗变及其对构建人类命运共同体的价值启示》，《社会主义核心价值观研究》2022 年第 8 卷第 5 期。
② 李永毅：《西方世界主义思想的复兴》，《国外理论动态》2006 年第 12 期。
③ 甘婷：《21 世纪"新世界主义"思想的实用主义趋势探析》，《江西社会科学》2023 年第 43 卷第 8 期。
④ 甘婷：《21 世纪"新世界主义"思想的实用主义趋势探析》，《江西社会科学》2023 年第 43 卷第 8 期。

第五章 对话与超越:"新世界主义"的现代指向

开辟了世界主义理论与实践的沟壑,也划分了西方传统世界主义与新世界主义的界限。以乌尔里希·贝克、斯图亚特·霍尔、戴维·赫尔德登为代表,他们从实践的角度,将世界主义视为一种工具、方法或行动指南,而非传统理想中的世界主义。当代文化研究之父图亚特·霍尔,强烈反对以西方普遍主义为基础的传统世界主义,认为传统世界主义从未理解差异性,而以特殊的西方理性观念为基础,建立统一的世界政体。忽略世界国家之间的差异性,就无法真正消弭地方、民族、国家之间的界限,无法实现真正意义上的"以同存异"。戴维·赫尔德努力复兴世界主义在实践领域的应用,特别是践行世界主义参与全球治理。

20世纪末期新世界主义走向实践的现实维度,涵盖了政治、文化、历史、社会、国际关系等阐释范畴,从想象趋向现实、从单一步入多元,用西方语境表达实践征途。比较典型的人物,如玛莎·努斯鲍姆、塞勒斯·帕泰尔,认为通过消弭差异性,可以达到人类共通性的目标。回顾西方世界主义的发展历程,"世界公民""普遍""共同"等词反复出现在世界主义的思想脉络中,目的是追求人类相同的普世性。传统到新世界主义的过渡,表面上注重统一国家间的普遍与特殊,意欲填平理想和实际的沟壑,规范世界的统一秩序。但是,终究在西方世界主义的语境中,中国是被排斥在"世界"之外的。西方基于近代启蒙思想形成的促成者,本能地自视为"世界",把自己等同为"人类的主人",甚至觉得对"非西方"的殖民是一种现实可靠的"仁慈"和"给予"。

古希腊智者学派、德国的康德主义、"巅峰期"西方世界主义学派等,持有不同的世界主义价值观念。不同的世界主义的内涵及价值导向不同,却有一处相通,那就是寻求建立未来的世界秩序,跨越国家和民族限制,为此奠定认知的世界观念与规范的理论基础,从而最终确立一种世界普遍存在的价值观念,这种观念跨越地域、民族、国域,在任何时间和地点都被认可,是人类文明体系追求的核心价值观。从更开阔的历史视野来看,帝国的兴衰、霸权的轮替以及全球中心的多次转移恰恰表明,各种版本的文明中心论或自我优越论都具有内在的傲慢与偏见。文明中心论往往导致自我覆灭,这是历史留给人类的共同遗产。[①] 这就意味着,回顾西方世界主义的步调和历程,需要用更为理性客观的辩证视角,来看待西方世界主义的传统,批判世界主义的西方意识形态化,重塑世界主义的现代性价值。

第二节 回应与对话:"新世界主义"的中国格局

在世界的历史进程中,形成一个独立自主的中国,需要通过个人、国家与世界的共时性想象,创造出具有"政治潜力"的独立文化空间。梁启超关注到"民族—国家"的叙述并非唯一的普遍叙述,而应当超脱"狭隘的民族主义"叙述,并将民族主义的兴起视为一种超越国家的知识与政治经验的"垒土"。近代民族主义向世界主义的转变,形成了"民族—国家—世界"的话语叙事,尝试参与到全球普遍的历史之中。梁启超开启的新世界主义,在对世界形势的分析上,批判19世纪列强主导的世界体系,内涵着"人类"的视角与方法,为中国在全球空间中提供现代性思考。如此,既回应与挑战西方世界主义霸权的本质,又提供反西方文明中心主义的

---

① 刘擎:《重建全球想象:从"天下"理想走向新世界主义》,《学术月刊》2015年第47卷第8期。

第五章　对话与超越："新世界主义"的现代指向

世界智慧。

一　新世界主义的文化回应

近代西方列强的侵略，将中国逼到灭族的边缘，世界成为一个血腥私利的世界。在宗教层面，西方的世界主义与宗教同根相生，晕染了宗教的"博爱主义"色彩，散播着基督教世界的价值观。整个20世纪民族主义内涵的种族主义、文明论色彩，将全球许多地方的民族建国运动都最终推向扩张霸权的道路。[①] 为什么在中国19世纪以来的政治实践中，西方世界主义以及霸权扩张的共同体建构，最终未能在中国生根发芽呢？

在中国的内部，随着殖民主义的现实入侵，西方世界主义被民族主义湮没，点燃了近代知识分子民族主义的热情。这一时期的西方世界主义等同于旧殖民主义，被视为西方殖民的话语工具，激烈的民族主义喧嚣直上。在"优胜劣汰"的时代浪潮中，若缺少中国民主主义思潮，民众势必淡漠救亡图存意识，中国民族前途不堪设想。列强视中国为弱势殖民地，推行新殖民主义政策，民族主义强势压倒了西方世界主义。第一次世界大战爆发后，发生了历史性的大逆转，学界出现以世界主义取代民族主义的见解。代表性的论著是杜亚泉1915年刊于《东方杂志》的《社会协力主义》一文，文中提出了新世纪将以世界主义取代民族主义（国家主义）的见解。[②] 他主张反对达尔文主义的民族国家竞争，民族国家应鼓齐协作之力，谋求人类之合作，这一观点为20世纪国际关系格局指明新的方向。此外，知识精

[①] 殷之光：《新旧之间的梁启超——亚非意识与民族帝国主义的背反》，《开放时代》2023年第6期。

[②] 陈廷湘：《中国近代民族主义与世界主义的对抗与共存》，《社会科学战线》2021年第1期。

英将古代的天下大同直接称为"世界大同",并用以否定民族主义。①中国社会精英出现否定民族主义的论调,重建世界主义理论成为发展的新趋势。

　　这无疑开启了新的历史契机,世界主义与民族主义关系的松弛,可以缓解民族主义意识的紧迫感,打破民族国家思维的局限性,重新释放中国传统世界主义的活力,最终开掘出超越"地域性"国家关系的认知理论。涉及这些问题的讨论,梁启超先是反对以达尔文进化论为基础的"帝国主义",因其会招致"全世界国际大战争",造成不可逆转的现实罪孽。故而,他批判"欧洲之政治家常视其国为天下,所谓世界的国家(World state)是也。以误用此理想故,故爱国心不盛,而真正强固之国家不能立焉"②。在一定程度上,民族化与世界化是现代化的题中之义,民族化与世界化亦是对立统一的关系。与之对应的民主主义与世界主义的思潮,彼此之间存在内在逻辑统一的关联。近代中国亟须世界主义,须具备推动世界文明进步的眼光、观念和格局,这注定是一场引导民族主义走向世界的新思潮。因为无论天下理想多么美好,首先需要一个承载道统的"肉身",必须立足于一个强健的国家。在由"民族间的政治"所确立的国际秩序中,放弃或弱化民族国家的立足点就等于自废武功。③

　　近代中国进入西方主导的"民族国家体系的世界秩序",被迫接受西方秩序的限定与改造,中国必须反其道而行之,坚守本国的民族国家的立足点,这也是国之所以为国的前提。在这一前提下,中国传统儒学的世界主义理想,终要拨开迷雾见月明,这一过程实际上是重

---

① 陈廷湘:《中国近代民族主义与世界主义的对抗与共存》,《社会科学战线》2021年第1期。
② 梁启超著,吴松等点校:《饮冰室文集点校》,云南教育出版社2001年版,第787页。
③ 刘擎:《重建全球想象:从"天下"理想走向新世界主义》,《学术月刊》2015年第8期。

温传统儒学"普遍性关怀"的过程。从建构主义的角度理解，儒学的自我转变与更新是文化内部与外部相互影响、互相塑造的交互过程。中国近现代儒学的思想发展，与民族主义、世界主义的发展交织在一起，在根本上是一种吐故纳新的辩证运动历程。

在1899年《论中国人种之将来》一文中，梁启超指出，中国人种具有"开通全世界"的实力。梁启超在欧游之后，以包容借鉴的豁达态度重视西方文明，弥补国人世界智识的匮乏。1906年梁启超曾在《社会主义论序》中强调："凡员颅方趾以生于今日者，皆以国家一分子之资格，而兼有世界人类一分子之资格者也。惟其有国家一分子之资格，故不可不研求国家之性质，与夫本国之情状，而思对于国家以有所自尽；惟其有世界人类一分子之资格，故不可不研求世界之大问题及其大势之所趋势向，而思所以应之……今我国人于世界的智识之缺乏，即我国不能竞胜于世界之一大原因也。"[①] 中国欲竞胜于世界，在国际化的局势下力挽狂澜，应拒绝重返"中华帝国"的幻想，以新世界主义超越狭隘的民族主义，拯救中国传统的天下理想。他的新世界主义是一种文化共同体的外显，而文化共同体的中国想象，关键在于要处理好文化的内部与外部"他者"的关系，化解多元文化间的冲突。面向人类的世界格局，并不避讳与西方文化的撞击与冲突，反而以兼容并蓄、文明互鉴的态度，与西方展开有意义的对话。从历史发展的时间线索看，梁启超的新世界主义在重要的时间节点上起到了关键性的转折作用。他提倡的新世界主义，与西方世界主义之间的关系，显现出一种相互抗衡又相互借鉴的态势，其中包含丰富的价值内涵及意义，对中国现代儒学的转型也起到了催化作用。

文化对话与世界和平的内在呼唤，成为新世界主义诞生的话语愿

---

① 梁启超著，吴松等点校：《饮冰室文集点校》，云南教育出版社2001年版，第2166页。

景。20世纪80年代之后，不同版本的世界主义折射出时代的不同需求，不同的学者以不同的方式构建世界主义，或主张道德世界主义，抑或政治世界主义、文化世界主义、经济世界主义等。世界主义的问题探讨本身，集合多种不同的声音，最为突出的批评在于，离开国家本身谈世界主义是毫无意义的，或世界主义理应包含不同国家的集合。问题争论的焦点集中体现在世界主义的内涵，实现世界主义的主体范畴，以及价值功能、文化理念等方面的探讨。问题涉猎的范围虽广，但学界达成了一种共识：转向新世界主义或许是天下理想在当代获得复兴的一种最可期许得希望。① 学界共识的观点与梁启超形成了时代的先后呼应，梁启超作为"以现代生活眼光重估传统价值基础的先驱者"，致力于世界文化的交流与融通，为推动中国文化的近现代发展奠定了基础。

纵观文化潮流的时代呼唤，每个国家都在世界发展的潮流中主动主宰"他者"或被动随波逐流。和平与发展始终是人类发展的永恒主题，因此破除文化隔阂，构建积极正向的文化价值理论，是中国近现代道路的必然选择。顺应历史发展的时代选择，并非由个人的主观意志所决定的，文化共识是中西方文化碰撞后的火花结晶。将中西文化有机结合与创新，反对中西文化的简单相加，或采取折中主义的方法，是凝结文化共识有效的科学方法。这种方法在西方世界中也被认可、选择与推广。艾凡赫关注到东方也有世界主义，尝试挖掘世界主义的东方传统，打破世界主义的西方中心论。可见，跨越国界的世界主义可以引起文化的共识、理解与互通。梁启超创新儒学世界主义，不以古今新旧定善恶是非的标准，而是考虑学说的时代性，承认时代性的变化，在变化中寄予新的话语愿景。

---

① 刘擎：《重建全球想象：从"天下"理想走向新世界主义》，《学术月刊》2015年第47卷第8期。

二 新世界主义的话语愿景

对于中国的知识分子而言，建设一个怎样的国家，怎样建设，这类时代性的现实问题无法逾越，它们成为近代中国反思传统、探索出路、步入世界等许多关键思考的标识。这些思考的核心背景是欧美体系的全球极速扩张，欧洲工业化国家开启现代化，推动了全球性竞争的历史进程。"现代化"从一个由欧洲向外扩散的启蒙过程开始，迅速变成一个众生喧哗的全球性政治与思想实践。[1] 相应地，中国的政治空间必须在原有的民族关系、政治制度、文化价值基础上，对自身应向何处去这一问题做出回答，朝向世界现代化的方向发展。实际上，现代化是世界进程的现代化，中国应当以崭新的形象立于世界，用具有中国文化底蕴的世界主义观念创建中国式的交往之道。中国在后进的发展中一直有着理性反思，不能违背其他民族意愿走上扩张的歧途，而是要在竞争中实现世界文明的责任。梁启超曾强调："政治之用，凡以救时而已，审理固贵择中庸。及其施于有政，则恒必熟审本国之历史及其现状，与夫外界之情实，而谋所以因应之，则于此两义者，不能不有所畸重，亦自然之数也。孔子不云乎：'政宽则民慢，慢则济之以猛；猛则民残；残则济之以宽。'所济适于时宜，斯国家之福尔。"[2] 因而，在国家与民族的现代建构过程中，中国与生俱来有着传统儒家"慎独""自省"的中庸性格，在未来的大道之行中，必定破除狭隘自私的封闭格局。

在更广阔的全球性政治思想的巨变中，打破西方中心主义"个人"与"国家"二元对立的格局，国家可以通往更大的世界舞台。

---

[1] 殷之光：《新旧之间的梁启超——亚非意识与民族帝国主义的背反》，《开放时代》2023 年第 6 期。

[2] 梁启超著，吴松等点校：《饮冰室文集点校》，云南教育出版社 2001 年版，第 2417 页。

传统儒学将身、家、国、天下视为休戚与共的利益共同体，这也为个人、家、国和世界在现代获得同一性，提供了理论依据和价值参考。基于达尔文主义的思想，世界秩序是由西方霸权驱动的等级秩序，中国不甘于处于等级秩序的低端，需要以欧美工业化国家为目标，进行全面现代化改造。中西方知识和精神的完善及统一，可以回应西方资本主义文明遭遇的困局，彰显中国传统的"优越性"。梁启超在《东南大学课毕告别辞》中指出："东方的学问，以精神为出发点。救知识饥荒，在西方找材料；救精神的饥荒，在东方找材料。"① 以中国的精神文明为体，以西方的精神文明为用，共同付诸世界文明的发展。跨越中西文明的冲突与对立，寻找一种具有跨文化的文明范本，赋予人类共同的文明观念和价值，成为梁启超新世界主义的现实指向。世界主义的本质在于追求全体人类的和谐。在《欧游心影录》中，他刻意强调："为什么要有国家？因为，有个国家，才容易把这国家以内一群人的文化力聚拢起来，继续起来，增长起来，好加入人类全体中，助他发展。"② 在他的儒学思想中，"人类全体"的思量就蕴含儒学的发展，向着阳光萌生出了进化的"现代种子"。

一个国家现代化，最基本的是要解决两个问题：一个是世界化的问题；另一个是个性主义的问题。对于世界化与个性主义都有省悟，且始终把握不放，认识到这是建设现代国家必不可逃的路径，则梁启超是最早的代表人物。③ 他曾预测性的指出："二十世纪，则两文明

---

① 葛懋春、蒋俊编选：《梁启超哲学思想论文选》，北京大学出版社 1984 年版，第 434 页。
② 梁启超著，吴松等点校：《饮冰室文集点校》，云南教育出版社 2001 年版，第 3495 页。
③ 耿云志：《梁启超的世界主义和个性主义》，《文史哲》2004 年第 3 期。

结婚之时代也。……彼西方美人必能为我家育宁馨儿以亢我宗也。"①只有个性主义大大提倡起来，个人的品性、才华充分发展，各尽其性，各尽其才，整个国家才会发达，社会才会进步。否则，谈国家现代化只能是一句空话。② 因此，新世界主义的文化内核延续儒家的内圣外王之道，集中体现为个人品性与新世界政治的统一。梁启超以"新世界主义"的畅想，兼顾个人、国家与世界之间的关系，以中西文明交流互鉴为导向，重构国与世界（天下）的内在统一。具体内容包括，兼顾东方、西方的文明特色，及时地将世界先进文明相互借鉴、相互吸收、相互融合，既能以世界文化补充增益自己，也能以自己之特长贡献于世界。

梁启超指出："欧美人常扬言曰：全世界三分之二，为无智无能之民族所掌握，不能发宣其天然之富力，以供全球人类之用。此方人满为忧，彼乃货弃于地，故优等民族不可不以势力压服劣等者，取天地之利而均享之。其甚者以为世界者，优等民族世袭之产业也……兹义盛行，而弱肉强食之恶风，变为天经地义之公德。此近世帝国主义成立之原因也。"③ 相较于侵略与不当竞争，道德与精神的互通有无是推动人类进化的重要因素。此外，将人从"臣民"身份中跳脱出来，使其个性得到发挥，以新国民的身份和特长贡献世界，整合国家中的个人力量，形成世界公民的一种现代机制。需要注意的是，即使每个国家都建立了完善的社会制度，但国与国之间也存在无序的失度空间。对于如何协调无序世界，继而建立世界统一文明，中国传统儒学中的"天下"概念提供了一种新的路径。当天下理论和民族国家

---

① 梁启超著，汤志钧、汤仁泽编：《梁启超全集》（第十集），中国人民大学出版社2018年版，第18页。
② 耿云志：《梁启超的世界主义和个性主义》，《文史哲》2004年第3期。
③ 梁启超著，吴松等点校：《饮冰室文集点校》，云南教育出版社2001年版，第789页。

观念不足以支撑中国发展时，新世界主义就应运而生。

新世界主义因蕴含中华传统文化之根，自然流淌着"仁爱""道义"的文化基因，其作用具体表现为，协同不同地方、民族、国家的价值观念，建构整体人类共创"仁"的共同世界。新世界主义为什么表现出传统儒学的文化特质？中国传统儒学从诞生之日起，偏好从人与人的关系视角，不断地在文化内部调整、建构、超越自身，以新的发展适应文化环境的变迁。近代以降，中国传统文化在中西文化的对抗中，破土重生，极力发展为一种现代性拯救的智慧与方法。正如梁启超本人在《欧游心影录节录》中自述："我们出游目的，第一件事想自己求一点学问，而且看看这空前绝后的历史剧怎样收场，拓一拓眼界。第二件也因为正在做正义人道的外交场，以为这次和会真是要把全世界不合理的国际关系根本改造，立个永久和平的基础。"[①] 梁启超的新世界主义是儒学的世界主义，以家国天下为起点，开启世界主义之旅。儒学的世界主义有两个核心概念：第一，"求学问道"。中国儒学所谓的"求学问道"，是一种强化个人认识及完善己身的动力。第二，"由己及人"。由儒学形成的世界主义，无论是因为"求学问道"的精神追求，还是由己及人、完成现实美好生活的实际经验，都指向对"他者"的责任义务和道德关怀。陈立夫曾言："中国一直传统的政治，便是协和万邦的政治，以德服人的政治，即王道的政治……世界上唯一的爱和平而曾努力实践和平之道的先进国家，便是中国。"[②] 秉持求学问道的正义之道，反对战争、追求世界的永久和平，是新世界主义追求的真谛，也是儒家文化提倡王道、反对霸道的体现。如此这般，建立在中国"天下观"之上的世界主义才能穿梭于历史变迁的更替中，以更高的导向功能助力新世界的实现。

---

① 丁文江、赵丰田编：《梁启超年谱长编》，上海人民出版社2009年版，第563页。
② 陈立夫：《中国文化与世界文化》，《民族正气》1949年第8期。

三 新世界主义的文明责任

新世界主义的实现需要国人以利社稷之思，肩负世界责任，承担和平之职。梁启超曾在《中国立国大方针》中言明："今世界以和平为职，志传有之。狡焉思启封疆以利社稷者，何国蔑有？谓列强无谋人之心，五尺之童知其诞也。顾虽日日谋人，而又未尝不日日以平和为鹄？此其故有二焉：一则所谋在垄断生计上利益，平和破则生计界蒙其害也；二则连鸡并栖以即安，平和破则均势之局变也。故列强之爱和平，非饰词也，理势然也。而今后之中国实为全世界人心目所集注，故世界和平战乱之机，惟中国管之。"① 他一语道破中西方对待和平的本质差异，从未来发展趋势表明中国将与世界同心同德，不会成为破坏和平的导火线。在《论学术之势力左右世界》一文中，梁启超欲敬告我国学者曰："公等皆有左右世界之力，而不用之，何也？公等即不能为培根、笛卡尔、达尔文，岂不能为福禄特尔、福泽谕吉、托尔斯泰？即不能左右世界，岂不能左右一国？苟能左右我国者，是所以使我国左右世界也。吁嗟山兮，穆如高兮；吁嗟水兮，浩如长兮。吾闻足音之跫然兮，吾欲溯洄而从之兮，吾欲馨香而祝之兮！"② 他以振臂呼声，期盼中国立于世界，发挥潜在的"左右世界之力"，掌握中国自身的话语权。

梁启超本人极具宽广的世界胸怀和气度、格局，他以恢弘志士之气，称"非有世界的眼光与世界的手腕，不足以排万难而奠大基也"③。这种世界的眼光源于他的亲身实践，尤其是在目睹第一次世

---

① 梁启超著，吴松等点校：《饮冰室文集点校》，云南教育出版社2001年版，第2415页。
② 梁启超：《饮冰室文集：全12册》（第二册），北京日报出版社2020年版，第170页。
③ 梁启超著，吴松等点校：《饮冰室文集点校》，云南教育出版社2001年版，第2416页。

界大战后的欧洲,他描述道:"全社会人心都陷入怀疑沉闷畏惧之中,好像失了罗针的海船,遇着风,遇着雾,不知前提怎生是好。"① 欧洲宣告科学破产,给予了世界他国以警醒与反思。他在《欧游心影录》中,以"中国人对于世界文明之大责任"为小标题,提出"我们的国家有个绝大责任横在前途。什么责任呢?是拿西洋的文明来扩充我的文明,又拿我的文明去补助西洋的文明,叫他化合起来成一种新文明"。② 发扬光大中国文化的重要性,不仅在于它是调剂西方文化的良药,而且是承担化合出一种新文明的责任。有学者认为梁启超所开创出的思想视角,为牟宗三、唐君毅所继承、开展,而可以定位为"现代新儒家"的第一开拓者。③ 的确,梁启超以新文明的视域,为后世儒学的脉络传承开明心智。

什么是新文明的责任呢?"我们可爱的青年,立正!开步走!大海对岸那边有好几万万人,愁着物质文明破产,哀哀欲绝的喊救命,等着你来超拔他哩。"④ 西方物质的人生观产生的唯一目的就是"抢面包",丧失人生的意义和为人类贡献的精神价值。中国传统文化的价值在根底上,亦即在精神层面上,不仅不逊于西方文化,而且还不像西方文化那样存在天与人、心与物、灵与肉、理想与实际的分离。⑤ 如此一来,物质文明的破产需要新文明的精神内核作为价值导向,引领人类全体步入新文明。这种新文明以中华传统文化为底色,以新世界主义为精神内核,以贡献世界人类全体文明为目标,建设

---

① 梁启超著,吴松等点校:《饮冰室文集点校》,云南教育出版社2001年版,第3480页。
② 梁启超著,吴松等点校:《饮冰室文集点校》,云南教育出版社2001年版,第3495页。
③ [日]竹内弘行:《梁启超与"阳明学"》,《传统文化与现代化》1994年第1期。
④ 梁启超著,吴松等点校:《饮冰室文集点校》,云南教育出版社2001年版,第3497页。
⑤ 段江波:《危机·革命·重建:梁启超论"过渡时代"的中国道德》,广西师范大学出版社2008年版,第329页。

第五章 对话与超越:"新世界主义"的现代指向

"世界主义的国家"①。梁启超寄予中华"世界国家"的文明理想,是后续中国建构新世界秩序原理的思想遗产。

步入理想的"世界主义的国家",需要立足现实、回顾过往再展望未来,明晰历史上中华国民的事业成败,做到以史为鉴,才能客观正向的追求未来新世界。1920年10月15日梁启超发表文章《历史上中华国民事业之成败及今后革进之机运》,分析"我国民以数千年赓续的努力,完成此大事业,果恃何种理想以为之贯注耶?此种理想,对于现在及将来新事业之成败,有何关系耶?此实我国民目前亟当内省审处之一重要问题"②。首先,要审视历史上中华国民的"大事业"。"大事业"指代什么呢?这里特指"形成国民"之一大事业③,这一事业比任何事业都倍极艰辛。他列举欧洲各国与我国地域、人口的比较,认为地域大者和我国数省相当,小者与我国的一二县相差无异,人口多的地方不到我国人口的五分之一,少的地方不到我国百分之一,"形成国民"这一事业都耗费千余年的时间。我国古代固有民族的情况,其复杂程度不下于欧洲,也受到劣等民族的侵入蹂躏。我国国民在此种环境下,经历三四千年的努力,能使世界中永远有"中华国民",此为人类一重镇,实数难能可贵的事实。他强调:"我之醇化诸劣族也,乃如吞石卵金屑于腹中,竭吾胃力以消化之,欲求不断送生命,固已甚难,犹复保相当之健康,为不断之发育,实属难中至难之业。故我国民每完一役,费功动逾千年……盖此'中华国民'之一人格,直至最近百数十年间,开始渐达于成年,前此百难千灾,幸不夭折,今乃俨然壮夫矣。今日以往之历史,正与欧

---

① 梁启超著,吴松等点校:《饮冰室文集点校》,云南教育出版社2001年版,第3486页。
② 梁启超著,吴松等点校:《饮冰室文集点校》,云南教育出版社2001年版,第3242页。
③ 梁启超著,吴松等点校:《饮冰室文集点校》,云南教育出版社2001年版,第3241页。

洲黑闇时代相当，今日以后之历史，乃始渐入于彼之文艺复兴时代也。"① 历经时间的洗礼，中华民族坚韧良善的人格特质不会被磨灭，很快会迎来时代复兴的光辉，届时会完成"形成国民"这一大事业。

其次，我国国民大事业成功的理想标志是什么？梁启超点明："我国国民大成功之根本理想，则世界主义也。'国家'一语，有若何特别重大之价值，我国民殆不甚理解。我国伦理之系统曰，修身、齐家、治国、平天下。以个人（身）为起点，以世界（天下）为极量，而国家则仅与家族侪伍，同认为进化途中之一过程，故其所最乐道者，曰'天下一家'，曰'四海兄弟'。其所以汲汲焉务醇化异族者，非认为权利，乃认为义务。盖我先民常觉我族文化之至优美，而以使人类普被此文化为己任。凡他族之与我遇者，不导之入于此途，则自觉其悲悯之怀不能遂也；彼但能自进而与我伍，我遂欣然相携，而无或歧视。"② 梁启超对国民新理想的思考主要围绕文化自觉与文化己任展开，其目的是向人类全体有所贡献。承担世界文明之大责任，是我族文化优美之处，"醇化异族"是中华文化熏陶的责任，体现中华优秀文化的传统胸怀。"天下一家""四海兄弟"等古代世界主义理想，并不视国家为最高团体，在历史发展的潮流中，创新更化为以服务全人类为道德标准的世界主义。在创新发展的历史进程中，可以看出，古老的世界主义理想走向全人类大团结的理想，源于文化基因的传承，而在中华文明的血脉源头，从始至终崇尚的是土生土长的世界主义。

通过历史事实的叙述和比较，梁启超对未来充满信心，提出："人类进化大势，皆由分而趋合，我国民已将全人类四分之一合为一体，为将来大同世界预筑一极强之基础，其价值一也。凡大事业，必

---

① 梁启超著，吴松等点校：《饮冰室文集点校》，云南教育出版社2001年版，第3242页。
② 梁启超著，吴松等点校：《饮冰室文集点校》，云南教育出版社2001年版，第3242页。

由大国民创造,取精用宏,理有固然,征诸史迹,未始或忒。我国民植基既广厚,将来发摅必洪大,其价值二也。夫豫章之木,生七年而后可识,及其参天蔽日,则大厦需梁栋,舍是无择矣。我国民在世界人类史上地位,正此类也。"① 传统《礼记·礼运》对"大同世界"的描述,以"大道之行,天下为公"最为典型,在理想的大道之世中,人人互敬互爱,无处不均匀、无人不保暖。梁启超此处笔下的"世界大同"是全人类建立国际社会的一种理想,这种理想的内核是人类平等,同时"人类平等之理想,又我国民成功一要素也"②。人是梁启超新世界主义进化的核心,通过人的提升,扩展国民的视野与素质,最终达成人类平等的理想。梁启超的世界主义是儒学的世界主义,不同于西方的世界主义。西方世界主义是强势文化的代表,提倡以世界宪法为基础,强行将不同文化囊括在一个框架之下,削弱或奴役弱势文化。因此,梁启超从文明的责任出发,以世界历史和人类整体的视角,将儒学的世界主义发扬光大。新世界主义的目的在于奠定未来的认知与规范的理论基础,并建立一种和谐的未来世界秩序。梁启超预言:"中国文化,本最富于世界性,今后若能吸收世界的文化以自荣卫,必将益扩其本能而增丰其内容,还以贡献于世界,则二十世纪之中国国民,必在人类进化史上占重要之职役。"③ 因此,世界主义之理想需要我国民秉持此"超国界"的精神,无须介怀短暂的失败,力求贯彻之。这无疑也明了新世界主义的文明责任。今日中华民族正处于中国式现代化的历史进程之中,与清末民初内忧外患的局面不可同日而语。然而,中国如何成为具有世界影响力的国家,以及

---

① 梁启超著,吴松等点校:《饮冰室文集点校》,云南教育出版社2001年版,第3242页。
② 梁启超著,吴松等点校:《饮冰室文集点校》,云南教育出版社2001年版,第3242—3245页。
③ 梁启超著,吴松等点校:《饮冰室文集点校》,云南教育出版社2001年版,第3246页。

与世界之间的关系探讨，梁启超的思想仍具有启示意义。

第三节　指向与展望："新世界主义"的现代超越

当我们从现代的视角，换位思考这样一个问题：原来封闭的"家国天下"引入世界思想，我们将怎样迎来一个新世界主义文明时代？这个问题的答案就揭示了梁启超笔下新世界主义的现代指向。在方法上，注重发掘中国传统思想的理论潜力，同时深度介入与西方学术传统和前沿发展的对话，以实现"中国传统的创造性转变"，为塑造未来的新世界秩序作出理论贡献[1]。梁启超跳脱出 20 世纪显著一时的民族国家范式，搭建起国家世界范式，相关的新世界主义理论是该范式的核心架构，目的是对世界秩序的重新构建。梁启超提出的新世界主义，与西方世界主义相比较，追求的是一个怎样的新世界时代？与西方"世界主义"、世界秩序相比，梁启超的新世界主义体现出哪些超越性呢？

这种超越性主要体现在，梁启超作为清末民初第一人，真正地从全人类的高度，用宏观视角将全球作为整体化对象考察。他提出的新世界主义并非完全收敛于"家国天下"之域，同时开启了"新世界的政治"，成为"内圣外王之道"升华过程中的一种新选择。在他的构想中，世界主义应与民族主义一样，为实现世界大同的理想而服务，并在此理想的基础上构建共同体理论。前一章节已然论述梁启超新世界主义的社会、国家及世界图景，在建设未来的新世界主义实践

---

[1] 刘擎：《重建全球想象：从"天下"理想走向新世界主义》，《学术月刊》2015 年第 47 卷第 8 期。

中，他提出可以凭借国际联盟这样的手段，提升中国人整体的思想，不以追求一国之安宁幸福为目的，而以光大世界主义、落实"人类全体之安宁幸福"为终点。由此，新世界主义成为构建文化共同体的世界观基础，它不同于西方的世界主义，又不同于中国传统的世界主义，而是回应时代新发展做出的理论超越，也是对中国传统天下观的历史超越。

一　新世界主义的哲理超越

如同梁启超所言："哲学是从智的方面，研究宇宙最高原理及人类精神作用，求出个至善的道德标准。"[①] 中华诸子百家之学中的儒学，是以"仁"为核心的道德文化，追求至善的道德标准，提倡"人本"的政治伦理主张。儒学不是教条性的学说，而是一个发展的、开放性的学说，吸收外来的东西，承认文化的共同价值，尊重他国的文化差异，是儒学与生俱来的特质。一个强大的中国应在世界文化领域发声，倡导和平、和谐的世界观，为建设超越民族、地域、国家的平等世界而尽力。相应地，弘扬人类平等、协同互助的新世界主义，成为时代进程的不二选择。分析这一结论可以从中国与世界关系的哲学角度，挖掘新世界主义的哲理超越。

新世界主义是一种"儒学世界观"，将世界看作一种仁爱交互的关系存在。这种哲学思维方式不是一元的，而是多元的。世界万物或人类社会行为主体之间相互关联、相互作用，构成世界的多元本体，作为客观的存在它们真实并非虚幻。多元的世界主体，以国家为单位与非国家行为主体之间密切联动，交织成一种网络链状画面。多元论的思维逻辑构建的世界图景，描绘出世界各地文化的交互共存，平等对

[①] 梁启超著，吴松等点校：《饮冰室文集点校》，云南教育出版社2001年版，第3479页。

话的多彩世界。世界不是一个传统的"天下",跨文明交流的主体是平等的,世界不再是一个由霸权国家主导的现成、既定的世界,而是一个由各民族国家自觉维护的和平世界。新世界主义预设了文化的非中心性,世界文化体系是全人类共享的系统,所有的文化形态都是平权的。新世界主义关注中国在世界文化中的角色和作用,成为梁启超构建文化共同体的哲理基础。

新世界主义的本体具有"关系性"的意思,梁启超从世界文化的交互性视角来理解世界主义现象。他透过中国近五十年的进化发展,于1923年2月在《申报五十年》发表《五十年中国进化概论》,声称"这五十年来的中国,正像蚕变蛾、蛇蜕壳的时代。变蛾蜕壳,自然是一件极艰难、极苦痛的事,那里能够轻轻松松的做到。只要他生理上有必变必蜕的技机能,心理上还有必变必蜕的觉悟,那么,把那不可逃避的艰难苦痛经过了,前途便别是一个世界"①。中国历经的五十年,是成长蜕变的五十年,度过磨难和黑暗的时刻,便进入新的世界。新的世界意味着打破国与国的不平等关系,建立新的平等的世界关系。在关系本体论看来,新世界主义作为一种关系性的文化结构,本身是具有客观实在性的存在,建构出有意义的现实世界。在意义世界中,关系性的文化观念是世界和谐关系的显现,既强调文化主体本身的相互独立,又推动文化主体朝向善的方向变化与发展。梁启超曾预见到,20世纪之中国"必雄飞于宇内",国民加入人类全体之中,将人类群体的文化力聚拢起来,人类社会会自然进化,这将有利于人类全体。按照新世界主义的世界观,世界的本体是世界各国家之间的关系,这种世界关系在儒学仁爱的照耀下熠熠生辉。

---

① 梁启超著,吴松等点校:《饮冰室文集点校》,云南教育出版社2001年版,第3252页。

新世界主义的哲学方法属于生成论。[①] 生成论以世界的联系与发展为基调,把世界文化的交融与发展看成自我生成的过程,最终让世界达致和谐的境界。世界作为一种不断调整内在关系的统一体,时时处于互动、互塑的关系之中,规范与形塑着各民族国家的身份、利益和行为。在价值立场上,新世界主义涉及人类全体的普遍观念,内涵着中国文化的世界性,可以生成和谐平等的世界文化氛围。"世界人"的身份在一定程度上可以摆脱中国曾遭受的历史屈辱,更能带来自立、自尊与自信的国家气度,进而创造出一个反霸权的世界秩序。因此,新世界主义的提出开辟出中西文明互鉴的新道路,真正从根源上规避西方世界主义的弊端,将新世界主义和平、平等的理念推广至全人类文明共同发展的高度。在规范意义上,新世界主义主张一种文化优先的世界主义方案,重新阐释文化的特殊性与普遍性,在中西文化的相互对话中建构世界秩序的新范式。

二 新世界主义的历史超越

从历史发展的角度观察,较之西方世界主义,新世界主义具备了鲜明的特点,并在三个方面实现了对世界主义的初步超越。

其一,坚持儒学的世界主义理念。

新世界主义展现出非同一般的积极姿态,这不仅表现在它强调"世界大同"这一思想基础,同时体现在它是倡导跨文明的世界主义,中国在跨文明的世界发展中肩负崇高的历史使命与现代责任。从欧洲历史发展过程中,"世界主义"在不同时期以不同方式,传递出一种"欧洲中心主义"的精神观念,其所输出的价值和目标,时以否认其他文明的历史贡献为基调,意图磨灭其他文明的价值,将他

[①] 李文明、刘婧如:《论新世界主义与人类共同价值——理解人类命运共同体的逻辑理路》,《国际观察》2021年第6期。"进路"修改为"理路"

国、地区统一纳入西方文明的轨道,剥夺世界他国的平等权力。梁启超曾言:"试以校欧洲,彼英、法、德民族,系本同源,以视吾古代诸夏之与荆蛮,其血缘之关系殆尤密切,然彼至今尚裂为三国,我则久已合作为一家。又如奥、匈及巴尔干诸国,对于国内异民族统治问题,至今无正当解决,分裂之势,日甚一日,我则以多数异民族错居。从不发生此问题。盖我国民本见有世界,不见有国家,故凡人类因有国家所受之恶结果,我国民受之殊鲜。虽然,同时人类因有国家所受之良结果,我民受之亦鲜焉。此种世界主义的理想,我国民五千年来,皆恃此为成功之一大根源。"① 梁启超肯定国民五千年来均抱有世界主义理想,这也是中华民族抵御内部分裂的根源所在。

"欲确保中国在世界之地位,其枢机首在外交。"② 他所强调的新世界主义不仅包含人类全体的普遍观念,也强调了中国文化的世界性。"今后外交方针,惟当以两义为之纲领:一曰开诚布公以敦睦谊也。畴昔谭外交者,动以纵横捭阖为能事,此实权道,非经道也。在壤地相错、野心竞争之国,时或用之而奏奇效,然绝非我国所宜。先哲有言'亲仁善邻,国之宝也'。故于爱我之国,则加亲焉;于邻我之国,则加善焉,此我中华民国对外惟一之大主义,而自今即当实行者也。二曰审势相机以结悬案也。前清执政,惮于负责,故外交纷争一起,辄以敷衍迁延为习。"③ "亲仁善邻,国之宝也。"《左传·隐公六年》意在强调亲近仁义与邻邦友好,是国家外交宝贵的原则。世界之国的身份,在一定程度上模糊了国民因国家贫弱而感受的屈辱,更能带给国民自尊和自信。与世界国家之交往,应遵循什么样的

---

① 梁启超著,吴松等点校:《饮冰室文集点校》,云南教育出版社2001年版,第3243页。
② 梁启超著,吴松等点校:《饮冰室文集点校》,云南教育出版社2001年版,第2437页。
③ 梁启超著,吴松等点校:《饮冰室文集点校》,云南教育出版社2001年版,第2437—2438页。

第五章　对话与超越:"新世界主义"的现代指向

适度原则呢? 梁启超指出,"故拟于不妨害国家独立且得有比较的交换利益之范围内,总以平和之精神行之,以期速结悬案,免生误会"①。"以平和之精神行之"是中国对外交往的精髓,中国不会夸耀威力,施以教化的能力也冠绝于世界。比较而言,西方文明中的世界主义思想,强调个体权利本位,以追求个体价值为终极目标。相反,在儒学的世界主义思想中,更注重社会和谐关系的世界价值。

其二,强调世界动态的平衡。

在《中国前途之希望与国民责任》一文中,梁启超引述《罗马兴亡史》所言:"'罗马自征服意大利以后,其人民无复爱国心,(沧江案:前此罗马人亦仅有爱市府心耳,不足云爱国心,盖未成其为国也。)彼非不爱罗马,然所爱者,罗马之文化,非爱罗马人,非爱罗马国也。其人常以保存增长其文化为己任,以扩张其文化施于世界为己任。无论何族之人,有能完此责任者,则罗马人奉权力以予之不稍吝。故罗马历代帝王,起于异族者居其半。'此其言不啻为我言之也。"② 欧洲文化重"保存增长"及"扩张"凸显对自身文化的自豪而自大,对他国的问候隐藏着文化的侵蚀,并不利于国家的稳定与持续发展。梁启超从文化的视角分析了罗马分崩离析的原因,指出:"罗马自世界主义发达之后,始终未尝遇帝国,不过以未成国之蛮野部落,入而托庇于其宇下而已。其后此等部族,岁以发荣,罗马遂裂。罗马之裂,裂于内也,故其世界主义,乃所以使其境内之分子游离而背散。我则适得其反,我之世界主义,乃所以使我境内之分子融洽而合并,故在彼宜得恶果,而在我则犹可以得善果也。"③ 显然,梁启超区分了两种世界主义,一种是西方的世界主义,即分裂毫无

---

① 梁启超著,吴松等点校:《饮冰室文集点校》,云南教育出版社2001年版,第2438页。
② 梁启超著,吴松等点校:《饮冰室文集点校》,云南教育出版社2001年版,第829页。
③ 梁启超著,吴松等点校:《饮冰室文集点校》,云南教育出版社2001年版,第830页。

公理的世界主义；另一种是儒学的世界主义，即中国人追求仁爱的世界主义。

对极具传统儒学文化底蕴的中国而言，"我之世界主义"特指中国儒学的世界主义，指向文化的共识与文明的叠加，强调善的交流互动、趋利避害，期待结成文化大树的善果。由此，梁启超明确提道："吾国先圣之教，言齐家、治国、平天下，以平天下为学治之终鹄焉，故曰'天下之本在国，国之本在家'。于天下之中而别私其国，非先圣之所贵也。然则其所谓平天下者何耶？以吉朋氏之言言之，则将我先民之文化施于世界是已。"① 这也点明了，先圣之教与治理之道，为后世民众散播文化种子，传递"平天下"鸿鹄之治的先道。中国文化的世界意义在于超越民族与国家的私利，使世界之人共享华夏文明。世界是全体人类的世界，中国文化是世界的文化。

梁启超的世界主义具有"寻根"意识和"世界"意识，也是一种具有爱国情怀的世界主义。正如他所言："欲明国家之观念，则不及焉固不可也，过焉亦不可也。其不及焉者，则其眼光所及，在彼位于国家以下之一级，知有家族、部落、市府而不知有国家；其过焉者，则其眼光所及，在彼位于国家以上之一级，知有天下而不知有国家。是故国家主义也者，内之则与地方主义不相容，外之则与世界主义不相容者也。而我国人爱国心之久不发达，则世界主义为之梗也。"② 梁启超强调的新世界主义以儒家的仁本思想，去制止和消解国家之间的私利冲撞。他的世界主义是一种有根的世界主义，也必定是一种"具有世界主义胸怀的爱国主义"。这种世界主义跳脱狭隘与自大，将民族与国家置于世界的整体脉络，弘扬全人类的仁爱价值。对儒家而言，民族主义、爱国主义和世界主义之间是一种动态的平衡

---

① 梁启超著，吴松等点校：《饮冰室文集点校》，云南教育出版社2001年版，第830页。
② 梁启超著，吴松等点校：《饮冰室文集点校》，云南教育出版社2001年版，第829页。

关系。实现此种动态的平衡，方能成就中西文明互补、大爱天下的新世界主义。

历史证明，极端的民族主义、爱国主义和世界主义只是少部分组织或集体满足自身私欲的"迷魂阵"，会反噬自己的民族和国家。只有秉持"真善美"的仁爱精神，发挥人性的光辉，不同的民族国家才能不受权威话语的迷惑，民族主义、爱国主义和世界主义方可达到平衡。要达致世界主义，需要发扬中国的民族主义与爱国主义，用儒学固有的道德精神作为基础，成就一个"世界大同"的仁爱世界。其道何由呢？儒家的中庸之道予以了合理的解答。"中道"之"中"不是一个静止的点，而是动态的适中原则。儒家从"仁爱""自我"和"天下"的立场出发，在"民族主义""爱国主义"和"世界主义"之间，跨越对立融合优势，开辟出"同"与"异"之间的中道之路。

其三，寻求本土化维度中的新世界主义。

在近代中国的政治理想追求中，最终目标是实现至平、至公、至仁的"大同之道"。[①] 以维新派的"大同社会"为例，康有为独创的《大同书》是世界主义思想的体现，他借"三世论"追求大同社会的政治理想。有学者指出，《大同书》是有着儒学元素的"乌托邦"想象，在所描绘的大同世界里，世界连为一体，没有军队、监狱等暴力机关，人被驱除"九界"之苦，无须再尝人间之苦。其次，以资产阶级革命派"天下为公"的政治思想为例，孙中山强调"欲平天下者先治其国"，巩固民族主义为先，谋各民族平等国家独立，其后再发展世界主义。他主张破除世界上的强权，全世界合为一国，才能实现大同之世。在历史之后的发展中，社会主义及其他社会思潮也包含

---

① 王金良：《平等与大同：近代以来世界主义在中国的生成、流变与价值》，《教学与研究》2020 年第 2 期。

世界主义思想。比较典型的是，李大钊提倡的"新亚细亚主义"，也是一种世界主义设想。他认为，亚细亚民族实行民族自决主义，结成一个大联合，与欧美共同完成世界的联邦。从共同性来看，在梁启超、孙中山、李大钊等人看来，建成世界主义的方式和进程不同，但是他们都强调以民族主义凝聚人心，建立强大的国家及有力的政府，进而实现"世界的国家"，最终形成利于全人类的世界主义。从差异性来看，近代对世界主义的建构，离不开本土化的叙事框架，而本土本身并非等同于世界，仅是世界的一个小单元，因此世界本身是众多差异化的"本土"凝聚的结果。梁启超观照了不同文化之间的差异性，糅合了中西文明的优势，用儒家"仁"的情感连接，将"世界"与"本土"贯通。如此，既勾勒出仁爱的新世界主义话语图景，也散播出新世界主义的思想种子，助力儒学的世界主义新发展。

新世界主义的一个显著特征就是摒弃国家与民族、本土与世界的二元对立思维，试图在超越地域、民族与国家的基础上构建文化共同体，融合中西文明优势的同时，让每一个个体与国家在独立发展之中造福全体人类。新世界主义与现代"人类命运共同体"有着契合性，都将追求人类文明幸福，获取世界共同利益最大化，作为新世界主义的根本目标。近代世界主义发展的整体浪潮，开辟了儒学的世界主义新道路，为传统文化的继承和发展，书写了浓墨重彩的一笔。在此之后，中国表明与世界各国友好相处、患难与共、同心公德的世界主义发展新理念。从中国到亚洲再到全球，从现实世界到虚拟空间，新世界主义的未来发展，体现出人类命运共同体的实践逻辑，将传统文化与现代文明相互融合，开启了新世界主义实践的新征程。

本书认为，世界主义是历史发展的必然趋势，但世界主义具有不同的面相，有虚伪褊狭的世界主义，有幻想不实的世界主义，有和平切实的世界主义。在近一个世纪里，世界战争、世界革命、世界大同的理想并存，在时间上得以延续，在空间扩展至全球。不同的理想虽价值不同，被世人评价褒贬不一，但从侧面反映出世界主义发展的复杂性与多样性。从宏观的历史背景看，破土而出的新世界主义，是破除文化历史隔阂，文化融合后的现代产物，但这种融合是在漫长的岁月沉淀中，历经战争、伤痛、困苦的时代桎梏，逐渐从感性、狭隘的情绪中解放，上升为理性、高尚的思想理念。思想成长的道路，伴随着荆棘坎坷、冲突矛盾，也伴随着包容融合、谦虚互鉴。从近代一路走来，中国的世界主义思潮跌宕起伏，受西方世界主义在国内的影响，在发展理路上形成自主的特色之路，即从全人类共赢的视角完成自我重建的责任使命。新世界主义的近代开关由梁启超开启，不仅包含涉及人类全体的理念，也强调了中国文化的世界性，在构建文化自我的征途中，维护中华血脉的文化根基，也为未来刻画出美好的世界认知图景。

第六章

结 论

借助前人的研究成果，在对梁启超儒学思想的现代走向的梳理中，本书尝试宏观、细腻地展现梁启超儒学思想的内在关联和架构。对一个关乎近代历史发展的人物思想的把握，如同泛一叶孤舟在汪洋大海上寻找精准的地利位置，既不迷失正确的行驶方向，又要有开创新航线的勇气，还能铆足力气向前行驶。由此，笔者从晚清民初的历史背景出发，去了解梁启超思想问题的出发点、思考过程，创新跳跃之处，以及他思想的价值归宿。彼得·盖伊提出："以西评中"，以现代性批判传统，成为中国启蒙思潮的基本价值取向。[①] 梁启超的儒学思想是否延循这一基本价值取向是值得探讨的问题。笔者正是带着这些问题，试图通过对梁启超著书原点的解读，进而重新审视学界对梁启超思想不一致的评述。如绪论论及的那样，研究梁启超的人物众多，角度涉及的话题各有不同。并且，学者之间常出现对梁启超截然相反的态度和观点。笔者的立论立场则体现在文化观上，梁启超始终

---

① 高克力：《启蒙先知：严复、梁启超的思想革命》，东方出版社2019年版，第65页。

保持儒家传统文化思想的底色，以"淬砺所固有、采补所本无"为原则，汲取中西学各自之精义，创化儒学并重筑民族文化精神，推进传统儒学的现代转型。

概括而言，梁启超的思想历经了如下的内在变化：他年幼时接受传统"四书五经"的文化教育，后受康有为的影响，接触西学追慕西学；在日本东学期间，他以振兴民族国家为最高文化理想，思考儒学的现代重构问题，重释"内圣外王之道"；面对世界化思潮的冲击，他思考的是个人—群体—国家—世界之间整体关联的问题，形成了独特的"内圣外王"及"新世界主义"的特色思想。

一 逻辑结论

鸦片战争伊始，人的意义世界渐以支离破碎，梁启超为传承"道"之脉络，接续"人之所以为人"的儒学之宗，开启了近代儒学自我蜕变、创化更新的历程。在"变""更"的时代律动中，梁启超直面道义世界的堕落，为意义世界的再生开辟形上世界的疆域和战场。他尽其一生以重塑"新锐之精神"为己任，展开以道、学、政、教为核心的精研覃思，意欲创化出中国文化精神的时代新风。本书以中国近现代历史巨变为背景，较为全面系统地分析和阐释了梁启超儒学思想发展、革新、演进的历史过程，拟先从"内在逻辑"视角总结梁启超儒学思想的现代走向。

梁启超以"内圣外王"为中心发展思想的理论逻辑。这一理论逻辑是指其理论基础，即对"内圣外王"思想进行现代转化的理论回答。梁启超认为，儒学的内在超越须与西方的现代性相结合，儒学的现代转化才可能实现。因此，他从儒学传统"内圣外王"的内理中，寻找适合自身发展的新理论基础。其一，"人道"是"内圣外王"的理论起点。儒学的现代转型过程中，人的生存世界至关重要，"人道"给予了生存世界的文明标杆。不论古今，国家的发展不能放弃"人道"，只有注重文化道德建设，国家方能以"仁""美""善"的面貌立于世界。近代以降，西学、西政、西教的传入，逐步瓦解了中国传统的"家天下"秩序，两千年中国的魂——"道"的精神依托和价值导向不再为文化主导，天下观念分崩离析。如何正确理性地看待西方文化，从而变革中国传统文化来重塑国魂、重建国家，成为晚清智识者不可规避的历史态度和责任。如此，智识者以"道为本、器为用"的观念为序，展开了一系列用"道"来反思世界的现实之论。从19世纪40年代初一直到90年代洋务运动结束，不论是魏源提出"师夷长技以制夷"的主张，还是冯桂芬的"中本西辅"说、张之洞的"中体西用"论，都固守"器变道不变"的信条，中学始终囿于"中体西用"的折中模式内。洋务运动的失败，智识者意识到固守"天人合一，君权神授"思维的弊端，因而"道"之创化精神备受关注，"为我"的主体精神渐以萌发，如龚自珍指出"天地，人所造，众人自造"[①]；魏源提出的"自造自化"，都视为我精神是破除天道、创造世界的关键。智识者还将天赋人权、平等博爱、自由个性等西方价值充盈"道"之转变中，促成传统天人之学与西学的糅合。为此，严复将进化论引入人伦，推崇人治；康有为视人为万物之先，人性为历史进化的动力；谭嗣同注重人与人之间的沟通及自由、平等的地位；相形之下，创化精神成为人道领域的世界观之"道"，推动了整个近代"人道"的演化。需指出的是，近代智识者推崇的"人道"应定义为，不再以天为本解释世界，而是以人道为本，关注

---

① （清）龚自珍：《龚自珍全集》，上海人民出版社1975年版，第12页。

国家治理、发展之道及国人幸福之道。

具体而谈，梁启超对人道的尊崇包容并超越了单纯的物质层面，侧重于精神层面的向往。他推崇人道的核心应在于"心智"（感性与理性的统一），所谓"群心智为上"，就表达出对"人道之群"的独特定位。这一定位有如下用意：关注个体的心性修养。他认为，若个体的心性意志笃定且团结一致，万众之志的社会效能将不可预估。关注个人、群体、国家之间的利益关系。他认为，处理好个人、群体、国家利益之间的关系，是形成人心自由、幸福生活、国家富强的关键所在，更是形成良好社会风气的基础。梁启超对"人道"创化精神的弘扬，并非对"天道"的认识与征服，而是主张通过精神启蒙满足个人与群体的心理成长，使主体养成民主、民权、自由、平等基本国人精神，同时这些被认定的西方现代基本价值观念，他相信这些是中国的"魂"，在中国早已有之，只需重新发掘其价值功效即可。为此，在之后不同的历史发展阶段，梁启超从为人、为学、为政、为教的立场出发，相应地完成"内圣之道"与"外王之道"的现代探索，其变革涉及人生、学术、制度、政治、教育等多个层面，企图形成将中西学精义都包涵在"道"之内的现代儒学思想。

其二，民为邦本是"内圣外王"的基础理论。梁启超超越传统的"内圣外王"的儒学传统思想理路，开创了"新民之道"及国民改造的道德精神思想。而他的"新民之道"，以儒家"民本主义"思想为基础，开创了"明明德""亲民"的新形态。从戊戌变法的兴民权到《清议报》的国民宣传，维新思想家将官与民划分为两大阵营。梁启超将民众视为一体，希望通过开民智实现"庶民"到"国民"的过渡转变。他意识到，国家由国民组成，国民应成为国家的真正主体，若没有国民的整体觉醒，难以实现救亡图存、振兴国家之大业。

民为邦本是梁启超儒学思想的理论开端，这一点从思路上表现为：国民性的强弱决定国民，国民决定社会，社会作为政治的基础，影响着国家的命运和发展。随之，如何使国民性优良，就转化为决定国家命运的基础。梁启超认为，使国民性优良，在内需要提升国民的心性道德修养，对外保障人的权利和自由，才能营造全新的国家及世界观念，国势才能日趋强盛。于是，国民进化论即《新民说》的产生，成为情理之中且不可跨越的理论。他倡导新民的出发点，企图通过中西方的文化差异研究，从心性、道德、风尚等方面改变中国落后的面貌，激发国民的灵感及激情（inspiration），达到修身治国的目的。《新民说》展现出的新民之道，是他对儒学民为邦本德政精神的创新。显然，传统"君天下"的国家观，维新派"君民共主"的国家观，已然不能满足他对于国家和世界的理解，他将传统的民为邦本思想转化为人民平等的权利意识和近代国家观；批判西方国家"民族帝国主义"的侵略性，肯定中国传统文化的民族性，迫切希望争取民族的自由，建立民族国家。所以，他反复强调"武士道"精神，培养有民族主义精神的国民，国民同样也是有着进取冒险和武德的近代新民。国民民德、民智、民力的渐长，是抵御其愚陋、怯懦、涣散特征的法宝。

　　其三，为学、为政和为教是"内圣外王"的价值归宿。梁启超的理论不仅在于传承，更在于建构。他对"道"的延续与"内圣外王之道"的重构包括：在学术史上重立学统，在政权上建立政统，在教育制度上树立教统等内容，这些表现出对新民的信仰重建，代表着无可替代的人性价值。对他而言，传统内圣外王的精意在于：延承内圣之道的心性、道德及精神内涵，形成了他的心灵图景、道德图景和精神图景；化新外王之道的现代图景；将传统外王之道的转化为近代的为学、为政、为教之道，完成他对于"修、齐、治、平"的追求。中国向现代走向的过程中,他急于审视中国面临的问题,从中国之道的哲学意识入手,将传统"家国天下"的理想转为"新世界主义"的期望,寄"成就世界之主"予"新世界主义"。在儒学转化过程中,他坚持了四个统一:内圣与外王的统一,心性与道德、精神的统一,为学与为政、为教的统一,内圣外王与家国天下("新世界主义")的统一,这些统一最后聚焦于铸造世界之民、世界国家及实现"新世界主义"的现代性目标上。

其四,梁启超的新世界主义开启了"新世界的政治",成为"内圣外王之道"升华过程中的一种新选择。从历史潮流的发展来看,中国近代世界主义思潮,归纳起来,大致有戊戌变法时期,五四运动时期,抗日战争胜利前后三个时期。[1] 在甲午战争败北而割地赔款后,中国沦为半殖民地的事实,激化了强烈的民族情绪,引发了知识分子强烈的思想冲击。茅海建指出:"甲午战争扫荡了'天朝'体系的残余,'天朝'的观念随之崩溃。"[2] 这种冲击和观念的崩塌引起了一系列连锁反应,波及政治、宗教和文化等方面的影响。中国随之在百年的时间,留给世人最强烈的印象是国家意识的崛起和世界主义的觉醒。中国士人新意识的觉醒,突破了古老的天下意识,从胸怀天下到心系国土,再到展望世界,力争"以治法相竞,以智学相上"。但另一方面,这种看似顺应时代之势的文化发展,文化的种子并非在内部生根发芽,而是在西方"以强兵相凌"的压迫下,以"生长痛"的方式拔苗成长。在文化层面,西方世界主义宣扬的利己氛围,与中国传统"求同存异"的和谐底色相冲突,如何破解冲突,构建中国的新世界主义理论,成为近代士人的不二之选。

中国思想界对世界主义的呼唤,激起传统儒学对世界的认知,

---

[1] 马克锋、孙钦梅:《近代中国世界主义的思想历程》,《教学与研究》2014年第3期。
[2] 茅海建:《戊戌变法史事考》,生活·读书·新知三联书店2005年版,第413页。

"天下""王道""大同"得以复苏。中国传统文化对外来种族和文明,始终保持文明融合的态度,这也为世界主义的发展创造了前提。与此同时,知识分子在器物层面的模仿后,试图学习西方的文化价值,以全新的姿态融入世界,也尝试利用西方文明构建对世界的认知体系。这也代表着,近代中国的思想文化走势必然打破文化的固守与封闭,朝向融合中西古今的方向发展。以五四运动为例,在西方不算主流的世界主义思想,与中国传统的大同思想得以结合,构成了五四时期中国世界主义的壮丽图景,演绎出一段时代话剧。[①] 事实上,近现代中国世界主义的理论发展不是一帆风顺的,而是跌宕起伏、潮起潮落的。为迎合国家独立稳定的内在需求,顺应时代发展规律,中国的世界主义必然要跳出西方话语"国强必霸"的逻辑,以主张和平的思维方式和价值原则,解决理论与现实的冲突与取舍。当然,正是因为儒学经历在时代中的洗礼与萃取,才更能经得起时代变革的冲击与挑战。儒学的新世界主义继起,之后才能顺利走上以传统文化为底色的自我自主与革新的现代化之路。尤为突出的是,梁启超的新世界主义倡导儒家式的人类中心论,避免"中国中心论"与"西方中心论"的二元对立思维,开辟了传统儒学对"人之所以为人之道"的新航道。

二 演进结论

从时间的历史演进过程来看,戊戌变法后,梁启超深入现代化的心理、精神及道德层面,呼唤改造传统臣民的劣根性,以铸造新民、

---

① 马克锋、孙钦梅:《近代中国世界主义的思想历程》,《教学与研究》2014年第3期。

第六章 结论

新国,实现人的现代化为目标,加快近代中国的现代化运动。梁启超在日本写下了《过渡时代论》一文,此文标志着他开始思考过渡时期儒家意识形态的合法性问题。针对此文意识到的客观问题,梁启超开始对中国人心性、道德、精神进行探索。梁启超作为近代心学的代表人物,遥承并开新了思孟学派的心性之学,试图以心学作为国民践履的道德前提,建构起具有现代性的国家建设理论体系。遂在近代政治格局的演变中,创造性地相继提出养心之学、新民之道、国魂之说及儒家道术的政治哲学主张。似乎"反复无常"的梁启超,以治世安邦的爱国之心,在追寻儒家道术之路上坚持了不变的东西,即以心物关系为导向,"行民本主义精神",开拓出"儒家中道"式的人生哲学大义。如此是为坚守中国立场、发扬中华文化的世界主义精神,更为文化治世的理想而奋战。

梁启超描绘的道德图景是公德、私德并重的图景。梁启超在建构新民理论时,更多从儒家"家国天下"的治国之道出发,借鉴西学来思考改造国民及国家的问题。他提出:"若中国之五伦,则惟于家族伦理稍为完整,至社会、国家伦理,不备滋多。此缺憾之必当补者也,皆由重私德、轻公德所生之结果也。"中国传统伦理存在"重私德""轻公德"的缺憾,即只注重对于个体及个体之间的道德规范的探讨,而忽视了对于个体与团体之间的道德规范的探讨,其结果就是仅仅在家族伦理方面较为完备,"五伦"当中的父子、兄弟、夫妇都属于家族伦理,而在社会伦理、国家伦理方面则非常欠缺,朋友和君臣并不足以涵盖复杂的社会关系和政治关系。在此基础上,他提出了培养"公德"及塑造"新民",进行道德革命的主张。

梁启超描绘的精神图景,并不是以日本"大和魂""武士道"为模范的国民精神,他提出"武士道"精神在中国古已有之,近代儒学传入日本后，日本取得了实质性的变革成功后，他意识到"中国之武士道"的重要性，著《中国之武士道》宣扬中国传统的武士道精神。文中，梁启超通过中日武士道的比较，明晰阐释了中国之武士道的特质。所以，学界认为梁启超是在极力宣扬日本精神的认识，是不中肯、不客观的看法。事实上，1903年以后，梁启超从发明新道德转向宣扬王学，受日本阳明学与大和魂精神的影响，企图重塑传统学术的文化根基，建构新民以追求富强。也可以说，他受日学的影响形成了梁氏自我特色的阳明学观。他赋予了阳明学培养近代国民道德的功能，可以说，他对阳明学的理解超越了"修身养性"的"私德"领域，成为培养近代国民"公德"的重要资源。1920年春，梁启超从欧洲回国，《新大陆游记》是他这一时期思想的典型之作，欧游对梁启超思想的触动极大。这时，经过五四运动的洗礼，新思潮正在全国激荡，马克思主义已在先进的知识分子中传播。他先后写了《欧游心影录》《复张东荪书论社会主义运动》等文，主张发展民族资本主义，实行劳资调和，并表明了不赞成马克思主义的立场。同时，宣传"东方的人生哲学"，提倡"尽性主义"，强调"心"对"物"的征服。

20世纪初，国人在"科学独尊"乃至"科学崇拜"的热潮中，情感作为存在之维的重要性及其方法的特殊性，以及情感与科学、理智的对立等问题慢慢地展露在国人面前。梁启超在1923年《人生观与科学——对于张、丁论战的评判》中说"人类从心界、物界两方面调和结合而成的生活，叫做'人生'"。可见，求"变"是整个近代不变的话题，而儒家精神却是梁启超变中之不变的"道"。梁启超一生虽然仅度过短短的五十六个春秋，但他在问政和为学方面都取得了瞩目的成就，恰如他提出"内圣""外王"的儒学观，即以人格主义为核心的人生哲学和以"絜矩之道"为内容的政治哲学。梁启超他批判胡适以"知识论"的眼光截取中国"道术",继而从人生哲学和政治哲学两方面阐发"中国圣哲"的"人生观"以及立于其上的"政治哲学",并指示活用之方,形成了近代文化思想的一道靓丽风景。

参考文献

一 专著

（汉）许慎撰，（宋）徐铉校定、愚若注音：《注音版说文解字》，中华书局 2015 年版。

（宋）朱熹撰：《四书章句集注》，中华书局 1983 年版。

（明）王守仁撰、吴光、钱明、董平、姚延福编校：《王阳明全集（全二册）》，上海古籍出版社 1992 年版，第 968 页。

（清）龚自珍：《龚自珍全集》，上海人民出版社 1975 年版。

本店编辑部编著：《中国本位文化讨论集》，台北帕米尔书店 1980 年版。

蔡尚思、方行编：《谭嗣同全集（增订本）》（全二册），中华书局 1981 年版。

曹伯言：《胡适日记全编》，安徽教育出版社 2001 年版。

陈旭麓：《近代中国社会的新陈代谢》，上海人民出版社 1992 年版。

陈学凯：《正统论与革命观——中国传统政治文化的调节机制》，陕西人民出版社 1998 年版。

邓明炎：《梁启超的生平及其政治思想》，台湾天山出版社1981年版。

丁文江、赵丰田编：《梁启超年谱长编》，上海人民出版社2009年版。

段江波：《危机·革命·重建：梁启超论"过渡时代"的中国道德》，广西师范大学出版社2008年版。

范玉秋：《清末民初孔教运动研究》，中国海洋大学出版社2006年版。

冯契：《中国近代哲学的革命进程》，上海人民出版社1999年版。

高克力：《启蒙先知：严复、梁启超的思想革命》，东方出版社2019年版。

高瑞泉：《巨变时代的社会思潮与知识分子》，上海古籍出版社2014年版。

高时良：《中国近代教育史资料汇编（洋务运动时期教育）》，上海教育出版社1992年版。

葛懋春、蒋俊编选：《梁启超哲学思想论文选》，北京大学出版社1984年版。

顾炎武著，华忱之校注：《顾亭林文选》，四川人民出版社1998年版。

胡伟希：《中国近现代思想与哲学传统》，浙江工商大学出版社2009年版。

黄节：《国粹学报选集·第一卷》（上册），三联书店1905年版。

黄新宪：《基督教教育与中国社会变迁》，福建教育出版社1996年版。

康有为：《大同书》，中州古籍出版社1998年版。

康有为著，楼宇烈编：《康南海自编年谱》，中华书局1992年版。

康有为撰，姜义华、张荣华编校：《康有为全集》（全十二册），中国人民大学出版社2007年版。

李喜所主编：《梁启超与近代中国社会文化》，天津古籍出版社 2005 年版。

梁启超：《儒家哲学》，中华书局 2015 年版。

梁启超：《饮冰室合集：典藏版：全 40 册》，中华书局 2015 年版。

梁启超：《饮冰室合集》（全十二册），中华书局 1989 年版。

梁启超：《中国之武士道》，中国档案出版社 2006 年版。

梁启超著，彭树欣整理：《梁启超修身三书·德育鉴》，上海古籍出版社 2018 年版。

梁启超著，汤志钧、汤仁泽编：《梁启超全集》（第十集），中国人民大学出版社 2018 年版。

梁启超著，吴松等点校：《饮冰室文集点校》，云南教育出版社 2001 年版。

梁启超著，夏晓红辑：《饮冰室合集》集外文（上、中、下），北京大学出版社 2005 年版。

梁启超：《先秦政治思想史》，岳麓书社 2010 年版。

梁启超：《饮冰室文集：全 12 册》（第二册），北京日报出版社 2020 年版。

梁启超：《饮冰室专集：全 13 册》（第五册），北京日报出版社 2020 年版。

梁启超著，朱维铮校订：《清代学术概论》，中华书局 2016 年版。

梁启超撰，汤志钧导读：《中国历史研究法》，上海古籍出版社 1998 年版。

梁漱溟：《梁漱溟全集》（第 1 卷），山东人民出版社 2005 年版。

刘大鹏：《退想斋日记》，山西人民出版社 1990 年版。

刘古愚：《烟霞草堂文集》，三秦出版社 1994 年版。

蒙培元：《心灵超越与境界》，人民出版社 1998 年版。

皮明勇：《梁启超论儒家文化与民族主义》，《齐鲁学刊》1996 年第 3 期。

钱穆：《史学导言》，台北中央日报社 1981 年版。

阮元校刻：《十三经注疏：清嘉庆刊本》，中华书局 2009 年版。

桑兵：《历史的本色：晚清民国的政治、社会与文化》，广西师范大学出版社 2016 年版。

孙宝山：《中国近现代哲学思潮及思想》，中国财富出版社 2014 年版。

谭嗣同：《谭嗣同全集》（增订本），中华书局 1998 年版。

汤志钧编：《章太炎年谱长编》（全二册），中华书局 1979 年版。

万明华：《为学之道：中国先贤的核心学养》，北京大学出版社 2019 年版。

王国维：《王国维遗书·静安文集续编》（第五册），上海古籍出版社 1983 年版。

王明伦编：《反洋教书文揭帖选》，齐鲁书社 1984 年版。

王学珍、郭建荣主编：《北京大学史料·第一卷：1898—1911》，北京大学出版社 2000 年版。

王中江：《近代中国思维方式演变的趋势》，四川人民出版社 2008 年版。

魏源：《魏源集·上册》，中华书局 1976 年版。

吴宁宁：《梁启超伦理思想研究》，首都师范大学出版社 2019 年版。

夏东元编：《郑观应集·上册》，上海人民出版社 1982 年版。

熊十力：《明心篇》（全一册），台北学生书局 1979 年版。

熊月之：《西学东渐与晚清社会》，上海人民出版社 1994 年版。

许纪霖、陈达凯：《中国现代化史》（第一卷），上海三联书店 1995 年版。

许嘉璐：《重写儒学史："儒学现代化版本"问题》，人民出版社 2015 年版。

严复：《中国现代学术经典：严复卷》，河北教育出版社 1996 年版。

杨国荣：《成己与成物：意义世界的生成》，人民出版社 2010 年版。

杨霞：《清末民初的"中国意识"与文学中的"国家想象"》，南京师范大学出版社 2012 年版。

余英时：《中国思想传统的现代诠释》，江苏人民出版社 1995 年版。

张君劢：《政制与法制》，清华大学出版社 2008 年版。

张锡勤：《中国近代思想文化史稿》，黑龙江教育出版社 2004 年版。

张晓翔、周光亮：《批判和变革的逻辑构架与研究——解读中国近代政治思想》，甘肃民族出版社 2012 年版。

张永芳：《黄遵宪新论：文学革命的先驱》，中国文联出版社 2004 年版。

张之洞：《海王邨古籍丛刊·张文襄公全集（全四册）》，中国书店 1990 年。

章太炎著，王小红选编：《章太炎儒学论集》，四川大学出版社 2011 年版。

赵立彬：《民族立场与现代追求：20 世纪 20—40 年代的全盘西化思潮》，生活·读书·新知三联书店 2005 年版。

郑大华、邹小站主编：《思想家与近代中国思想》，社会科学文献出版社 2005 年版。

郑家栋：《当代新儒学史论》，广西教育出版社 1997 年版。

郑匡民：《梁启超启蒙思想的东学背景》，上海书店出版社 2009 年版。

中国史学会主编：《戊戌变法》（全四册），上海人民出版社 2000 年版。

中国史学会主编：《洋务运动》（全书八册），上海人民出版社 1961

年版。

朱维铮校注:《梁启超论清学史二种》,复旦大学出版社1985年版。

[德] 花之安:《自西徂东》,上海书店出版社2002年版。

[加] 许志伟:《基督教思想评论》(第一辑),上海人民出版社2004年版。

[美] 费正清:《剑桥中华民国史:1912—1949年》(上卷),中国社会科学出版社1994年版。

二 论文

(明) 王守仁撰,吴光、钱明、董平、姚延福编校:《王阳明全集(全二册)》,上海古籍出版社1992年版。

翟继军:《梁启超思想嬗变探源——以对孔子思想的评价之转变为例》,《学术交流》2023年第8期。

胡滨:《戊戌政变至辛亥革命期间的梁启超》,《新建设》1957年第4期。

郭湛波:《梁启超的时代及其思想》,《哲学论集》1973年第2期。

张朋园:《梁启超对社会主义的认识及中国现代化的见解》,《食货月刊》1974年第3期。

江勇振:《期待另一个梁启超研究的新方向:终评四本有关梁启超的著作》,《台湾师范大学历史学报》1974年第3期。

黄叶:《梁启超的学术比较研究》,《读书》1982年第7期。

何哲:《略评梁启超的史学思想》,《齐鲁学刊》1985年第2期。

吴前进:《论梁启超的政治品格与学术品格》,《史林》1992年第3期。

周好:《梁启超论人的社会化》,《江海学刊》1997年第2期。

肖向明:《"启蒙"语境里的"审美"艰难——论梁启超与中国近代

文学变革的价值取向》,《南京社会科学》2008 年第 8 期。

陈泽环:《立足文化根基的引进和革新——梁启超学术话语的启示》,《文化学刊》2010 年第 1 期。

李昱:《梁启超晚年〈庄子〉研究的思想特色》,《北京师范大学》(社会科学版) 2008 年第 5 期。

蒋海怒:《梁启超的自由主义及其佛学语境》,《华东师范大学》(哲学社会科学版) 2010 年第 42 卷第 1 期。

茅海建:《中学或西学?——戊戌时期康有为、梁启超学术思想与政治思想的底色》,《广东社会科学》2019 年第 4 期。

章永乐:《作为"门罗主义"研究先驱的梁启超》,《北京大学学报》(哲学社会科学版) 2023 年第 60 卷第 5 期。

江湄:《"新史学"之"新"义——梁启超"人群进化之因果"论中的儒、佛思想因素》,《史学月刊》2008 年第 4 期。

崔志海:《评海外三部梁启超思想研究专著》,《近代史研究》1999 年第 3 期。

陈立胜:《儒家思想中"内"与"外"——"内圣外王"何以成为儒学之道的一个"关键词"?》,《现代哲学》2023 年第 2 期。

宁陶、谢有长:《"内圣外王"思想的源流及发展历程探析》,《哈尔滨学院学报》2007 年第 9 期。

黄万盛:《全球化视域中的儒家内圣外王之道》,《西安交通大学学报》(社会科学版) 2007 年第 5 期。

弓联兵:《现代国家与权威危机——近代中国国家建设的政治逻辑及受挫原由》,《人文杂志》2011 年第 1 期。

俞祖华、胡瑞琴:《近代西方来华传教士的儒学观》,《齐鲁学刊》2007 年第 3 期。

唐文明:《儒教文明的危机意识与保守主题的展开》,《清华大学学报》(哲学社会科学版) 2017 年第 32 卷年第 4 期。

谢放：《张之洞、梁启超"中体西用"思想之比较》，《近代中国》2013 年第 22 辑。

章清：《学、政、教：晚清中国知识转型的基调及其变奏》，《近代史研究》2017 年第 5 期。

罗志田：《近代中国"道"的转化》，《近代史研究》2014 年第 6 期。

许纪霖：《现代中国的家国天下与自我认同》，《复旦学报》(社会科学版) 2015 年第 57 卷第 5 期。

江湄：《梁启超"学术"观念的儒学性格》，《史学史研究》2009 年第 4 期。

弓联兵：《现代国家与权威危机——近代中国国家建设的政治逻辑及受挫原由》，《人文杂志》2011 年第 1 期。

霍文忠，张龙辉：《固守、批判与创新：近代中国治国理政思想的三维度分析》，《理论导刊》2018 年第 7 期。

唐文明：《从儒家拯救民族主义》，《文化纵横》2011 年第 5 期。

杨念群：《晚清时期中国民族主义思潮的学术流变——"同化论""根基论""建构论"之反思》，《天津社会科学》2019 年第 4 期。

梁启超：《论孟子遗稿》，《学术研究》1985 年第 5 期。

李茂民：《梁启超的"趣味主义"与中国新文化建设的第三条道路》，《杭州师范大学学报》(社会科学版) 2008 年第 5 期。

吴震：《近代中国转型时代"政教关系"问题——以反思康有为"孔教"运动为核心》，《杭州师范大学学报》(社会科学版) 2017 年第 39 卷第 2 期。

黄力之：《论"中体西用"模式的重估与重构》，《学术界》2020 年第 1 期。

郑师渠：《梁启超的中华民族精神论》，《北京师范大学学报》(社会科学版）2007 年第 1 期。

张再林：《中国式"家本伦理"的三重内涵》，《中州学刊》2014 年第 7 期。

干春松：《王道理想的世界主义回归——儒家政治哲学与国际秩序再平衡》，《人民论坛·学术前沿》2013 年第 6 期。

赵法生：《内圣外王之道的重构与儒家的现代转型》，《开放时代》2011 年第 6 期。

蔡振丰：《中国近代武士道理念的检讨》，《台湾东亚文明研究学刊》2010 年第 7 卷第 2 期。

李里峰：《"东方主义"与自我认同——梁启超中西文化观的再阐释》，《福建论坛》（人文社会科学版）2005 年第 1 期。

高力克：《世界国家与普世文明——梁启超的新天下主义》，《天津社会科学》2015 年 6 月。

魏义霞：《独·群：中国近代哲学内在矛盾浅析》，《中国哲学史》1994 年第 4 期。

罗志田：《探索主体性：近代天下崩解后国家与文化的紧张——兼及"中国本位文化"的争论》，《社会科学战线》2018 年第 1 期。

罗志田：《走向世界的近代中国——近代国人世界观的思想谱系》，《文化纵横》2010 年第 3 期。

许纪霖：《现代中国的家国天下与自我认同》，《复旦学报》（社会科学版）2015 年第 57 卷第 5 期。

郭清香：《国家主义与世界主义的纠缠——基于近代人生意义问题的讨论》，《中国人民大学学报》2019 年第 33 卷第 4 期。

高力克：《世界国家与普世文明——梁启超的新天下主义》，《天津社会科学》2015 年 6 月。

马克锋：《中国近代文化思与辨》，人民日报出版社 2014 年版。

李智:《新世界主义:中国文化对外传播的新理念》,《新视野》2018年第1期。

候毅、吴昊:《论中国"天下观"与西方"世界主义"》,《海南师范大学学报》(社会科学版)2018年第31卷第1期。

孙明哲、刘恒之:《梁启超解决中西方文化冲突的实践策略——以梁启超对"世界主义"思考与应用为案例》,《湖南工程学院学报》(社会科学版)2013年第23卷第3期。

王宁、吴维忆:《全球化、世界主义与文化研究的中国学派——王宁访谈录》,《文化研究》2019年第4期。

肖红春:《自然法理论的历史嬗变及其对构建人类命运共同体的价值启示》,《社会主义核心价值观研究》2022年第8卷第5期。

李永毅:《西方世界主义思想的复兴》,《国外理论动态》2006年第12期。

甘婷:《21世纪"新世界主义"思想的实用主义趋势探析》,《江西社会科学》2023年第43卷第8期。

刘擎:《重建全球想象:从"天下"理想走向新世界主义》,《学术月刊》2015年第47卷第8期。

殷之光:《新旧之间的梁启超——亚非意识与民族帝国主义的背反》,《开放时代》2023年第6期。

陈廷湘:《中国近代民族主义与世界主义的对抗与共存》,《社会科学战线》2021年第1期。

刘擎:《重建全球想象:从"天下"理想走向新世界主义》,《学术月刊》2015年第47卷第8期。

耿云志:《梁启超的世界主义和个性主义》,《文史哲》2004年第3期。

陈立夫:《中国文化与世界文化》,《民族正气》1949年第8期。

竹内弘行:《梁启超与"阳明学"》,《传统文化与现代化》1994年第

1 期。

刘擎：《重建全球想象：从"天下"理想走向新世界主义》，《学术月刊》2015 年第 47 卷第 8 期。

李文明、刘婧如：《论新世界主义与人类共同价值——理解人类命运共同体的逻辑理路》，《国际观察》2021 年第 6 期。

王金良：《平等与大同：近代以来世界主义在中国的生成、流变与价值》，《教学与研究》2020 年第 2 期。

马克锋、孙钦梅：《近代中国世界主义的思想历程》，《教学与研究》2014 年第 3 期。

茅海建：《戊戌变法史事考》，生活·读书·新知三联书店 2005 年版。

三 译著

[美] 列文森：《儒教中国及其现代命运》，郑大华、任菁译，中国社会科学出版社 2000 年版。

[美] 威利斯顿·沃尔克著，朱代强校：《基督教会史》，孙善玲、段琦、朱代强译，中国社会科学出版社 1991 年版。

[日] 石川祯浩：《中国近代历史的表与里》，袁广泉译，北京大学出版社 2015 年版。

四 报刊

崔耕虎：《儒学思想与近代文化变革》，《光明日报》2005 年 8 月 23 日。

五 外文文献

Guoqi Xu, "The year 1919 and the question of 'what is China?'", *International Politics*, 2017, (55): 756.

Walter Macon, Lowrie. Memoirs of the Rev. Walter M. Lowrie, Missionary to China (1850) [M], Nabu Press, 2010: 383.

Wang Mingming, "All under heaven (tianxia) cosmological perspectives and political ontologies in pre-modern China", *Hua: Journal of Ethnographic Theory*, 2012, 2 (1).

William Theodore De Bary, *The Trouble with Confucianism*, London, England: Harvard University Press, 1991: 97-98.

后 记

《新世界主义：梁启超儒学的现代指向》即将出版，心中感慨万千。古人云，路漫漫其修远兮，吾将上下而求索。对于近代儒学的研究是个开始，也是未来新的起点。在笔者的内心里，坚信每一个像梁启超的仁人志士，都有拳拳爱国之心，在世界的每个角落，为传承中华文明而恪守内心，躬身而行，奉献青春。

能够获得此次出版的机遇，非常感谢西安交通大学陈学凯教授的指导，以及西安外国语大学的鼎力支持。本书还吸纳了笔者与陈学凯教授共同写作的《梁启超"惟心"说新解》一文，此文发表于《西安交通大学学报》（社会科学版）2018年3月。

严 丹

公元二零二四年三月十八日于西安寓所